U0935032

献给每一个勤劳、勇敢的普通人

40
必要的改革

林木 著

中信出版集团 | 北京

图书在版编目（CIP）数据

必要的改革 / 林木著 . -- 北京：中信出版社，2019.1

ISBN 978-7-5086-9866-3

Ⅰ . ①必… Ⅱ . ①林… Ⅲ . ①改革开放 – 研究 – 中国 Ⅳ . ① D61

中国版本图书馆 CIP 数据核字（2018）第 275647 号

必要的改革

著　　者：林　木
出版发行：中信出版集团股份有限公司
（北京市朝阳区惠新东街甲 4 号富盛大厦 2 座　邮编　100029）
承 印 者：北京楠萍印刷有限公司

开　　本：880mm × 1230mm　1/32　　印　　张：12.75　　字　　数：289 千字
版　　次：2019 年 1 月第 1 版　　印　　次：2019 年 1 月第 1 次印刷
广告经营许可证：京朝工商广字第 8087 号
书　　号：ISBN 978-7-5086-9866-3
定　　价：69.00 元

版权所有 · 侵权必究
如有印刷、装订问题，本公司负责调换。
服务热线：400-600-8099
投稿邮箱：author@citicpub.com

目 录

序

呈现在读者面前的这本书，讲述了国家发展研究院的教师们和中国改革历程的故事。国家发展研究院的历史是和中国的改革开放同命运、共呼吸的历史。国家发展研究院的前身是1994年由6位海归经济学家成立的中国经济研究中心。25年来，它延揽了一批又一批优秀的经济、管理、政治和其他领域的学者，成为中国高校对国家政策影响最大的学术机构。

国家发展研究院的教师群体拥有骄人的学术成就，但更为重要的是，国家发展研究院以国家和社会为己任，积极参与中国的历史进程，推动中国的进步。这一精神特质根植于20世纪80年代的思想解放运动之中。国家发展研究院的林毅夫、周其仁、宋国青、张维迎等前辈学者，在20世纪80年代就是极具影响力的青年学者。那时的经济学界崇尚的是从实地调查中获得知识和理论，并以改变现实为己任。周其仁的农村调查、宋国青关于粮食征购价格的论述、张维迎为钱正名、林毅夫对联产承包责任制的研究，无不带着对现实的关怀和改变世界的雄心。以现在的眼光观之，那时的中国经济学研究还不是很严谨，但充满激情，令人心向往之。在过去的25年里，国家发展研究院为中国经济学和管理学的国际化与规范化做出了巨大的贡献。初心不改，关注中国现实仍然是国家发展研究院精神基因的显著特征。

在过去的 25 年里，中国经济发生了翻天覆地的变化，改革开放取得了巨大的成就，其中，有国家发展研究院教师们的贡献。早在 20 世纪 80 年代末，林毅夫老师就提出“新农村运动”的建议。这一建议于 90 年代末被政府采纳，为社会主义新农村建设奠定了理论基础。在中国加入 WTO（世界贸易组织）之际，国内掀起了一波关于开放和改革的讨论热潮。周其仁老师积极参与了电信改革的讨论，并提出了中国电信的分拆改革方案。这一方案从不被主管官员理解到最终被政府采纳，创造了学者直接影响政府政策的典范。21 世纪伊始，中国股市“老鼠仓”遍地，吴敬琏先生因此称股市为赌场。在巨大的利益面前，不仅没有多少人敢于站出来声援吴先生，而且股市内外对吴先生的批评和谩骂此起彼伏。宋国青老师特立独行，顶着巨大的压力站出来，痛陈“老鼠仓”的危害，呼应吴先生对股市的批评。中国经济研究中心专门为此举办学术研讨会，北京大学老第二教学楼的 500 人教室被挤得水泄不通。此举对于扭转局面起到了关键性作用，为证监会主席周小川对股市的整顿提供了良好的舆论环境。

林毅夫和张维迎之间的学术争论已经成为中国经济学界的一段佳话。早在 20 世纪 90 年代中期，两人就围绕国企的优劣进行了激烈的争论，为随后进行的国企改革澄清了许多理论问题。近年来，两人又在产业政策方面直接交锋，在社会各界产生了极大的影响。

林、张之争，是国家发展研究院践行北京大学兼容并包传统的典范。这种争论的目的，不是看谁的理论占据上风，更不是博取公众的眼球，而是生发和哺育思想市场，激励争论双方以及后来者的思考，推动学术进步，并为政策制定者提供多角度的视野。事实上，像林、张这样和而不同的争论，国家发展研究院还有不少，其中之一是李玲和刘国恩关于医疗改革的争论。两人都是国内外颇具影响力的学者，但学术观点和政策倾向完全不同，两人的政策建议也经常被政府采纳。

全球金融危机之后，中国经济进入一个新的调整期，改革进入深水区。此时，推进改革需要更多的智慧。周其仁老师回归农村，在成都等城市进行深入调查，总结土地确权和流转的经验，并上升到国家层面的政策，对于党的十八届二中全会描绘的农村改革蓝图产生了直接的影响。我本人关于小农经济长期性的论述得到国家最高领导人的批示，对于扭转 2013 年以来公司化大农场的盲目扩张起到了重要作用。徐晋涛老师主持的水资源研究打破了我国水利部门大规模区域调水的思路，为国家制定更加理性的水资源政策提供了坚实的基础。在宏观层面，中国经济面临增长方式的转变，黄益平老师适时地提出了“新常态”的概念，成为政府描述中国经济增长新阶段所采用的称谓。我本人则于 2016 年提出以市场化手段进行债转股、推动国企混合所有制改革的建议，获得政府的采纳。

中美关系在全球金融危机之后发生了深刻的变化，管控中美关系是中国外交和国际事务中的头等大事。国家发展研究院在这方面发挥了民间外交的积极作用。在时任院长周其仁老师和时任世界银行首席经济学家林毅夫老师的支持以及时任国务院副总理王岐山的肯定之下，我代表国家发展研究院和美国美中关系全国委员会发起“中美经济对话”，自 2010 年 1 月起，每年两次（1 月在纽约，7 月在北京），至今已经举办 17 次。这个对话是中美多个二轨对话中最为频繁的对话，成果得到王岐山、汪洋等党和国家领导人的肯定；同时，对话也拉近了中美两国学者和业界人士之间的距离，增强了双方的了解和互信。

国家发展研究院不仅为政府提供政策咨询，而且为政府输送人才。现任中国人民银行行长易纲是中国经济研究中心 6 位创始人之一，林毅夫于 2008—2012 年担任世界银行首席经济学家，周其仁、宋国青和黄益平先后担任中国人民银行货币政策委员会委员，李玲和刘国恩先后担任政府医疗改革咨询专家，更多的老师担任省级政府咨询专家。国家发展研究院的学生遍布中国人民银行、国家发展和改革委员会、财政部等重要政府部门，一些也已经走上领导岗位。

除了对政策的直接影响外，国家发展研究院还通过媒体和政策研讨会影响公众与政府决策。事实上，国家发展研究院的影响力主要来自这些公开的途径。卢锋老师长期坚持每季度举办朗润经济观察，在政策界和金融界有很大的影响力；黄益平老师主持的国家发展研究院格政政策讲座系列，已然成为政策研究发表的一个重要平台；国家发展研究院的《简报》系列已经坚持了 20 余年，成为一些学者和官员了解政策研究动向的必读材料。

国家发展研究院教师的学术研究以问题为导向，产生了许多有政策影响力的学术著述。远的不说，近期，木兰青年学者张丹丹老师所做的留守儿童经历对成年期犯罪影响的研究、“千人计划”学者张晓波老师所做的雾霾对于认知影响的研究、李力行老师所做的信息与国企改革关系的研究、余淼杰老师所做的关税下降对于企业全要素生产率影响的研究、席天扬老师和我所做的官员能力抑制机会主义行为的研究等，呼应了社会的关怀，结论具有强烈的政策含义。国家发展研究院教师的研究不再停留在对西方经济学的跟随和模仿上，开始设定自己的议题。假以时日，国家发展研究院一定可以形成自己的学术流派。

除了经济学者外，国家发展研究院还有一批优秀的管理学者。杨壮老师的领导力课程、张黎老师的营销课程和宫玉振老师的曾国藩管理课程，已经成为我国商学教育领域的经典课程。2016 年，著名管理学家和企业实践家陈春花教授加入国家发展研究院，大大加强了国家发展研究院的商学教育和研究。

国家发展研究院的老师不仅自己做问题导向的研究，而且全力投入学术共同体的建设，为我国的经济学和管理学研究提供公共品。海闻老师发起成立的中国经济学年会至今已经举办近 20 届，成为中国经济学界学术交流的一个重要平台。2006 年，国家发展研究院和其他院系一起发起“中国家庭跟踪调查”，为我国的社会科学研究提供具有全国代表性的家庭和个人追踪数据；赵耀辉老师主持的“中国健康与养老追踪调查”和曾毅老师主持的“超龄老人健康调查”，为我国的老龄健康研究提供了不可替代的数据。

本书作者林木是国家发展研究院 MBA（工商管理硕士）毕业生，在校学习期间被国家发展研究院的家国情怀感染，在 2014 年国家发展研究院成立20周年之际写就此书第一版。本书为第二版，是为纪念改革开放40周年以及国家发展研究院即将成立25周年而做的修订版。虽说是修订版，但因为国家发展研究院和国内外形势的变化，林木为这本书再次付出了巨大的心血。中信出版集团的编辑和领导为这本书的出版也倾注了精力。这本书自第一版出版之后，在社会上引起很大的反响，并被翻译成法文在法国出版。在此，我代表国家发展研究院全体同人向林木和中信出版集团表示最诚挚的谢意！

国家发展研究院院长

2018年9月1日于世纪城

林毅夫

第一章
必要的改革：发展是硬道理

尽管已经自世界银行高级副行长兼首席经济学家的职位上卸任6年，但林毅夫教授依旧对自己在世行任期第一年时去过的莫桑比克记忆犹新。

那是一次从莫桑比克首都出发的“下乡”之旅，到达目的地需要两个多小时的车程，途中还会经过一家农贸市场。在一个人均收入只有477美元，位居全世界166位［据IMF（国际货币基金组织）数据］的非洲国家，农贸市场无疑会引发经济学者巨大的兴趣。“看到农贸市场，我感到很好奇，想去看看市场里到底在卖什么东西？于是，莫桑比克的陪同官员和我一起下车往农贸市场走。这个时候我们看到农贸市场外面有一群10多岁、长得很可爱的小姑娘，她们用一个篮子装着杧果，举到游客面前招徕生意。我们冲着小姑娘走过去，这立刻引起农贸市场门口的警察的注意，他们跟过来了。小姑娘看到警察也跟过来，拔腿就跑，还带着她们的杧果。当然她们还小，跑得快的就跌倒了，满地都是杧果，小姑娘捡起杧果立刻跑走了。”

林毅夫教授的问题是：小姑娘为什么不在农贸市场里卖杧果呢？后来，他了解到，原来莫桑比克的农贸市场和中国的一样，进场就要收费，小姑娘从家里的杧果树上摘了杧果去卖，但为了省钱，只能冒着被警察抓的危险，在市场外面卖。在林毅夫教授看来，这种“冒险”和“勤劳”就是经济学教科书里所讲的“企业家精神”。

这与40年前发生在改革开放之初的中国的故事几乎没有不同：人们发现市场上有什么需求和机会，立刻组织各种资源生产出来并拿到市场上去卖。这个过程中，小姑娘不仅抓住了获利的机会，而且还冒了风险——通过计算成本和效益，小姑娘知道如果进入农贸市场就得交费，交了费就赚不了钱，所以她们选择冒着被警察抓的危险，在市场外面卖杧果。

“这些卖杧果的小姑娘只是广袤非洲的一个缩影。在世界银行的4年间，我几十次踏上非洲的土地，亲历了无数个这样的‘营商故事’。中国历经改革开放40年，实现了从贫困到中等富裕国家的跨越。中国的成功故事是否可以为非洲的发展道路提供一些参考？”

南南学院：可以向中国学什么

以下是新华社2017年10月18日发布的习近平主席给南南合作与发展学院（简称南南学院）首届硕士毕业生的回信。此时距离南南学院宣布设立不过两年时间。

南南合作与发展学院首届硕士毕业生：

你们好！来信收悉。得知你们圆满完成学业、成为南南合作与发展学院的首届毕业生，而且学有所思、学有所获，我感到十分高兴。

你们在信中表示，促进公平、包容、可持续发展是大家的共同心愿。这正是中国倡导建立南南学院的初衷。南南合作是发展中国家联合自强、应对挑战的伟大事业。中国将发挥好南南学院的平台作用，推动开展南南合作，促进广大发展中国家共同走上发展繁荣之路。

作为首届毕业生，你们满载荣耀，使命光荣。希望你们坚持学习、学以致用，行远升高、积厚成器，努力探索符合本国国情的可持续发展道路，成为各自国家改革发展的领导者。希望你们珍惜同各位老师、同学、朋友在中国结下的情谊，书写你们国家同中国友好合作新篇章，成为全球南南合作的践行者。

请代我向你们的家人问好，欢迎有机会再回中国来！

中华人民共和国主席习近平

2017 年 10 月 11 日

2015 年 9 月 26 日，习近平主席在纽约联合国总部出席并主持南南合作圆桌会时宣布设立南南学院。南南学院由中华人民共和国商务部主管，商务部委托北京大学主办，由北京大学国家发展研究院承办。林毅夫教授担任院长。

2016 年 4 月 29 日，南南学院揭牌成立仪式在北京大学国家发展研究院朗润园举行。同年9月，学院迎来了第一批新生，这批新生包括攻读国家发展方向的30位硕士和10位博士，他们是来自发展中国家政府和社会团体的中高级官员和社会领袖。

南南学院的创立标志着中国与南南国家的合作从资金与工程支持转向发展智慧与发展理念的交流。2015年的中非合作论坛上，习近平主席提出的中非战略合作中有十项举措，前三项分别是帮助非洲国家实现工业化，帮助非洲国家实现农业现代化，帮助非洲国家完善基础设施。

理论的适用性取决于条件的相似性，中国发展的前提条件与其他发展中国家比较接近，因此，中国的理论对于解决其他发展中国家面临的问题具有重要的借鉴意义。“二战”后，发达国家给包括非洲在内的发展中国家提供的援助金额超过3万亿美元，数额巨大，出发点也非常好。但它是以发达国家作为参照系，把发达国家的理论作为依据，援助的效果差强人意。如中国改革开放后减少的贫困人口不计在内，“二战”后到2000年的半个世纪间，世界贫困人口并未减少。

“消灭贫困是世界银行等国际机构的使命之一，然而这项使命完成得并不顺利。”作为世界银行历史上首位来自发展中国家的首席经济学家，亲身参与了中国40年改革开放进程的林毅夫教授在多次赴非洲调研之后，对中国和非洲的体会更加直接和准确：“现在的非洲和改革开放之前的中国有很多相似之处，比如绝大部分人口在农村，农村本身需要技术创新，产业升级，也要结构变迁，进而助推国家整体的工业化。工业化几乎是每一个发展中国家梦想的目标——从农业社会或者资源密集型产业向现代化工业社会转变，然后像其他抓住窗口机遇期的国家一样，实现经济快速发展，改变现在贫穷落后的面貌。但过去几十年间，发展中国家的这条工业化道路走得并不顺利，原来建立的工业垮台了，经济崩溃了，停滞了，危机不断，而且不断出现去工业化现象，工业在国民经济当中所占的比重越来越少。”

“过去15年里，中国人的平均寿命有了显著提高，充分体现出中国政府在推进公共卫生体制改革方面，尤其在推动卫生部门技术进步以解决基础设施不平衡问题等方面所做的努力。非洲国家在很多地方都可以向中国学习。”

在南南学院举行的一场讲座上，一位跨国医药企业的高管向学员们展示未来非洲卫生事业可能的发展路径，并特别提到了中国的经验。从政策制定到具体实施，从卫生发展到国际援助，台上台下，讨论热烈。一名来自非洲国家的学员站起身说：“过去，我以为发展中国家很难根除这些传染病，但中国卫生事业发展的速度太让人惊讶和钦佩了！我对中国在疟疾等传染病的控制和预防上的经验尤其感兴趣。”

引自《人民日报》（2017年4月17日）

林毅夫教授坦言，南南学院的目的是希望这些学生回到自己的国家以后，能够把国家发展好，不仅是在经济发展方面，更要发展好民生。2016年，南南学院成立伊始，即有评论把它称作“中国的肯尼迪学院”。从学员构成来讲，北京大学的南南学院与哈佛大学的肯尼迪学院的确有相通之处：培养发展中国家的政府官员、社会精英，让他们在学成之后可以为自己的国家做贡献。

肯尼迪学院的确培养了很多来自发展中国家的领导人，包括总统、总理、部长。但林毅夫教授认为，这并非是教育成功的标志：“教育的目的是什么？我想是希望这些学生回去以后，能够用在南南学院学到的知识把国家治理好——绝大多数发展中国家长期陷在低收入和中等收入陷阱里，这些发展中国家的领导人不少都在肯尼迪学院学习过。从这个角度看，肯尼迪学院并不成功。所以，我们对于南南学院学员的期待是，回国以后他们能够创造就业（机会）、减少贫困、发展经济、实现繁荣，我相信我们可以做得更好。因为肯尼迪学院的教育理论以美国为主，经验以美国或其他发达国家为主。理论决定于前提条件，那些发达国家的经验，我们应该学习，但是发展中国家并不具备那些前提条件，淮南为橘，淮北为枳，所以拿回去之后甚至可能把问题搞得更糟。”

“逆袭”从来都非易事。

第二次世界大战以后，大部分发展中国家都贫穷。当时全球共有 200 多个发展中经济体，只有极少数从低收入进入中等收入行列，后来又能进入高收入之列的更是少之又少。“二战”结束后的 70 多年来，真正实现了从低收入到高收入进阶的，只有韩国和中国台湾地区两个经济体——中国大陆则有望在 2025 年变成第三个。

那么，那些本身基础就比较雄厚的国家是否更容易实现飞跃？来自世界银行研究团队的数据证实，截至 2008 年，全球 101 个中等收入经济体中共有13个从中等收入进入高收入行列，它们是赤道几内亚、希腊、爱尔兰、以色列、日本、毛里求斯、葡萄牙、西班牙、波多黎各、新加坡、韩国、中国台湾和香港地区。这其中，只有日本、韩国和西班牙三个经济体人口超过2 500万。

显然，真正能成功迈上一个新台阶的经济体非常少。在林毅夫教授看来，推动一个国家发展的最主要的因素是结构的变迁。从农业经济起步，逐渐发展起制造业，然后进入制造业的爬坡阶段，慢慢演变成一个工业化、现代化国家，进入后工业化时代，此时的经济结构即以服务业为主了。因此，外来资金应该被用来帮助发展中国家进行结构调整，实现结构变迁。

传统的北南发展援助以发达国家的理论和经验为基础，又因为发达国家在有助于发展中国家发展的项目上没有比较优势，因此这些援助与贸易脱钩，是以赠款和优惠贷款形式提供的。但这些资金先是被用于发展违背比较优势的大规模制造业，发现不奏效后，援助国就要求政府退出，但效果依旧不好。这样，20世纪90年代末又开始进行人道主义教育和健康援助，但这些都没有真正推动发展中经济体的结构变迁，也就无法帮助它们快速提高劳动生产率，缩小与发达国家的差距。南方国家之间的发展援助是以南方国家的经验为基础的，比如怎样发展劳动密集型产业，怎样建立工业园区。同时，来自南方国家的这些资金把援助、贸易和民间投资结合在一起，更接近市场行为，会更有效率，因此其效果也是互利双赢的。

回顾“二战”结束后的几十年，主流做法是北南学习，即处于落后境地的南方国家向作为发达经济体的北方国家学习。非洲国家刚独立时，几乎没有制订经济计划的人才和计量经济学家，一些国家不得不把以前的殖民统治者请来。因此，这也在客观上形成了非洲国家与原宗主国联系密切的实际情况。

20世纪五六十年代的经济学现状是，在结构主义思想的影响下，发展经济学家普遍否定市场机制对经济发展的推动作用，强调国家干预和计划管理，认为政府可以通过计划协调发展经济的各个部门，以便同时扩大所有部门的市场，形成经济的良性循环。由于以上经济思想符合非洲国家改变殖民统治遗留的经济结构的愿望，独立后它们普遍强调政府的作用，即以政府干预弥补市场机制的不足，相应成为这些国家行动的指南。

进入20世纪80年代以后，非洲国家经济普遍陷入困境。1982年和1983年，非洲的经济增长率连续两年出现负增长，分别为–0.5%和–0.7%。非洲人均GDP（国内生产总值）自80年代后也在逐年下降，1984年的人均产值甚至低于1970年的水平。同时，发生危机的频率比六七十年代还要高。因此，有些经济学家就把非洲国家和其他发展中国家的八九十年代称为“迷失的二十年”。虽然从经济学理论上讲，非洲几十年来探寻的发展之路很清晰，但推行的结果非常差，带来的影响不仅作用于经济领域，甚至对社会稳定和人类文明都产生了剧烈冲击。

一个方向探寻无果，就要求诸新思路。南南学院由此诞生。

“惯常的思考逻辑是‘西天取经’——学习模仿那些成功的经济体，但你现在看到的只是发达经济体目前的状况，没有对它们到达今天位置的原因进行分析，当然就是刻舟求剑。第二次世界大战后，发展中国家逐步摆脱殖民地半殖民地地位，开始追求国家的现代化，但是成功的非常少。我想来自发展中国家本身的成功和失败的经验，对其他发展中国家的参考借鉴价值会更大。发展中国家面临的挑战大都比较复杂，可资利用的资源有限，而且往往历史包袱比较沉重。哪怕你学会了发达国家成功的道理，拿来改造自己的国家未必成功——实际上，我还没有看到一个发展中经济体按照'西天取经'的思路成功实现了腾飞；少数几个成功实现了跨域的经济体放在主流的经济理论框架下，又都是错误的。思路决定出路，南南学院希望总结发展中国家成功和失败的经验，交流成功和失败的原因是什么，我相信这个可以真正帮助发展中国家克服它们前进道路上的困难，实现每个国家工业化、现代化的目标。这是南南学院创建的背景。"

发展——经济学研究的制高点

致力于解决落后经济体发展问题的学者从来都不是少数，即使在经济学界，这个课题也是学者孜孜以求的学术制高点。

20 世纪 60 年代，世界银行邀请英国经济学家詹姆斯·爱德华·米德赴刚刚独立的毛里求斯做研究。米德的研究聚焦于国际贸易与国际资本流动，对于国内经济政策的研究也建树颇丰，并于 1977 年获得了诺贝尔经济学奖。

米德在毛里求斯进行了实地研究之后，形成了一份报告，报告认为毛里求斯是一个"一点希望都没有"的国家。用主流经济学的标准评判当时的毛里求斯，这样一个结论丝毫不令人惊讶：首先，区区几十万的人口规模很难形成一个有影响力的国内市场，而且即便是如此之小的一个市场也在20世纪60年代被进口替代占领；其次，以蔗糖生产出口为支柱的经济模式不仅单一且很难做大；再次，殖民地历史遗留下来的多党政治环境，是制约经济长期稳定发展的不确定因素。这样一个孤悬在印度洋上、距离欧洲市场和美国市场都很遥远的岛国，几乎很难找到可以拉动国民经济增长的产业。此外，毛里求斯还存在太多政府干预和政府职能扭曲。可以说，所有主流的成功要素，毛里求斯一个都没有。

但是，今天的毛里求斯人均GDP达到了1万美元，比中国还高，已经成为非洲最成功的国家。毛里求斯为什么成功?

起步之初，毛里求斯和中国面临的状况几乎完全一样。20世纪70年代之前，毛里求斯也存在很多进出口替代的扭曲。进入70年代，毛里求斯开始进行转型。和中国一样，它先设立了一个出口加工区招商引资，引进中国台湾和香港两地区的纺织业，因此这个出口加工区里的基础设施先进于全国其他地区。

林毅夫教授认为毛里求斯成功背后的道理与东亚诸国成功的道理完全一样，尽管政治体制完全不一样。“这期间毛里求斯的政治局势比较稳定，推行的经济政策可以增加出口、创造就业和税收，财政收入上来了，这是稳定的基础。政策不稳定是因为那些政策没有效果。发展中国家大部分的政策都是以发达国家为参照，但问题在于，发达国家的基本情况和发展中国家是完全不同的：发达国家交易很重要，人力资本一直在增加，但大多数发展中国家迫切需要解决的问题是就业。比如北部非洲国家，没有就业就会出现社会动乱，社会一旦动乱，一切发展都免谈。成功不是一蹴而就的，中国有句话是‘不积跬步无以至千里’，只有每一点都成功，积累起来才是最终的成功。”

尽管可以在毛里求斯成功的案例中发现包括中国在内的东亚国家的成功因素，但中国和非洲在自然环境、人口结构、文化历史等方面都存在差异，中国的经验是否具备普适性？放在非洲是否依旧适用？这是几乎所有人都会有疑问的一点。世界上没有两片完全相同的树叶，同样，每个国家都不尽相同。

那些成功的发展中国家和经济体之所以成功，首先是其要具备经济竞争力——所谓“竞争力”就是“高质低价”。有了竞争力，能把产品或者服务卖出去，才能创造就业机会，也才可能获得税收，国家才可以进行资本积累、改善基础设施等更长远的战略。实现“低价”的两个途径是：低成本和补贴。无疑，补贴不仅不具备可持续性，而且在贸易争端中，极有可能被攻击，因此，只有低成本才能真正实现低价，建立起长期壁垒。

林毅夫教授以中国改革开放40年的经验来解释落后经济体如何实现“低价”：第一，经济体选择的产业必须符合自身的比较优势，这样才能保证要素成本低；第二，竞争的不是要素价格，而是总价格，这其中就包含交易费用，交易费用取决于经济体基础设施是否完备，营商环境是否友好。发展中经济体的基础设施普遍存在瓶颈，不用看40年前的中国，即使是20年前，中国的中西部依旧存在这个问题——这说明国家不可能一下子把所有的基础设施都建好，更不可能等到所有基础设施都建好之后再发展经济，这种情况下，中国的做法是先设立经济特区，集中优势兵力作战，在局部地区搭建好基础设施，营造优秀的营商环境，比如实行一站式服务。

40 年后回头来看，中国改革开放的路线图无疑是具有创造意义的破冰之举。这种“渐进式”的方式不仅令很多在当时无解的问题随着时间的推移迎刃而解，更用实际效果为学术界旷日持久的争论提供了有价值的实践经验。

“市场”与“政府”究竟该分别扮演什么样的角色，两者的界限在哪里？中国到底是不是一个市场经济国家？政治体制到底是不是发展的决定因素？“我强调的不只是有为政府，还有有效市场。在一个经济体产业升级的过程中，存在外部性的问题，市场是普遍存在的，所以我谈有效市场。市场有效以政府有为为前提，市场自发调整可能要花费十几年甚至几代人的时间——如果市场的自我调节功能真的充分有效，非洲国家就不应该是现在这样的局面，基础设施也早就应该完备起来了；同时，政府有为又以市场有效为依归，政府有为的目的是什么？当然是达到市场有效的目的，如果政府不去克服市场的问题，那就是不作为。当然，对于不同发展程度的国家或者同一个国家的不同时点、不同地区，政府要发挥作用的地方不完全一样，因为情况千差万别。这其实也回答了关于南南学院的‘中国的经验是否可以复制到非洲国家’的疑问。要明确的是，南南学院教给大家的绝对不是‘复制’，中国的成功是因为在改革开放之初大力发展了符合比较优势的劳动密集型产业，但非洲国家的人口普遍很少，再谈‘发展劳动密集型加工业’，无异于削足适履。南南学院要教给大家的就是这个从现象中提炼出方法的理论体系。”

林毅夫教授强调，按照比较优势发展就必须从市场需求出发。“这样你才能知道哪些产业具有竞争力、哪些产业有比较优势。但是软硬基础设施的问题怎么解决？发展的终极目标当然是把全国的基础设施都建设好，但资源、财力、执行能力都是掣肘，这就必须通过务实的有为政府来实现。那些曾经贫穷落后的成功国家都是这么发展起来的。‘二战’之后，发达国家纷纷建起了高速公路网，比如与中国国土面积几乎相当的美国，其高速公路总里程是 86 000 公里；中国的高速公路直到 1998 年也只有 4 800 公里——但现在，中国高速公路总里程超过了 12 万公里。”

交通之于发展经济的重要性毋庸置疑，“要想富，先修路”这句至今还能在中国的广袤乡村看到的刷墙式标语堪称经典。在若干条新闻中，先富起来的乡镇企业家回馈乡里的第一件事往往是修一条从村里通向乡镇甚至县城的路。然而，发展阶段是无法逾越的客观现实。改革开放之初，看到美国 8 万多公里的高速路网，中国政府没有把极其有限的资源投入修路，而是投入后来撑起中国改革开放巨轮的“中国制造”上，因此，全世界今天才能看到这样的中国。

全球范围内的产业转移

为什么发达国家劳动生产率高？因为它们的产业很先进。按照主流经济学理论，落后国家追赶发达国家，应该发展和发达国家一样的产业。但发达国家的先进产业都是资本密集度很高的大规模产业，资本又恰恰是落后国家最稀缺的资源。

1978 年改革开放以后的中国首先发展的是劳动密集型产业，由此带来大量农村劳动力向现代化制造业转移。1979 年，中国 81% 的人口居住在农村，78% 的劳动力从事农业。据国家统计局 2018 年 2 月发布的《2017 年国民经济和社会发展统计公报》显示，2017 年末，中国大陆总人口逾 13.9 亿，其中城镇常住人口 8.13 亿，城镇化率达到 58.52%。中国之所以可以发展劳动密集型产业，向现代化制造业转移，进而提高城镇化率，抓住发展的窗口期也是至关重要的因素。

历史数据印证了这一点。

工业革命在英国发生时，最早即是从劳动密集型的纺织业开始的。通过纺织业，新兴的资产阶级积累了大量资本，并实现了继纺织之后多个产业的升级，极大地促进了英国生产力的提高，使英国成为当时名副其实的“世界工厂”及经济霸主，但随着英国产业高度发展，国内产业成本逐渐升高，市场容量矛盾日益突出。进入 19 世纪，德国、法国、比利时、瑞典、意大利、瑞士等主要西欧国家也先后以纺织业、成衣业开始，实现了它们的工业化。美国作为一个年轻的国家，凭借其良好的自然资源，吸引了众多英国工业企业到美投资，成为第一次国际科技与产业转移的主要承接国及最大受益者。美国借助第一次国际产业转移的产业及技术基础，以及与此相关的由美国主导的第二次产业革命，实现了经济崛起，不仅成为世界工业发展史上的第二个“世界工厂”，更是超越了英国，成为新世纪世界经济霸主。

20 世纪 60 年代，第三次科技革命爆发，美国对其国内的产业结构进行了重大调整，将钢铁、纺织等传统产业转移到日本和德国，进行海外投资和资本、技术输出。德国、日本通过承接转移产业，大大加快了工业化进程，工业产业的竞争力迅速提高。德国、日本迅速发展成为世界经济强国和新的“世界工厂”。

这次转移之后，日本经济快速发展，产业结构不断升级。至20世纪80年代，日本已经和美国一起成为这一时期产业转移的主导国家。由日本所推动的东亚地区产业转移，引领了东亚地区的“雁阵飞翔”，催生了亚洲“四小龙”的经济发展奇迹。这些国家和地区获得发展劳动密集型加工产业的契机，逐步实现了由进口替代型产业向出口加工产业的过渡，成为新兴的工业化国家和地区。

自20世纪90年代起，美、日、德等大力发展新材料、新能源等高新技术产业，将产业结构重心向高技术化、信息化和服务化方向发展，进一步把劳动、资本密集型产业和部分低附加值的技术密集型产业转移到海外。亚洲新兴经济体承接了美、日、德等国家转移出来的重化工业和微电子等高科技产业，并且部分失去比较优势的劳动密集型产业和一部分资本技术密集型产业被转移到中国和东南亚国家，带动了这些国家经济的发展和产业结构的升级，促进了其工业化进程。中国大陆成为第四次国际产业转移的最大受益者。

这之后，全球制造业向中国转移，由此中国成为名副其实的全球制造业基地。移出国制造业成本的不断上升和市场的国际性扩张需求是促使发达国家产业向外转移的内在动因，移入国的成本优势和庞大市场则是产业转入的根本动力。这里的成本优势是多方面的，既包括劳动力成本，又包括土地等资源的成本，还包括税收等综合性的商务成本，等等。

就中国自身来说，改革开放40年，产业结构升级大体经历了4个阶段：从劳动密集型的纺织化纤业，到资本密集型的钢铁、造船、炼化行业，再到兼具资本密集型和技术密集型的汽车、机械、电器制造业，直到目前的技术密集型的微电子和信息技术制造业。

“从这些历史经验观察，今天的非洲国家面临着一个千载难逢的机遇期。经过40年改革开放，中国人均GDP达到了8 500美元，处在与20世纪60年代的日本、20世纪80年代的‘四小龙’一样的位置，蓝领工人的工资水平是600美元左右，非洲国家的工人工资普遍在50美元左右，最高也不过100美元。对当下的中国来说，收入水平、技术储备、资本密集度都不断提高，劳动力密集型产业必须转移出去，这对非洲来说是一个千载难逢的窗口机遇期。”林毅夫教授强调的“千载难逢”对人口结构极其年轻的非洲大陆来说，还体现在吸纳和消化大量劳动力上（见表1–1）。

表1–1　各国家地区在转型期吸纳就业人口情况

时间	国家和地区	制造业人口
20世纪60年代	日本	970万
20世纪80年代	韩国	230万
	中国台湾地区	150万
	中国香港地区	100万
	新加坡	50万
20世纪90年代	中国	1.24亿*

*其中，8 500万人口在劳动密集型加工业。

又到了国际产业大转移的时点上。

林毅夫教授说："唯一能够承接中国劳动力转移的只有非洲。非洲有 10 亿人口，不仅有大量年轻的劳动力，目前的工业化水平也很低，类似中国 20 世纪 80 年代初的情形。并且就承接条件来看，非洲也是最好的，因为这里是目前全球工资水平最低的地方——工资成本优势是决定劳动密集型产业转移的最重要的因素。当然，非洲的基础设施差，政府效率低。但这还是'思路决定出路'的问题。中国之所以成为现在的中国是因为政府在改革开放初期创造了局部有利条件。短期内无法改善全国的基础设施，就先从局部着手，办经济特区和工业园区，在园区里保障交通、电力这些基础设施。为提高海关通关效率和政府效率，在园区里搞一站式服务。邓小平说过，让一部分地区先发展起来，让一部分人先富起来，带动和帮助其他地区。现在看，这些原来在特区和园区里的特事特办起到了引导全社会、辐射全社会的作用。如果能很好地运用这些'中国经验'，非洲会是劳动密集型产业最好的转移地，而且我认为非洲会是劳动密集型产业转移的最终一站。"

2008 年赴世界银行就任后，林毅夫教授出访的第一站就是非洲。自世界银行回到北京大学后，他出访的第一站还是非洲，与他同行的不仅有国家发展研究院从事宏观经济研究的教授和学者，还有中国的企业家。卢锋教授所做的中国对非投资的研究显示，2003—2012 年，中国对非直接投资存量在较小的基数基础上持续上升，从不到 5 亿美元增长到 191 亿美元，年均增速 50%。然而，国际社会对中国投资非洲存在颇多怀疑、责难甚至诋毁，比如"新殖民主义”或“软殖民主义”。在这种背景下，如何“走进非洲”就成为一个考验智慧的问题。但是，广东华坚鞋业得到了西方主流媒体的一致好评。华坚鞋业是一家发达国家名牌女鞋的大型贴牌生产供货商，其创始人张华荣有“中国女鞋教父”之称。

2011 年 3 月，林毅夫教授赴当时非洲最贫穷的国家之一——埃塞俄比亚访问。这是一个内陆国家，没有港口，交通基础设施很差，营商环境也很差，过去从来没有人认为这个国家可以发展现代制造业并出口。

林毅夫教授向埃塞俄比亚总理梅莱斯·泽纳维介绍了中国让出劳动密集型加工业的窗口机遇期，埃塞俄比亚的工资成本只有中国的 1/10，本身也出产皮革；中国制革业和制鞋业在 2010 年的雇工人数是 1 900 万人，埃塞俄比亚当时只雇用了 8 000 人。从生产成本要素来讲，埃塞俄比亚绝对有优势，当然，这里的交易成本也比较高。针对此情况，林毅夫教授开出的药方就是中国经验：设工业园，把基础设施做好，学习中国“一把手”工程的经验，在工业园里提供一站式服务。“我建议他到中国来招商引资。2011 年 8 月，梅莱斯总理就到广州东莞来招商；3 个月后，华坚赴埃塞俄比亚首都考察，随即决定在埃塞俄比亚投资，并马上招募 80 多个工人到国内培训。3 个月后，华坚工厂就在埃塞俄比亚首都旁边的一个东方工业园成立了。”

这家具有开创意义的华坚工厂最初的两条生产线雇用了 600 个人，推行的方式就像中国改革开放之初的一样，“两头在外”——所有原材料从中国运进去，所有产品卖到国际上。2012 年 3 月产品开始出口，5月就变成埃塞俄比亚最大的出口企业，10月开始赚钱。到年底，雇工人数达到2 000人，第二年达到3 500人，成为非洲大陆上的神话。此时，埃塞俄比亚政府决定设立一个新的工业园区。埃塞俄比亚成为非洲国家吸引外资最多的国家。

创造外汇的能力在华坚的埃塞俄比亚工厂投产的第一年就得以显现：2012年华坚成为这个东非国家最大的出口企业，出口额占其皮革制品出口总额的57%，使其皮革制成品出口额翻番。很多能源矿产资源出口优势并不明显的非洲低收入国家在发展前期都面临巨大的资金缺口，如何增强出口创汇能力是它们保证经济快速增长所面临的巨大挑战。华坚的故事对它们产生了极强的示范效应。从就业角度看，2013年12月，华坚在埃塞俄比亚雇用4 000名工人，每月50美元左右的工资虽然不高，但在当地仍然是很有吸引力的。目前，华坚正计划在新的工业园区，建设制鞋业产业集群，届时雇用的工人将达3万人，对缓解引资国存在的大量富余农业劳动力和城市失业劳动力问题具有积极意义。

这样一个“星星之火，可以燎原”的故事改变了埃塞俄比亚人对自身经济发展道路的想法。2011年之前，他们的发展道路受到传统思潮的影响，他们希望发展现代化的先进制造业，不欢迎夕阳产业，但是那种先进产业一般不愿意来，即使来了也会要求大量补贴，并不能给当地创造多少就业机会。而发展中国家最需要的恰恰就是就业机会，最宝贵的资产也是它们的劳动力，只有走这一条按照比较优势发展的道路，劳动力才能够很快地形成竞争优势。而且这个竞争优势形成以后，大家对埃塞俄比亚的看法马上会改变。

2013 年，埃塞俄比亚的华坚工厂登上英国《金融时报》头版，其指出华坚鞋业的投资给埃塞俄比亚当地带来了大量的就业机会，并有望带动该国制鞋行业的发展。美国有线电视新闻网把华坚鞋业的投资看作国际资本为撒哈拉以南非洲带来产业结构转型机遇的案例。《纽约时报》的报道指出，与西方国家将非洲视作援助对象不同，中国将非洲看作商业合作的伙伴。卢锋教授在 2013 年年初访问埃塞俄比亚等东非三国时，听到当地人士的反馈也是“欢迎类似华坚的投资项目”。

在这一轮以华坚鞋业为代表的企业投资非洲之前，中国在非洲的投资大致可分为三类：大宗商品资源类投资；基础设施（路桥电港）与公共设施（楼堂馆所）投资，主要是大型承包工程项目；针对当地市场的进口替代型制造业投资。对比前三种投资模式和华坚的投资，卢锋教授分析：“华坚代表了中国在非洲的一种新的制造业投资类型，主要利用非洲劳动力成本的相对优势，立足全球生产供应链的劳动密集型加工环节投资，类似中国改革开放初期的‘三来一补’‘两头在外’的加工贸易模式。‘两头在外’的劳动密集型加工环节制造业发展受本地原材料供应和当地市场规模限制较小，可以比较充分地发挥非洲国家劳动力成本低廉的优势，为这些国家提供大量的非农就业机会。另外，这类加工制造业、加工贸易通常具有创造外汇的属性，有助于引资国克服国际收支逆差的困难，对促进本地特定产业链上下游发展也具有积极作用。”

非洲的现状是，许多低收入国的农业人口占比达到 70%~80%，农村中有大量渴望获得非农就业机会的廉价年轻劳动力，扩大就业即是把低成本劳动力的潜在优势转化为现实竞争力，这对大多数贫困非洲国家来说，具有实现经济发展与社会稳定的双重意义。像改革开放前的中国一样，这些国家同样极其缺乏资本，而资本又是其开展一切现代化经济活动的核心资源，出口导向型产业推动非洲各国的国民经济朝着开放型经济方向发展，培养起一批熟练工人与管理人才。卢锋教授预言，非洲也将出现类似中国改革开放初期乡镇企业家的“草根企业家”。

将中国工人平均月工资 500 美元和埃塞俄比亚工人平均月工资 50 美元相比，对华坚这样的企业而言，自然会做出理性的选择。更关键的是，劳动密集型加工工序被转移到海外，技术、研发、物流管理等高附加值流程仍会留在中国国内，推动转移厂商的经营重心向高技术含量的设计和高附加值的品牌倾斜，有助于应对劳动密集型产业出口面临的来自发达国家的贸易保护主义压力。长期来看，符合历史规律的产业转移将避免中国陷入中等收入陷阱。

世界银行首席经济学家被视作世界上经济学家所能享有的最高地位，这个职位被赋予帮助发展中国家发展经济、消除贫困的职责。作为历史上的第九任世界银行首席经济学家，林毅夫教授也是第一位来自发展中国家的学者。如何解释这种开创性？他认为正是中国极具说服力地从贫困到中等偏上收入国家的发展历程令全球看到了一种可能的新路径。世界银行于 1944 年成立至今，如果除去中国改革所减少的 6.8 亿贫困人口，则全世界生活在贫困线以下的人口不降反增。拥有十几亿人口的中国完成了看似不可能完成的任务，而对中国改革道路的质疑声从其起步至今的 40 年间从未消失。去除其他因素，仅就学术而言，这种矛盾现象本身就很值得研究和探讨。

作为世界银行首席经济学家，面对的是全世界 1/6 人口还处于贫困线以下的现实。林毅夫教授说："担任世界银行首席经济学家这个职位，我最大的感受是，发展中国家的农民和工人与世界上任何一个地方的劳动者都是一样的，他们都希望通过努力让自己和家人生活得更好一些，下一代生活得比这一代更好一些。我的另一个感受是，世界上任何一个地方的知识分子都是一样的，都希望贡献所学，实现国家的现代化，让自己的国家能够得到世界上其他国家、民族的尊敬。各国政府也都有共同的追求——为官一任，造福一方。中国有一句话，即思路决定出路。到现在为止，发展经济学的主要理论还是以发达国家为参照的，前两波的理论不是建议发展中国家和发达国家一样，发展现代化大产业，就是建议发展中国家建立和发达国家一样的比较完善的市场经济体系，可是发展中国家具备的客观条件与发达国家的完全不一样。理论的适用性决定于条件的相似性，这就直接导致了'二战'后至今 70 年间依理论制定政策的国家的失效——无论是非洲、拉丁美洲的发展之路还是东欧国家的转型之路。"

新结构经济学

用理论来解释实践是经济学家的职责所在。中国改革开放 40 年的成就与经验在世界发展史上都是前无古人的，针对这场实践进行研究，提出自己的理论，从而赢得话语权，这也是林毅夫教授提出

“新结构经济学”的理由——没有一个新理论做支撑，就只能继续遵从既有理论。

新结构经济学开出的药方如下。

首先，遵循比较优势来发展。这有两个制度前提，即有效的市场和有为的政府。一个按照比较优势发展的经济体一定是开放的：生产、出口符合比较优势的产品，进口没有比较优势的产品。进阶到产业升级的阶段，这个经济体就可以用现成的技术，学习发达国家的经验。

其次，宏观稳定。遵循比较优势，一个经济体的实体经济就会非常有竞争力，外在危机爆发的时候，其抵抗危机的能力会非常强，这样的经济体会相对稳定。如果违反比较优势，实体经济很差，内部本身就可能出现很多危机，或者受到外在危机冲击，实力很弱的经济体是没有能力应对的，进而就会导致宏观不稳定。由此可见，所谓的宏观稳定，其实还是取决于经济体内部。

再次，成功是有药方的。按照比较优势发展，就会产生越来越多的剩余，国民剩余积累的积极性增加，投资回报提升，储蓄也会增加——由此看，成功的药方就是按照每一个发展阶段要素禀赋结构所决定的比较优势来选择产业、选择技术。其制度前提是有效的市场和能够因势利导的有为政府，产生的结果就是开放、宏观稳定、高储蓄率、高投资率。

凯恩斯革命性的著作《通论》的最后一章最后一节的最后一句话说道：“是理念，而非既得利益，是成败的关键。”

2007 年，林毅夫教授应剑桥大学之邀赴伦敦做“马歇尔讲座”，他是第 61 位主讲人，也是仅有的两位来自发展中国家的学者之一。1946—2007 年，共有 60 位学者登上了“马歇尔讲座”的讲台，这其中的 14 位后来获得了诺贝尔经济学奖。因此，在当时，这个来自剑桥大学的邀请被视作林毅夫教授向诺贝尔经济学奖再进一步的标志。这场著名演讲举行的时候，中国已然成功越过 1997 年亚洲金融危机、1998—2002 年的通货紧缩，正处在新一轮景气周期中。《中国的奇迹》一书中预言的“中国奇迹”并非虚妄，成了对比研究“二战”后的中国与其他发展中国家改革路径的现实案例。

2011 年，美国耶鲁大学“库兹涅茨讲座”也邀请林毅夫教授发表年度讲座，他是第二位来自发展中国家的应邀做这个讲座的学者。这一次，演讲的主题是“新结构经济学”。2008—2018 年的 10 年间，林毅夫教授先后出版了 6 本与“新结构经济学”有关的专著，得到了来自 11 位诺贝尔经济学奖获得者的 18 个推荐。

“2012 年，我从世界银行卸任回国，自那时开始，我就一直在倡导总结于中国发展转型经验的新结构经济学，从新结构经济学角度来看，经济发展是技术不断创新、产业不断升级、基础设施不断改进、各种制度安排不断随着经济发展完善的过程。之所以‘马歇尔讲座’和‘库兹涅茨讲座’都邀请我，我想还是因为中国在过去 40 年间发生的天翻地覆的变化引起了世界的关注，而且发达国家也有人开始关注新结构经济学。那么，我们这些来自这片土地的学者更要立足于中国进行理论创新。”

中国改革开放 40 年取得的成就无疑是包括非洲在内的全世界发展中国家可以借鉴的宝贵经验，同时也是研究的富矿。中国本身作为全球人口第一大国，其独特的“中国道路”有别于人类经济发展史上的若干先例，为学者提供了大量来自一线的实证案例。

在2016年5月17日上午召开的哲学社会科学工作座谈会上，习近平总书记在讲话中强调，一个没有发达的自然科学的国家不可能走在世界前列，一个没有繁荣的哲学社会科学的国家也不可能走在世界前列……这是一个需要理论而且一定能够产生理论的时代，这是一个需要思想而且一定能够产生思想的时代。

理论的适用性决定于前提条件是否相似，来自中国的、基于实践的理论创新不仅解释了中国改革开放以来取得的成绩以及此过程当中出现的问题，更系统地阐述了中国是如何解决这些问题的。但是，以现有的西方经济学理论分析框架来看，中国的40年改革开放之路可谓“离经叛道”，而且现实的中国到处是问题。尽管国际争端不断、全球化的趋势在短期内似乎停滞不前，但诚如过往40年，中国“以开放促改革”一样，中国必将越来越深入地融入国际社会，进入改革深水区的阵痛不可避免。在此情况下，用国际通用的学术语言构建适应当下世界局势的理论分析框架，将不再是仅限于学术层面的议题。

实际上，已经有越来越多的中国人进入国际发展机构担任要职。继林毅夫教授担任世界银行首席经济学家、高级副行长之后，中国财政部国际财金合作司司长杨少林于2016年1月就任世界银行首任常务副行长兼首席行政官；IMF前任常务副总裁朱民卸任之后，来自中国人民银行的杨涛于2016年8月就任IMF常务副总裁；曾经在中国财政部从事研究工作的李勇则在2013年当选为联合国工业发展组织总干事。

与10年前林毅夫教授赴华盛顿世界银行总部就任时的局面相比，国际社会里的中国面孔在增加，国际事务中的中国声音也开始增多。但总体而言，中国的话语权依然较小，与中国经济占世界经济的比重还不够相称。

“尽管国际社会目睹了中国转型取得的成绩，但基本上还都是以西方的理论来看中国的经验。从西方理论的视角看，人们通常认为中国问题很多，所以‘中国崩溃论’在国际上此起彼伏。”在林毅夫教授看来，中国经济能够创造奇迹，恰恰是因为没有照搬西方的经济学理论，走了一条适合自己国情的道路。正是基于这样的认识，他在1994年出版了《中国的奇迹》，之后出版了《解读中国经济没有现成的模式》，在2009年提出了新结构经济学的概念。

新结构经济学对中国40年的经济发展和改革过程进行了系统的总结，并在此基础上提出了一个有别于现有西方主流经济学理论的理论体系，被视作迄今为止经济学“中国学派”最完整的理论成果。

按照“解放思想，实事求是”的思路，中国的改革既不照搬过去的理论，也不硬套国外现成的理论，而是研究自身在解决问题上所具有的有利条件和限制条件，以老人老办法、新人新办法的渐进双轨方式，充分利用国内国外两个市场、两种资源，在维持稳定的前提下求得经济的快速发展。这种与国际主流理论体系不同的做法在20世纪八九十年代被认为是“最糟糕的”转型方式，但实际上，它是中国能够维持稳定，从而实现快速发展的原因。一方面，为保护、补贴原有的大型国有企业，保留了许多计划经济时代的干预扭曲；另一方面，对过去受抑制、符合我国比较优势、有竞争力又能创造就业机会、增加出口的产业，开放民营和外资企业进入，并因势利导，建立经济特区、加工出口区，创造进入国际市场所需要的“硬”的基础设施、“软”的制度安排。尽管当时全国基础设施和制度环境普遍较差，中国还是把具有比较优势的产业迅速变成竞争优势，实现了稳定和快速发展。

不仅在改革开放后的中国，即使是世界范围内，西方主流经济理论都被奉为圭臬，这些源于发达国家经济实践并且解释了若干个成功故事的理论为什么在近几十年间会失效？反倒是不被西方主流经济理论接受的渐进双轨制改革创造了“中国奇迹”？

林毅夫教授认为，中国的实际情况是，改革前优先发展的是违反比较优势、缺乏自生能力的资本密集型产业部门，渐进式的双轨制改革在转型期给这些产业提供了保护的缓冲带，有效维护了经济和社会稳定——对当时还摸着石头过河的中国来说，稳定是经济发展最重要的前提。

同时，政府放开原先受到抑制的、符合比较优势的劳动密集型部门的准入，因势利导促其发展，使经济得以保持可持续增长。从20世纪80年代在广袤农村风起云涌的乡镇企业、万元户，到城市里如火如荼的企业改制、个体工商户创业，都是放开市场准入、引活水入市的做法。以深圳特区为发端、各地建立起来的一批工业园区，则从软硬件上为那些大力发展的产业集中解决了短期之内无法解决但又迫在眉睫的问题。

一方面，这些符合中国当时比较优势的产业的发展创造了大量就业机会，使得农村剩余劳动力能够到城市工业部门就业，从而在客观上启动了一个数千年来沿袭农业文明的13亿人口大国的城市化进程。另一方面，这些符合比较优势的部门的快速增长积累了资本，使原先违背比较优势、缺乏自生能力的产业获得了比较优势，具备了自生能力。历经改革开放40年，目前，中国绝大多数的大型产业已经发展成为具备比较优势的产业。只有极少数产业，比如与国防安全有关的产业，资本、技术非常密集，还没有参与完全开放的市场。

“中共十八届三中全会提出：与时俱进地提出全面深化改革，消除各种扭曲，让市场在资源配置上起决定性作用。这就意味着，改革开放40年以来，我们所推行的渐进式双轨制在特定的历史阶段发挥了作用。观察近代以来那些发达国家走过的历程，市场失灵是经济发展过程中必然存在的。对于中国这样的转型国家更是如此。因此，我们需要有为的政府来解决市场失灵。政府和市场的关系是相辅相成的，市场有效要以政府有为为前提，政府有为要以市场有效为依归，两者缺一不可。这是我国改革开放取得成功的最主要的经验，也是我提出的新结构经济学的核心内容。”林毅夫教授强调，对于有为政府和有效市场，不可偏废任何一点。

2009年，林毅夫教授首次提出“新结构经济学”，但早在1988年，他刚刚在美国完成学业回国时，就已经开始思考用经济学理论来解释中国改革开放的经济实践了。

尽管已经过去了30多年，但如今回望80年代，其依旧称得上思想活跃，各种观点与探索异彩纷呈。也就是在那时，包括林毅夫教授在内的一批海外学成归来的学者开始尝试在中西方之间搭建起沟通的桥梁。1994 年，国家发展研究院的前身——北京大学中国经济研究中心（CCER）就是在这样的背景下建立的。

在当时，就像西方发达国家在全球经济中占据绝对优势一样，西方主流的经济学理论也是国际学术界通用的语言，刚刚打开国门、几乎所有学科都要开始重建的中国学术界也概莫能外。

林毅夫教授回忆，当时在农业经济学上所做的工作就是这样："绝大多数的研究是以现有主流经济学的理论来解释中国的现象，或者以中国的实证资料来验证主流经济学现有的理论假说，顶多也只是根据中国的实际情况做了一点延伸的工作。即使有独创的见解，像退出权假说等，也只是零敲碎打的观点。"同年发生的两件事让他放弃了这种西方主流经济学的思维方式。

第一件是当时中国出现了中华人民共和国成立以来最高的通货膨胀率。

1988 年新春伊始，各种涨价的小道消息便在坊间流传，各种商品的价格也在悄悄地陆续上涨，民众的心理开始发生波动。

3 月，国家即将对一些主要农副产品零售价格进行调整的消息传出，部分地区（主要是一些大城市）的民众出于对涨价的担忧，开始抢购商品，从而引发 1988 年的第一波抢购狂潮。国营商场的肉、蛋、糖等副食品在很短的时间内就被抢购一空。在数日之内，上海的商场里的食盐、食油、肥皂等日用消费品即告售罄。就连火柴也不例外。

5月，国家决定放开4种主要副食品的零售价格，果然证实了此前坊间的流言，民众的神经再次被触动，抢购之风又起。与第一次抢购风潮不同的是，这一次绝大部分商品的价格都随着抢购风直线飙升。4种主要副食品之外的各种商品也大都趁机涨价，政府的红头文件完全失去了效力。

7月28日，国家决定放开13种名烟、名酒的市场价格。当天起，全国各大城市就出现了抢购名烟名酒的风潮。北京、上海、天津的商店在开门的几个小时内，库存的烟酒就被抢购一空。

8月初，小道消息盛传，从9月1日起，各种商品将全面涨价。抢购风潮又起。

8月19日清晨，中央人民广播电台播发“价格闯关”的消息。当天就出现抢购狂潮。

这一次抢购风潮波及面非常广，抢购风不仅发生在大城市，而且迅速席卷全国中小城市和部分乡村地区。

引自人民网（2013年3月20日）

以1988年为标志的那轮通货膨胀是1978年实施改革开放政策以来从未遇到的情形，无论是通胀本身，还是中国政府的应对措施，都值得深入研究。1987—1988年总体的宏观政策是经济扩张，物价指数在前一期经济扩张的拉动下持续走高，上升到改革开放以来的第一个历史高点。以1985年的物价指数为基点，1986年的物价指数上涨6%，1987年的物价指数上涨13.7%，1988年的物价指数上涨34.8%。

此次通货膨胀的主要原因依然是政府为了满足社会固定资产的投资增长要求、解决企业的资金短缺问题，从1986年开始加大政府财政支出，不断扩大政府财政赤字。特别是1988年实行财政的“包干”体制以后，社会的需求进一步猛增。与此同时，为了解决政府赤字问题，货币连年超经济发行，到1988年第四季度，市场中的货币流通量为2 134亿元，同比上涨46.7%，这一季度末的零售总额则同比上涨20.3%。1988年8月银行存款减少了26亿元，官方宣布的通货膨胀率达到18.5%。货币超发的直接后果就是物价猛涨，货币贬值，“票子发毛”。

突如其来的全国性抢购风潮，加上脱笼而出的通货膨胀之虎，使整个社会的经济秩序陷入一片混乱之中。严峻的形势不仅引起了国际、国内的普遍关注，也导致了广大民众的心理不安，影响社会的安定和民众对改革的信心。面对这种情况，西方经济学理论的经典做法就是提高利率。但中国并没有用这个办法，而是对经济实行全面的“治理整顿”，其措施之严厉堪称改革开放以来之最。

> 第一，治理经济环境，主要是压缩社会总需求，控制通货膨胀。要求：1989年全社会固定资产规模压缩500亿元；控制消费基金的过快增长，坚决压缩社会集团购买力；稳定金融，严格控制货币发行，办好保值储蓄，开辟多种渠道吸收社会游资，引导购买力分流；克服经济过热现象，把1989年全国工业增长速度降到10%甚至更低。与此同时，要改善和增加有效供给。大力发展生产，特别是农产品、轻纺产品、其他生活必需

品以及紧俏产品的生产。要减少出口国内短缺的原材料和必需品，从而保证国内市场供应。特别是要解决好粮食和“菜篮子”问题。

第二，整顿经济秩序，重点整顿在新旧体制转换中出现的种种混乱现象。一是坚决刹住乱涨价风。二是整顿公司，实行政企分开，官商分开，惩治“官倒”。三是尽快确立重要产品的流通秩序。对流通秩序混乱的重要产品，尤其是紧缺的重要生产资料，有的要实行专营，有的只准在国家统一市场上交易。四是加强宏观监督体系。五是制止各方面对企业的乱摊派。

围绕“治理整顿”这一工作中心，中共中央、国务院的一个个决策接连出台。

10月初，国务院发出关于清理固定资产投资在建项目、压缩投资规模、调整投资结构的通知。

10月3日，中共中央、国务院做出关于清理整顿公司的决定。

10月6日，国务院做出关于从严控制社会集团购买力的决定。

10月12日，国务院发出全面彻底清查楼堂馆所的通知。

10月下旬，国务院做出关于加强物价管理、严格控制物价上涨的决定。

据统计，从十三届三中全会到1989年底，中共中央、国务院接连发出40个条例、决定、通知，治理整顿经济秩序，人称“四十道金牌”。

引自人民网（2013年3月20日）

依据西方的理论，这一系列做法是完全错误的。砍掉在建的项目，会导致很多烂尾工程，比如，正在建造的北京新大都饭店建到13层，被迫停工，成了半拉子工程。

“这样看，中国政府好像做得不对。但你又怎么解释中国1978—1988年保持9%的平均增长率呢？后来我才明白，因为中国有很多资本密集型的国有企业，这些企业关系到国防安全、国计民生。它们违反比较优势，没有自生能力，之前依靠政府的财政拨款，1983年拨改贷以后，靠低利率补贴维持运转。如果提高利率，这些企业就会亏损。一旦亏损，只能有两种选择，一种是让它倒闭，这样一来，国防安全怎么办？国计民生怎么办？如果不让它倒闭，就必须给它补贴。补贴从哪里来呢？只能从财政中来，那就会增加财政赤字。财政赤字增加了，到最后还是要货币化，增加货币供给，反过来进一步推高通货膨胀。”

林毅夫教授分析，通过砍投资、砍项目的行政办法来“治理整顿”高通货膨胀，看似不合理，但就当时的情况而言，其实是对症下药，比简单地提高利率更加合理。理论的有效性不能脱离其前提条件，西方主流理论以西方的社会经济为基础，而转型期的发展中国家简单照搬西方的理论，来指导发展中国家的政策实践，结果当然不会乐观。

1988年给林毅夫教授带来触动的另一件事来自印度。当时，他到印度参加一个国际会议。会议期间，主办方安排这位来自中国的经济学者和印度国家计委人员进行座谈交流。这个机构令来自中国的林教授颇为诧异：印度是一个以产权私有为基础的市场经济国家，怎么会有国家计委呢？座谈中，他发现印度国家计委的工作也是如何调配钢材、化肥、粮食等关乎国计民生的物资，与中国的国家计委几乎完全一样。

原来，“二战”后，“十年超英，十五年赶美”的思想普遍存在于发展中国家，无关社会制度，不仅大国级别的“中国龙”“印度象”有这样的梦想，来自拉美和非洲的许多国家亦然。这些立志赶超发达国家的发展中国家也几乎选择了同样的路径——在西方主流经济学的影响下，都追求在一穷二白的农业经济基础上，建立起资本密集的现代化重工业体系。

重工业最重要的生产成本是资金的成本，而发展中国家普遍资本短缺，资金的价格非常高，生产成本反倒比发达国家还要高，在开放竞争的市场中，这样的企业没有自生能力。和中国一样，为了保证这些重工业的发展，政府会直接按计划配置资源来保证重工业的发展和生产能够得到所需资源。印度国家计委即承担着这种调配资源的职能。

新结构经济学中分析发展阶段和产业结构关系的思考也发端于此。在经济发展的任何特定时点，每个经济体的要素禀赋结构是相对固定的，其比较优势和最优的产业结构也由此确定。发达国家资本相对丰富，劳动力相对短缺，而发展中国家正好相反。发展中国家要发展违背比较优势的资本密集的重工业，只能靠政府的干预和补贴，效率就会非常低，与发达国家的差距也会越来越大。过往几十年，大批发展中经济体在谋求发展的道路上前仆后继，但真正从中等收入变成高收入经济体的寥寥无几。

反之，发展中国家按照每个发展阶段的要素禀赋结构决定的比较优势选择产业，要素生产成本就会最低，如果政府通过工业园区、倾斜性政策等措施帮助企业克服软硬基础设施的瓶颈限制以降低交易费用，就可以形成竞争优势。获得竞争优势以后，就能创造利润，积累资本。在这个过程中，发展中国家还可以利用后发优势，以较低的成本和风险引进新的技术、新的产业来加速经济的发展和转型，实现对发达国家的追赶。

就这样，自 1988 年起，新结构经济学开始不断探索、完善，并最终形成。

20 世纪八九十年代的国际背景是苏联解体和东欧剧变，整个社会主义阵营几乎瓦解，以里根当选美国总统为标志，“芝加哥学派”成为美国的主流经济学理论之一，新自由主义在美国乃至经合组织成员中占据了统治地位；20 世纪 90 年代，美国等发达国家通过科技进步、以互联网为代表的信息产业重塑了社会生产关系，极大地提升了整体效益与效率；信息技术的发展使得国际一体化的程度大大增强，为推行自由市场经济提供了生存的土壤。

1990 年，美国国际经济研究所邀请 IMF、世界银行、美洲开发银行和美国财政部的研究人员，以及拉美国家代表在华盛顿召开研讨会，为陷于债务危机的拉美国家经济改革提供方案和对策。美国国际经济研究所的约翰·威廉姆森对拉美国家的国内经济改革提出了 10 条政策措施，并且与上述各机构讨论达成共识，因此被称作“华盛顿共识”。此后，以新自由主义学说为理论依据的“华盛顿共识”作为市场经济过渡期的重要政策组合，在 20 世纪 90 年代广为传播。

在处于转型期的俄罗斯等国家中，建立运行良好的市场经济无疑是转型的总体目标，但实现这一目标的最佳方法是什么？这在政治经济界存在着激烈的争议和截然不同的观点。在苏联和中东欧等转型国家中，苏联、捷克和爱沙尼亚是“休克转轨”的典型，按照这个方式来转型的国家都曾遭遇经济崩溃、停滞、危机不断，转型后的年均增长率比20世纪六七十年代时还低，危机发生的频率比转型之前更高。

在《李光耀论中国与世界》一书中，这位新加坡首任总理——执政31年、广受东西方社会赞誉的政治家回忆苏联共产党最后一位总书记戈尔巴乔夫时，这样讲道：我想他肯定有一个很好的民主化方案，在我见到他时，发现他被周围的事情弄昏了头脑，他一头扎进了游泳池的深水区，却没有学会游泳。

深水区风景很美，但如果没有强健的体魄，即使连发达国家也未见得能够畅行无阻。“华盛顿共识”所倡导的休克疗法目的是建立完全竞争的市场。但关键问题在于，转型中的发展中国家并非是以一张白纸的状态去实现制度创新，过往的政府干预形成的制度扭曲有其存在的原因，这些原因未消除前就放弃各种扭曲的后果可能与改革的目标相反。发展中国家看到的只是发达国家资本密集型产业高度发展的现状，没有看到其发展到这一步沿袭了怎样的路径，更没有看到的是自身具备哪些能力，要素禀赋是否与资本密集型产业匹配。

时过境迁，近30年，大多数国家采取的“一步到位”式改革路径与中国采取的渐进双轨制改革路径取得的成果大相径庭，而围绕

“华盛顿共识”和“休克疗法”政策的得与失、利与弊、激进与渐进孰优孰劣的争论，其实是转型国家向市场经济转轨的理论论争。

理论上说，只要市场能够自由配置资源，就能够实现经济增长。但是，转型国家的问题恰恰在于，改革的预想与实际的结果相去甚远：对于从计划经济向市场经济转轨的国家，那些被天然预设的市场制度并不存在，所谓“转轨”其实就是要创造这些制度，目标与路径被混淆了。

这也正是林毅夫教授在阐述新结构经济学时反复强调的“市场有效要以政府有为为前提，政府有为要以市场有效为依归”。全面放开，迅速削减政府规模，“市场”并不会理所当然地出现，经济也不会自发增长。在全世界范围内的这场发展的求索路上，大多数人对于转型的过程与目标的认识是欠缺的，即使清楚最终目标，也还存在一个如何过渡和达到最终目标的问题。

此外，发展中国家与发达国家条件并不一样，那些总结自发达国家经验的理论在发展中国家必然会水土不服；同时，发达国家自身条件也时刻在变化，盛行的理论也会不断更新。“如果发达国家的理论在发达国家都做不到‘百世以俟圣人而不惑’，那么拿到发展中国家来怎么能够是‘放之四海而皆准’呢？”林毅夫教授反问，“改革开放40年，中国从人均GDP只有156美元、全球最贫穷的国家之一成长为世界第二大经济体，消灭了全球1/5的贫困人口。同时，中国也对世界做出了很多了不起的贡献。最明显的例子是在1997年东亚金融危机、2008年全球金融危机时，中国继续以强劲的增长带动了周边国家和世界经济的复苏，同时中国是过去40年中唯一没有出现金融经济危机的国家。之所以如此，与我们坚持解放思想、实事求是、与时俱进有着很大关系。我们摸着石头过河，推进渐进双轨的转型方式，取得了稳定并快速的发展成绩。”

理论的作用在于“认识世界，改造世界”，立足于中国的经济现象进行理论创新，不仅可以更好地认识和解决中国在改革和发展中遇到的问题，同时，由于同为发展中国家，中国的理论对其他发展中国家解决其发展和现代化过程中的问题具有更大的参考和借鉴价值。波兰就是一个典范。

波兰从1989年开始进行转型，和其他东欧国家一样，也遵循“华盛顿共识”，取消干预扭曲，政府的功能局限于发展教育、维持社会稳定，在这样的改革思路下，新的产业发展不起来，就无法创造合适的就业机会，国内大量劳动力外流英国、爱尔兰、法国、德国。2016年10月，法律与公正党在波兰全国选举中获胜，这也是波兰自1989年转型以来，第一个在选举中获得过半数席位的政党，由此，法律与公正党获得了单独组阁的权利。

> 2016年2月16日，波兰副总理莫拉维茨基代表新一届政府推出被称为“莫氏计划”的“波兰长期发展规划”。“莫氏计划”是法律与公正党领导的新一届政府为落实竞选时的承诺而制定的波兰未来经济发展目标及其实现路径的总体方案，反映了新一届政府将积极有为地推动经济发展，扶持具有比较优势的产业，采取适当政策，提升波兰产业竞争优势的“经济哲学”。
>
> 几周后，莫拉维茨基在接受《波兰时代》的采访时，明确

表示支持林教授的理论。莫拉维茨基称，林毅夫教授的新结构经济学将成为波兰财政部和发展部政策制定的理论基础。2016年3月17日在以《林毅夫的提示》为标题的文章中，记者报道莫拉维茨基副总理在公开演讲中多次提到他的观点和新结构经济学接近，这篇文章对新结构经济学“经济增长与因势利导”的产业政策制定六步法做了详细的介绍。2016年12月8日的一篇文章则以《波兰是否会追随中国模式：莫拉维茨基副总理参照中国经济学家林毅夫的观点》为标题进行报道。

莫拉维茨基公开表态：制订发展计划是按照新结构经济学的“有效市场与有为政府”的理论，政府发挥因势利导的作用来制定国家发展战略，效果不错。波兰人口占整个欧盟的1/10，2017年，波兰的新增就业人数占整个欧盟的70%，以前大规模外迁的波兰人开始回流，并吸引了乌克兰等国家的人到波兰工作。莫拉维茨基也于2017年12月升任为波兰总理。

引自腾讯原子智库（2018年1月）

从2007年剑桥大学“马歇尔讲座”、2011年耶鲁大学“库兹涅茨讲座”，到以新结构经济学为指导理论并获得经济转型成功的波兰，再到吸引了几十个发展中国家年轻精英的南南学院，林毅夫教授表示，看起来其他发展中国家对新结构经济学的接受程度比国内的高。“当然，发达国家也有人开始关注新结构经济学。我想，这是他们对这个理论的一种认可。以当时国际经济界主流思想——新自由主义指导转型的国家并未收获希望中的发展与繁荣，反倒是经济停滞、危机不断，发展速度比转型之前还要慢，而且危机发生的频率更高。因此，他们就会对新自由主义进行反思。发达国家也是按照新自由主义的理论来制定政策的，结果是收入分配恶化，并且导致了2008年的金融危机。在这种情况下，发达国家的人也会对新自由主义进行反思。新结构经济学总结了中国和东亚经济的成功经验，提出了一个替代新自由主义的新的理论体系，他们自然会感兴趣。”

与国外的情况相反，新结构经济学在国内的接受度并不如国外的。林毅夫教授认为，这是因为中国自转型伊始就没有采用新自由主义的理论，而是走了一条适合自己的道路。双轨制这种转型方式的好处是同时取得了稳定和快速发展，中国没有出现像采取了休克疗法的苏联、东欧那样的崩溃、停滞和危机不断，而是采取了人为压低利率等生产要素价格的方式给予国有企业转型期补贴，使其得以继续经营，但是任何对市场的干预都会带来一定的弊端，目前中国的腐败、收入分配等问题都是双轨制的结果。制度公平与经济增长究竟哪个更重要？如果经济增长伴随着愈演愈烈的贪污腐败、贫富差距、环境恶化，这种经济增长模式还能否延续下去？国际学术界同样也对这种不彻底的改革颇多点评。

改革开放以后，这些扭曲又进一步在行政与经济层面造成了寻租空间，贪污腐败均以此为源头。另一方面，中国股市自20世纪90年代创建伊始，即以“协助国企脱困”为其政治任务，上市资格并非以企业自身赢利能力和增长潜力为评判标准，而是以行业、地域为单位分配的指标。这种现象延续至今尚未有根本性的改变。

中国渐进双轨转型的代价就是贪污腐败与收入不平等。由于传统资本密集型企业需要政府保护补贴，这种保护补贴产生了经济租金，导致了寻租腐败，也导致穷人补贴富人。举个例子，传统部门为资本密集型产业。对它们来说，资本成本最为重要。转型之初，中国是资本匮乏的经济体。政府如何补贴这些产业？其中一种资助方式是利用大型银行和股市将廉价资金配置给资本密集型企业。在20世纪八九十年代，这些企业不仅能够得到大量资本，也能享受被政府人为调低的利率和股市融资成本。一开始，所有企业均为国有，而在双轨制下，很多私营企业在新的部门下快速发展。到如今，很多企业的规模已经很大。规模大了以后，企业就能从银行获得贷款，也能从股票市场融资。这些大企业为富人所有，得到的资金来自普通农户、家庭和中小型企业的储蓄，这些资金拥有者无法从大银行或股票市场获得融资。当他们将储蓄投入金融体系，得到的银行利息和股市的回报被人为压低，一部分资金被拿去补贴拥有大企业的富人。让穷人补贴富人，这当然会加剧收入不平等。与此同时，为了获得这些贷款以及上市，这些大企业就会去贿赂有权决定谁能贷款或上市的政府官员，此为腐败广泛存在的原因。这只是其中一个例子，其他还有资源税费的扭曲和电信、电力、金融部门的垄断和由垄断产生的垄断利润以及由此产生的寻租等。

林毅夫

2017年10月27日

于英国剑桥李约瑟研究院“第二届李约瑟年度纪念讲座”

在以大型银行和股市为主的金融体系下，中国国民经济中创造的 70% 的就业岗位、60% 的经济总量的个体农户、小微企业及中型企业都无法从正规金融部门获得经营和发展所需的金融服务。相反，那些能够融到资的企业所获得的资金价格也远低于市场价格，这些比市场公允价格便宜的资金即可以理解为国家对那些获得贷款指标或者上市指标的企业的补贴。在整个金融服务体系中，政府为扶持保护国有企业所做的种种“扭曲”其实都是国家收入的再分配，那些得不到金融服务的贫困人群在补贴相对富裕人群的投资经营，进而导致差距越来越大。林毅夫教授说：“用经济学的术语来讲，就是产生寻租的行为。用我们普通老百姓的话说，就是腐败、贪污、行贿，这些问题注定与双轨制所带来的稳定和快速发展共生。”

休克疗法为什么在当时成了全球主流学界的共识？

在理想的状态下，按照完善市场机制配置资源当然是最优方案：投入可以获得最大产出，同样，摒弃了一切扭曲也就意味着杜绝了行贿受贿的制度性机会。根据这种理论，当中国面临从计划经济向市场经济过渡的道路选择时，就应该果断地把那些扭曲全部消除，一次到位，不留任何迂回腾挪的空间，否则这种空间就会造成更多人的寻租，造成更普遍的腐败现象、更加低效和不公平的资源配置。但是，这些偏离了最优的后果无法避免。背离了“最优”，中国选择了“老人老办法，新人新办法”的道路。对已经获取了国家大量补贴和拥有金融资产特权的群体，继续给予保护补贴；放开那些中国具备要素禀赋优势的产业，对新进入这些产业的群体执行全面市场化制度，并且创造有利条件鼓励这些相对处于劣势的企业发展。此种道路的成果显而易见，效果也是显著的。从奉行“最优”主义政策的理论角度出发，中国出现腐败、收入分配问题及社会公平问题并不令人感到意外，也正是没有遵循“华盛顿共识”的必然代价。

林毅夫教授认为：“两相比较，中国双轨制的渐进式道路也因为这些问题的存在而被认为是有问题的。既然预设了基于最优的‘华盛顿共识’的绝对正确，其他任何方式出了问题自然就是其他方式的不可为。同样因为这个预设，研究中国的转型道路就只会看到问题，中国 40 年来取得的经济的稳定和增长以及市场经济推进的成果则被漠视、忽视甚至无视。道路是靠制度来保证的，所以一些人连带地认为这个制度是有问题的。”林毅夫教授指出，回应质疑，必须有经济学理论的创新，这样才能说明为何中国转型的道路是正确的。对大多数因为贫困而转型的国家来说，跻身发达国家行列是国家发展的梦想，但按照完美市场理论“按图索骥”终未能如愿。拉丁美洲国家出现空心化问题，东欧国家自转型后一蹶不振，非洲至今依然拥有全球最多的贫困人口，即便是被视作休克疗法代表的俄罗斯除能源之外的其他产业发展状况也并不乐观。俄罗斯大规模私有化导致的寡头经济，一年之内发钞量增加 20 倍引发的通货膨胀和物价飞涨，发达国家承诺的 240 亿美元贷款和 60 亿美元稳定卢布基金遥遥无期，凡此种种都成为俄罗斯休克疗法的历史。

林毅夫教授说：“从经济总量来讲，俄罗斯只是一个中等规模国家，从收入水平来讲，也只是一个中等收入国家。如果没有苏联时期遗留下来的那些高水平军工企业，俄罗斯今天不可能成为 G8（八国集团）成员。因此，为了维持社会稳定，也为了国家的国防安全和国际地位，即使在实行了休克疗法、全面私有化以后，国家仍然会给予各种更为隐蔽的保护和补贴。这里就出现了一个问题——与公有制相比，私有化体制下的寻租是否会更厉害？在国有体制下，厂长、经理作为国家雇员，要来的保护补贴顶多只能多吃，但不能多拿，多拿就是贪污。但在私有化体制下，作为所有者把要来的补贴放在自己兜里天经地义，所以私有化后这些人会有更大的积极性去寻租。后果就是更腐败的政府、更大的贫富差距、更动荡的社会，普通民众的生活环境越发恶劣。”

回望历史固然沉重，尤其是三年困难时期付出的代价，教训尤为深刻，但自那时起至今未及百年，中国实现了“超英”，以目前的发展态势推算，中国亦会取代美国，成为全球第一大经济体。诚如林毅夫教授在阐述“新结构经济学”时强调的：任何一个经济体的发展都是一个过程，中国以不到70年的发展故事完美地阐释了“过程”。

拥有此种对历史、对世界、对自身的正确认知，才会对中国所做的数次转型努力有客观的分析，尤其是在迅速、稳定地发展了40年之后，寻租、腐败和收入差距等问题日益突出，这些问题产生的根源是什么？如何与时俱进地改变政策、应对这些问题？在林毅夫教授看来，要正确回答这些问题、应对这些挑战，首先要以理论创新来建立理论自信，这样才能对中国在现阶段所选择的道路、所实行的制度的有效性形成正确的认识。

但双轨制带来的社会问题也随着经济发展和体量增大而日益突出：金融结构的扭曲（金融行业的大银行只能给大企业和富人提供

服务）、资源税费的扭曲（主要体现为资源税费非常低）和服务业（如电信、交通部门）的垄断导致分配不均，收入向富人和大企业倾斜，收入分配差距越来越大。富人和大企业的消费倾向都比较低，财富向这两个方向集中就会造成储蓄占经济的比重越来越高，消费占经济的比重越来越低，投资占经济的比重越来越高，其间的缺口就成为出口，导致国际贸易不平衡。

目前，中国已经达到中等偏上收入国家的水平，资金不再极度短缺，许多原来不符合比较优势的产业部门已符合比较优势，对这些企业来说，过去的保护补贴是雪中送炭，现在则是锦上添花。中国已经具备消除双轨制遗留下来的各种扭曲、完善市场环境的条件，进一步深化了经济体制改革，让企业平等使用各种生产要素，平等参与市场竞争，给民营企业更大的发展机会和空间。

谈及改革，这是既得利益群体必须面对的一个话题。林毅夫教授指出："既得利益者是永远存在的，改革开放初期也有既得利益者——当时始终得到国家保护的重工业和农村人民公社的官员都是既得利益者。简单而言，计算推进改革的利益和维持现状的成本后总会有个基本判断。维持现状，腐败现象会越来越普遍，收入分配差距会越来越大，社会稳定就会有问题；推进改革会有阵痛，会影响一批既得利益者，但同时也给老百姓创造了利益，利益从原来的一部分人手中转移到更广泛人群手中。改革应该与时俱进，需要去除双轨制遗留下来的各种为了保护补贴资本密集型企业而采取的对市场的干预扭曲行为。中国到了消除所有扭曲的时候了。只要中国能够做到这一点，就能以釜底抽薪的方式铲除贪污腐败和收入不平等的根源，并最终建立起运作良好的市场经济体制。为什么需要由政府做顶层设计？很多人认为既得利益使得决策层投鼠忌器，但我相信政府领导人总是有足够的自由度推进他们认为必要的改革，社会发展的成败在于领导人所推动的改革是否真能带来社会的稳定和发展。”

以金融市场去除双轨制为例，林毅夫教授开出的药方是：利率市场化、发展债市、调整金融结构、发展互联网金融和建立社会信用体系。利率市场化让市场在资源配置中起决定性的作用，关键点就是要以市场价格配置资源，让资源流动到附加值高的企业或产业。金融业是很容易造成系统性风险的行业，因此，利率市场化的同时也必须对投机性行业贷款的流向和数量有所管制。

发展债市，让那些经营得比较好的企业可以不通过银行、直接面对资金的供给者。但在中国债市的发展中，地方政府借助作为地方融资平台的公司大举发行地方债，造成了政府债高收益、低风险的现实，使得更多的钱通过债市转向了地方政府的投融资平台，而不是真正需要资金的企业。解决这种扭曲现象的方法是，让地方政府在发展地方基础设施上所需要的资金通过地方政府的债而不是投资平台的公司债来发行。

调整金融结构，金融结构的改革比利率放开更重要。金融改革的目标是让资金配置到那些社会回报最高，经济回报也最高的行业和企业。农业、小微企业和中型企业所从事的大多是资金回报率高、就业率高且最有竞争力的行业。解决这些企业资金和金融服务的需求，一方面要鼓励现有的大型银行和中型银行进行经营模式的创新，另一方面要发展适合农户和微型、中型企业融资需求的地区性的中小银行，并去除投资这些中小银行必须由现有的商业银行作为战略投资者的不可逾越的要求。

发展互联网金融，道德风险的问题源于信息不对称。解决方法是增加信息的拥有度、减少贷款风险。拥有大量信息的互联网网商让众筹和众贷变成可能，这种新模式会和现有银行和金融机构产生竞争。中国应该大胆尝试互联网金融，在避免风险的同时也应该创造一个合理的政策环境，让它能够得到更好的发展。

建立社会信用体系，金融领域最大的问题也是信息不对称，但目前经济活动中散落着很多有用的信息，除了互联网交易产生的信息外，银行、民政等部门也拥有许多有用的信息，把这些信息技术集中在一起，会对金融业的发展起到很大的帮助。

创业的经济学家

1994 年，林毅夫教授出版了自己最满意的《中国的奇迹》一书，也正是在这一年，他创办了北京大学中国经济研究中心，并于 2008 年将其升级为国家发展研究院，此后，又在 2016 年创办南南学院。成为一位有影响力的经济学家固然并非易事，但能够顺应研究的需要与国家的发展，不断创建新平台，把多位同样在各自研究领域声名赫赫的学者聚在一起，并且做出世界瞩目的学术成果，其难度更甚于前者。

国家发展研究院前任副院长、在博弈论领域有极高造诣的巫和懋教授回忆自己2006年加入中国经济研究中心时的情景："我在台湾地区长大，很早之前我就明确未来要回到大陆。终归学了一些东西，无论是政策咨询还是教学生，总可以为国家贡献自己的一点儿力量。刚好林老师打电话邀请我加入中国经济研究中心，我就来了。"

不只巫和懋教授，林毅夫教授回忆起1994年邀请其他几位教授一起创业的情形时使用了"志同道合"这个词语。20世纪80年代初，不少中国学生到海外学习，到20世纪80年代末、90年代初，在海外拿到博士学位的人越来越多。1992年，林教授在北京大学遇到回来给学生们上课的海闻教授，林毅夫教授和他谈起一起办一个研究中心的事，两个人一拍即合；在海南的一个研讨会上，林教授遇到回国的易纲教授和张维迎教授，不用太多言语，很快他们敲定了一起在北京大学"设立一个新单位"的想法。

林毅夫教授说："我们这代人亲身参与了从计划经济走向社会主义市场经济的过程，每个人都真正种过地、做过工，这些宝贵的经历使我们了解真实的中国国情。时代的变化使我们可以到海外学习最正统的西方经济学和市场经济，第一批回来做了很多和过去并不完全一样的工作，而且这些工作符合时代的需求。其实，我们这代人更大的共同点还是怀抱理想和愿望，希望为中国的改革发展做些贡献，吸引海外学成有意回国工作的学者，这是建立中国经济研究中心的初衷。"

对这一代人来说，使命感究竟有多强？巫和懋教授回忆自己1967年在台中一中的初三时光，当时"文革"刚刚开始，一群不过十五六岁的少年课间在教室里讨论的问题就是“中国向何处去”。巫和懋教授回忆：“班上的同学都会聊这个话题，大家谈的是‘中国向何处去’，不是说台湾地区往何处去。后来到美国去读大学，视野开阔之后就会反思中国的发展历程，更觉得中国必须要发展。林老师回大陆之前在台湾地区已经是名人——考上了台湾地区第一的台大又投笔从戎，他为什么还要游泳到大陆来？那代人都有这样的情怀。”

尤其是在20世纪90年代的中国，西方经典经济学教育、现代企业管理教育几乎为零的情况下，学者研究之外的教学工作更是意义深远。改变一个社会、一个国家，没有几代人的努力是不可能的，培养有共同认识、共同理想的年轻人不仅是国家建设发展所必需的，而且是把中国发生的现实用西方可接受的语言传播到世界各地的前提，更是未来中国更积极主动参与国际事务必备的条件。

1997年，巫和懋教授第一次来到大陆教课，一边在南开大学担任客座教授，一边观察当时的中国。当时正是国企改革进行得如火如荼、人们纷纷下海的时候，即便是在南开大学这样的全国重点高校，他都能感受到学校里低落的士气，街上全是国企下岗工人摆的小摊，社会的巨大变化冲击着校园。巫和懋教授说：“在高校工作的那些年轻人其实比较迷茫，但因为改革已经开始，天天都有新变化，所以又能感受到大家对未来的许多期待。想下海的人都走得差不多了，留在学校的是真正愿意教书的一批人，他们非常认真、非常用功。南开请我去教的是博士班，我教的一个班把100个博士集中在一起，同学们都很刻苦。现在他们中的一些人已经是教授了，有些还当了院长，都不得了。”

2000 年，巫和懋教授到了清华大学经管学院讲学。那时的中国经济研究中心已经初现峥嵘，在政策咨询和教学领域都有了一席之地。中国经济研究中心是国内第一个大量引进海归博士回国任教、引进西方正规经济学教学方法的机构。当时，这些创举对于国内的教学研究、海外学者的回流都起到了相当大的示范作用。

与 20 世纪 90 年代第一次回到大陆时的印象相比，巫和懋教授认为 20 年来最有意义的变化就是年轻人的变化。他说：“20 年前的年轻人尽管有很强烈的愿望、很远大的抱负，但是对于该如何选择未来道路还比较迷茫。现在的年轻人有了很大的进步，不只是在北京大学看到的我的学生，还有参加中国经济学年会时接触到的年轻学者，他们对自己的未来方向都很有想法，而且学养、能力方面也绝对能匹配他们的想法。人才的进步、年轻人的进步是近 20 年来国家发展最重要的因素。”

这或许也是林毅夫教授选择授业解惑的教师职业的原因之一。2017 年 9 月，在北京大学人文社会科学研究院成立一周年的庆祝会上，林毅夫教授提出，北京大学的师生应该引领中国的知识界超越“西天取经”，践行本土的自主理论创新：“任何社会科学的理论，都是地区性的、具有一定时代烙印的理论。目前国际社会科学界认为先进的理论是总结于发达国家的经验，而发达国家的条件总是在变，发达国家的主流理论也经常变化。总结中国经验，提出新的理论是中国知识分子的义务，也是中国知识分子的机会。我很高兴吾道不孤。1995 年我为《经济研究》创刊 40 周年撰文时提出，21 世纪，中国会成为全世界经济学的研究中心，届时中国会出现一批世界级的经济学大师。从这20多年的情况来看，我们越来越在朝这个方向发展。”

“大道至简”，流传久远的道理往往寥寥数语但符合最经典的逻辑体系。同样，决定理论重要与否的也并非其模型建构炫目与否，而是取决于它解释的现象的重要性。对于经济学这样一门基于实证的学科就更是如此。发生在重要国家的现象就是重要的现象，解释重要国家现象的理论就是重要理论。人类进入工业文明社会数百年来的历史表明：全球的经济中心与经济学研究重镇相生相伴，互为助力与指引。

自18世纪工业革命以后，到20世纪上半叶，世界经济学理论创新、经济学大师大部分是在英国，因为从工业革命到第一次世界大战，英国一直是世界的经济中心，做出重大贡献的经济学家绝大多数不是英国经济学家就是在英国工作的外国经济学家。第一次世界大战之后，世界经济中心转移到美国，经济学和其他社会科学的研究中心也逐渐转移到美国。当中国在世界经济中所占的比重越来越大的时候，中国的现象自然就是重要的现象，能够解释中国现象的理论自然也是重要的理论。在这个过程中，中国必然会产生一批世界级的经济学家，来自中国的理论必然超越地域与制度的限制，成为经济发展史上的有益索引。

谈及最热门的诺贝尔经济学奖话题，林毅夫教授直言，这个奖不会落在自己或者同一代人身上，但在中国经济研究中心的学生中，肯定有人能够在未来获得诺贝尔经济学奖。这其中既有诺贝尔经济学奖本身评选体系的原因，更有中国经济发展阶段的原因。与标准简单统一、成果有目共睹的物理学奖、化学奖或者医学奖等自然科学奖项不同，经济学奖一个很重要的评选指标就是这个学说对主流经济学界的影响，即有多少主流经济学家认同这个方向，愿意在这个领域继续深入研究。与此相应的评选流程是，评选委员会每年发出约 3 000 封邀请函，邀请在国际上有一定影响力的经济学家提名下一年度的诺贝尔经济学奖候选人。

林毅夫教授说："为什么我反复强调理论自信，这和中国经济的发展相辅相成。目前主流经济学理论都是根据发达国家的经验进行发展和提升的，我们正在做的就是根据发展中国家的经验构建新的理论框架。长期来看，国际学界对于发展中国家的现实既不了解，也没有动力研究，即使发展中国家的实践被证明是成功的，根据对这种经验的认识提出的理论，短期内不见得会被现在的主流经济学家接受。"

芝加哥大学是经济学重镇，经济学系的不少教授都是诺贝尔经济学奖获得者。教授会给学生传授这样的经验：通常不能用一个新的理论说服已经接受了旧理论的人，因为新的理论只能影响还没有接受旧理论的学生。这一点或许是中国经济研究中心从成立之初就在做研究和政策咨询之外顶着财务、师资种种困难坚持办学的原因，从硕士生、博士生到针对本科生的经济学双学位，回顾 20 年，这些学生进入国内外各个层级的金融和经济机构，不仅提升了中国金融行业的专业能力、与国际业界合作的工作水平，更传播了中国改革开放的实践经验与理论。林毅夫教授说："后来，我们又从经济学教育扩展到管理学教育，国家发展既要有宏观的政策，也要有微观的执行。在这样一个转型的变革时代，只有把握宏观局势，把宏观和微观很好地结合在一起，企业家才能走得更远。因此，有了经济学与管理学研究并重的发展。”

20 世纪 70 年代末、刚刚回到国内时，林毅夫教授终于来到四川参观都江堰，2 200 多年前成就这项伟业的李冰一直是林毅夫教授敬重的历史人物。在他看来，一个人要对社会有所贡献，而且做的事情要禁得起时间的考验。在他 50 岁那年参加的毕业典礼上，他给即将离开校园、奔赴各地的学生致辞：“一个人一生要追求一个比自己大的目标、一个可以追求一辈子的目标。如此，才不会在意一时成败，才不会迷失。”作为一个知识分子，林毅夫崇拜王阳明。王阳明提出心学的时候，程朱理学已经是中国社会大一统的主流观点，而动荡混乱的社会现实也令心学的提出具有了革命性意义。林毅夫教授所理解的王阳明不仅是优秀的思想家、哲学家，而且是卓越的军事家、政治家，把自己的理论付诸社会实践，对社会稳定做出巨大的贡献，完成了一个中国知识分子“修身、齐家、治国、平天下”的实践。

姚洋

第二章

选择与未来：改革开放靠的是什么

每个时代，什么样的演讲能够让听众把大学的礼堂挤得满满当当，引起轰动，那它就是当时社会风气的真实呈现。

1988 年，当时还在北京大学管理科学中心攻读经济学硕士学位的姚洋就奔波于北京各大高校，追逐那些“时髦”的演讲。演讲者都是来自“发展所”（国务院农村发展研究中心发展研究所）和“体改所”（国家体改委中国经济体制改革研究所）的 30 岁上下的青年学者。

2013 年 11 月 12 日，北京大学国家发展研究院原定在朗润园万众楼举行的中共十八届三中全会报告解读会因为报名人数大大超出预期，最终移师北京大学行政楼礼堂。即便如此，可以容纳 800 人的礼堂仍座无虚席，而拥挤在礼堂外未能进场的听众人数比场内还要多，学校不得不在其他教学楼开设了第二会场，通过大屏幕直播报告会。

2017 年 12 月 10 日，在北京大学国家发展研究院第二届“国家发展论坛”上，姚洋教授做了“政府要减少创新陪练，多谋中长期公共服务”的主题演讲，台下同样挤满了来自各个院系的莘莘学子，以及政商学界的多位重量级嘉宾。

2018年8月16日晚间，姚洋教授登上中央电视台经济频道《中国经济大讲堂》节目，在这个特殊的讲台上阐释了“市场究竟该如何监管？”这一问题。

见微知著，从一名坐在台下听讲的经济学研究生到如今成为新一代学生们追捧的偶像经济学家，姚洋教授与朗润园的因缘也折射出了中国改革开放40年来的变迁。

弹指一挥间，沧海桑田。

改革开放靠的是什么

中国自1978年以来的经济增长堪称奇迹。关于这个奇迹产生的原因，有许多故事可以讲，但是，无论什么样的故事，都可以浓缩成一则简短的故事，题名是“储蓄”。

> 这则短故事的起点是一个常识：经济增长的过程，就是把今天的产出节省下来一部分，花到有利可图的投资上面，从而提高明天的产出。大到一个国家，小到一个家庭，无不如此。过去的地主老财，多数是靠省吃俭用发家的；当代的城市白领花钱学习的热情高涨，自然也是希望提高自己的收入能力。近20年来，我国的基础设施投资增长迅猛，于是一些人就把投资和基础设施投资画等号了。但是，投资远不止基础设施投资。

企业更新厂房和机器设备自然是投资的一部分，政府和企业的研发也是投资，教育也是投资。过去，国民经济核算把研发作为政府支出或企业成本，不计入 GDP，现在已将其计入 GDP。教育支出仍然被记为家庭或政府的当期消费，不算国民储蓄的一部分，但这并不否定教育作为投资的性质。

从李嘉图、马克思到索罗，研究经济增长的经典理论家无不把储蓄和资本积累放在经济增长的首位。但不知什么原因，进入 20 世纪 70 年代之后，储蓄的作用被矮化。在这个时期，拉丁美洲国家把宝全部押在国外资金上面，结果演变为万劫不复的主权债务危机，工业化进程戛然而止。以美国为代表的先发工业化国家没有从中吸取教训，而是躺在后发国家（先是日本和德国，后来是中国）经常项目盈余以及不断增长的石油美元之上，开始了寅吃卯粮的生活。但是，好景不长，2008 年的全球金融危机敲响了“美国生活方式”的警钟，而像希腊这种寄生在欧盟身上的国家，更是被国际市场无情抛弃。经济增长没有捷径，节俭永远是一种美德。

为纪念改革开放 40 周年，《财经国家周刊》邀请姚洋教授撰写了这篇《姚洋：一则关于经济增长的小故事》，回顾中国 40 年来的经济增长故事。围绕中国这 40 年的发展，有很多个解读的版本，甚至不乏质疑这种增长的可持续性的观点。姚洋教授对此回应得很直接：“投资、消费、净出口，这是经济学意义上经典的‘经济增长三驾马车’，而这三者的基础就是中国人只争朝夕、吃苦耐劳的精神，我们有句话叫‘勤劳致富’。”

先来看投资。过去40年，无论是国家层面还是普通老百姓层面，做的首要的事情就是投资：国家在社会公用事业、基础设施领域投资，居民在不动产、教育这些门类上投资。世界上没有其他任何地方能够在这一方面比得上中国。出口方面，2008年中国的出口额是2001年的5倍，可谓疯狂的增长。其间，出口增长为GDP增长贡献了3~4个百分点。围绕中国的贸易顺差所产生的争端在过去几十年里已经超越了经济的范畴，升级成为国与国之间谈判的筹码。反倒是消费，尽管十几年来，在民间政策层面，从学者到总理都在呼吁民众消费，但中国的居民储蓄率总是居高不下。最能引起广泛关注的是那些投资理财的话题——全民炒房、全民炒股、全民私募只是你看到的冰山一角。”

1949年之后，中国经历了长达30年的“勒紧裤腰带搞建设”的过程，国家强制储蓄。当时，中国的工业基础几乎为零，在资本匮乏的背景下，一方面是通过“农村支援城市”的手段把有限的财富集中到城市工业建设投资上，另一方面就是发行国库券。国库券这个工具甚至沿用到了1978年改革开放开始之后。

1950年，中国发行了最早的国家债券——人民胜利折实公债。人民胜利折实公债的单位定名为“分”，第一期公债总额为1亿分，于1月5日开始发行，年息5厘。第二期公债因国家财政经济状况好转，停止发行。公债票面分为1分、10分、100分、500分四种。

1950年人民胜利折实公债的发行拉开了中国发行国库券的序幕。早期公债的发行，是新中国成立初期为了支援解放战争，迅速统一全国，以利于安定民生，恢复和发展经济。此后，中央财政部于1954—1958年又发行了“国家经济建设公债”。

到了1958年这个特殊的年份，国家的经济秩序由于“大跃进”“浮夸风”而被打乱，国债被迫暂停发行。直到1981年中国才再次恢复国债的发行。

1981—1996年的10多年内，国家发行的国库券都是实物券，面值有1元、5元、10元、50元、100元、1 000元、1万元、10万元、100万元等。从1992年起，国家开始发行少量的凭证式国库券，从1997年开始全部采用凭证式和证券市场网上无纸化发行。但在国库券恢复发行之初的20世纪80年代，很多人对国库券就像对当初发行的股票一样认识不清，那时国库券的发行采用摊派的形式。进入20世纪90年代，人们逐渐对国库券有了认识，国库券采用承销包销的方式发行。国库券的发行也走了一条曲折的道路。1998年，中国停止了票面式国库券的发行。

对于“摊派”的国库券，很多中国家庭都不会陌生。从20世纪80年代开始，在绝大多数城镇职工月工资不足100元人民币的情况下，单位会按照工资的一定比例，直接从职工的工资中扣除，职工得到的是面值不等的国库券，中共党员甚至被要求在已有基础上购买更多的国库券。国库券数量之庞大、覆盖面之广，甚至产生了国库券私下交易的黑市。国库券由此成为政府投资及居民强制储蓄的一个工具。

“所谓‘开源节流’，用来描述中国改革开放40年以来的发展史是最形象的了。开源：通过各种措施利用人口红利、改革红利，尽可能多地创造财富。节流：政府、企业、老百姓三个层面重储蓄而轻消费，储蓄不断累加，最终积累了足够的生产性资本，以基础设施、技术研发的形式再次投入生产环节中去。这就是中国经济增长的故事。”姚洋教授用一个家庭生产单位来类比中国经济：原本底子很薄，家徒四壁，但全家人齐心协力、起早贪黑通过劳动挣钱，同时又通过不断学习提升技能，具备更高阶的知识，获得更大的议价能力，最后步入中产甚至富裕家庭的群体。当然，这个过程的早期，这个家庭几乎没有消费，所有的产出和收益都被用来扩大再生产。

但“信贷催肥中国经济”的观点在最近十几年里完全占据了舆论焦点，即使是在经济学界，持这种观点的人也不在少数。国际社会甚至认为，中国的泡沫破裂不仅会终结“China Miracle”（中国奇迹），甚至还会拖垮整个世界经济。其核心观点是：中国经济的增长都是建立在货币超发、信贷膨胀的基础上，这种“虚胖”带来的经济泡沫太大，一旦收紧银根，中国经济立刻就会垮掉；正是因为一旦紧缩银根中国经济就会出问题，导致中国经济本身已经被一旦泡沫破裂带来的崩溃性后果绑架，就此陷入恶性循环。不断强调中国经济的泡沫俨然已经成为一种“舆论正确”的立场。

“我不知道这种说法从何而起，这是对中国经济增长最荒谬的总结。所谓的‘信贷泡沫’‘货币超发’，如果没有坚实的经济基础做后盾，只靠自己喊口号发钞票，经济增长可能吗？皮之不存，毛将焉附？任何时候，货币的较量都是它背后的锚的力量的对比。我们看到的实际情况是，人民币在国际经济体系中的地位整体呈上升态势，原因是中国的经济体量变大、综合实力增强。”

2017 年是人民币国际化的转折之年。在经历了近两年的停滞之后，人民币国际化呈现出明显的回暖迹象。根据央行统计：人民币跨境结算规模在 2017 年第一季度曾降至 9 942 亿元的五年低点，但第四季度已回升至 11 300 亿元；香港市场上人民币存款规模在 2017 年 3 月曾下降至 5 073 亿元的七年低点，但在 2017 年 12 月回升至 5 591 亿元。相应的，中国银行编制的跨境人民币指数和离岸人民币指数都在 2017 年年底回升到近一年半的最高水平。SWIFT（环球同业银行金融电讯协会）发布的人民币在国际支付货币中的排名，也从最低时的第七名回升到第五名。

随着人民币加入 SDR（特别提款权）货币篮子，人民币的国际地位持续提升。更多国家、特别是欧元区国家将人民币纳入外汇储备，意味着人民币正被越来越多的国家接受，这与 2017 年以来人民币升值有关，但主要得益于"一带一路"建设、中国对外开放程度不断扩大及中国经济实力稳步提升。人民币已经成为全球第七大外汇储备货币，超过 60 个国家和地区将人民币纳入外汇储备，金额超过等值 1 000 亿美元。加入 SDR 以来，人民币作为国际储备货币的地位得到持续巩固。中国人民银行发布的《2017 年人民币国际化报告》指出，2017 年上半年，欧洲央行共增加等值 5 亿欧元的人民币外汇储备。新加坡、俄罗斯等 60 多个国家和地区将人民币纳入外汇储备。

引自《中国证券报》（2018 年 2 月 5 日）

人民币的国际化只是中国经济基础强大的表征之一。储蓄积累的大量资金又被投入生产运营中，成为资本。中国的老百姓和中国政府在过去40年里都在做的一件事就是持续不断地投资，投资个人，增加人力资本，所以中国有了全世界规模最大的高素质劳动力人口。这其实也成为中国对外实行开放政策、推行“三来一补”的外向型经济之后，大批跨国公司进入中国的重要因素。尽管今时今日，围绕给予外资企业的诸多优惠政策、大力发展“世界工厂”带来的日益严重的环境恶化这些问题，人们已经开始反思和讨论，但在过去40年间，“开放”给中国社会带来的物质层面与精神层面的深远意义毋庸置疑。

与“开放”密切相关的是中国科技创新实力的发展，这也得益于中国民间层面与政府层面对人力资本的大力投入。中国这样一个拥有14亿人口的大国不仅没有被以互联网为代表的科技浪潮吞没，还成为很多创新创造的发源地，而科技本身又进一步成为中国经济转型的推手。1978年启动改革开放的时候，中国已经位于国际上最贫困的国家之列，当时百业待兴的中国可以在全世界找到很多模仿、赶超的样本。但40年后的今天，中国已经成为世界第二大经济体，前方可以遵循的路径越来越少，这个时候，唯有创新才是发展的唯一道路。创新必然需要更大的资本和智力投入，并且会伴随着极强的不确定性，但也会带来更大的回报。

“在科技创新这个领域，我们与领先国家的差距依旧很大，但还在爬坡、持续投入创新的中国企业带给我们的生活变化可谓天翻地覆。回归初始的问题——这些变化难道是超发货币、央行扩表就能实现的吗？改革开放之初，在率先开始改革的农村，很多农户买拖拉机干农活，买大卡车跑运输，起早摸黑，全家上阵，这样的故事离我们并不遥远。如今，那些创业公司的员工 7×12 小时工作，全年无休，随时待命，这样的故事就在我们身边。这才是中国经济增长的真实原因。中国之所以货币多，是因为我们有高额的储蓄。除 2015 年和 2016 年之外，央行资产负债表的扩张基本是外汇储备增长造成的，庞大的外汇储备使得央行只能被动发钞，而居高不下的储蓄则为银行更高的流动性提供了源泉。央行可以通过央票和存款准备金率这两个‘闸门’调节市场流动性。闸门的大小只决定水流动的快慢，并不改变蓄水池本身的水量。”在姚洋教授看来，即使是中国政府为应对2008年全球金融危机而释放的4万亿元“强刺激”，也只是放宽了闸门，而不是因为央行扩表。

新任中国人民银行行长易纲早在 20 世纪 90 年代早期就发现了外汇储备与人民币信贷之间的问题。

1993 年，中国的物价已经开始明显上涨，通货膨胀的压力很大。在 1994 年 1 月召开的全国金融工作会议上，时任国务院副总理兼中国人民银行行长朱镕基说的第一点就是“继续整顿金融秩序”，并且反复强调控制住“发票子”的问题，他说：“严格控制信用总量，这是国家的利益，是人民的利益，大家一定要严格地按计划执行。”

当年，银行的贷款被严格控制，现金也管理得很好。按照货币学派的观点，“通货膨胀无论何时何地都是一种货币现象”。那么，为什么还会出现严重的通货膨胀呢？当年，CPI（消费者价格指数）最高达到了 27.7%。当时，易纲发现了新情况，原来货币扩张主要来自外汇储备。当年的外汇储备增加了304亿美元，1991年央行基础货币放出外汇占款只占17%，1994年这一占比急剧增长到70%。1995年，易纲在接受《山东金融》采访时分析了这一问题。换言之，央行想尽办法控制基础货币，可是外汇占款却在“跑冒滴漏”，增加了基础货币释放。

后来，随着中国外汇储备的增加，外汇占款增长速度进一步提高。周小川任央行行长期间，央行大量发行央票，用“池子”圈住这些被动超发的货币。

1978年改革开放基本国策启动时，中国还是世界第三大贫困国。根据世界银行的数据，中国在1978年的人均GDP只有155美元，比撒哈拉以南的非洲国家还要低1/3。1978—2017年，中国的GDP年均增长速度达到9.8%以上。在如此短的时间内，一个人口庞大的贫穷国家取得如此惊人的增长速度，这在人类历史上是罕见的。因此，回溯40年历史，总结“中国做对了什么”，可以使中国自身更好地出发，攻坚克难，迎接未来更大的挑战。除此之外，对国际社会而言，中国故事也具备相当大的价值。在人类历史上，用40年的时间就解决了十余亿人口的温饱问题，其示范效应和对国际社会做出的贡献怎么赞扬都不为过。

中国与美国

中美关系也许是全球最重要的国与国之间的关系。进入2018年，中美贸易摩擦或许会成为全球政治经济领域最引人关注的话题，美国从最初的对价值几百亿美元的中国商品征收关税一步步升级到潜在的对价值 5 000 亿美元的中国商品征税，中美之间似乎进入了自 1972 年尼克松访华以来的“至暗时刻”。尽管 2018 年新年较 2017 年新年已经展现了更积极的信号——特朗普在其推特中发文祝贺全球华人农历新年快乐。而 2017 年特朗普上任之后的第一个中国农历新年，在这个全球华裔最重视的节日到来之际，特朗普总统没有像他的前任们一样送上新年祝福，当时就引起一片哗然，关于中美关系降至冰点的观点成为主流。直到特朗普的女儿出马。

据美国媒体报道，当地时间 2017 年 2 月 1 日晚，美国总统特朗普的女儿伊万卡·特朗普前往中国驻华盛顿大使馆，恭贺中国农历新年。据悉，伊万卡同中国驻美国大使崔天凯一起，观赏了中国的传统音乐表演。伊万卡特地给女儿穿了一身喜庆的红色衣服出席活动。

伊万卡·特朗普拜访中国大使馆被视作是对特朗普总统本人没有正式祝贺中国新年的补救之举。就在观察者将此视作中美关系好转的积极信号时，卢锋教授却做出了“中美贸易摩擦风险上升”的判断。2018 年 1 月 29 日，在北京大学国家发展研究院举办的第 104 次【朗润·格政】圆桌论坛暨“中美二轨经济对话”中方代表团报告会上，“二轨中美对话”代表团的部分代表就中美贸易摩擦的风险与对策问题进行公开报告与讨论。姚洋教授表示：中国要以“我”为主，应对中美经贸关系和战略的转变。

之所以有此判断，是因为 2018 年 1 月初，中方代表团赴纽约参加了第 17 次“中美经济对话”，并在纽约证券交易所参加了一年一度的“2018 年中国经济预测”论坛，之后赴华盛顿拜访了白宫国家安全委员会、财政部、商务部和国务院的官员。

“这已经是第17次中美经济对话了。回国后，我们一方面对中美贸易摩擦的风险做了研判，另一方面又邀请国内相关专家举行了‘中国经济观察’闭门讨论会。卢锋教授形成了关于中美贸易摩擦风险上升的报告。中美关系在20世纪80年代是蜜月期，90年代后，虽然中美蜜月期并未延续，但美国精英对中国的政策主张仍然是以‘接触’（engagement）为主。克林顿坚定地相信，这样做能让中国越来越像美国。”10年前，力促“中美经济对话”机制形成的姚洋教授对中美关系的发展历程做了总结。

2001年中国正式加入WTO之后，进入全球贸易体系的中国在全球化的大趋势下，经济发展速度大大超出预期：2001—2008年，短短7年间中国出口增长了5倍。尤其在2008年国际金融危机后，中国通过拉动内需和增加投资等措施度过了最艰难的时期，而遭受重创的美国突然意识到中国正在快速崛起，刚刚用冷战拖垮苏联的美国是不能容忍再出现一个新对手的。此时，美国精英的对华态度和政策也逐渐发生了变化，甚至有官员说让中国加入WTO是错误的，美国不应再对华实施“接触”政策，而应将中国定位为战略对手，将对华政策变成“提防”（hedging）。2017年年底，美国白宫发布的特朗普任期内第一份《美国国家安全战略报告》首次将中国明确定位为美国“战略上的竞争对手”。

业已举办了17次的“中美经济对话”正是在这样的背景下进行的。至今，回想起8年之前的第一次对话，姚洋教授仍是感慨万千。

2010年1月的一个清晨，纽约下城区正处一年中最冷的时节，夹杂着咸涩海水味道的寒风穿过下城区狭窄的街巷。晨曦尚未露出，隔着百老汇大街，圣三一教堂与华尔街默默对望。纽约联邦储备银行的对面就是全球金融界的圣地——纽约证券交易所，交易所门口一条蜿蜒的队伍缓缓向前移动，安检过程相当复杂。自“9 · 11”恐怖袭击事件之后，这已经成为纽约所有重要机构门前的一景。

“中美经济对话”公开论坛于这天上午在纽约证券交易所举行，吸引了关注中美关系的各方来宾，保留着沉稳的欧洲风格的交易所大厅里座无虚席。2010 年年初正是全球金融危机余波尚在、政商学界开始反思危机缘由的时刻，而中国在这场危机中的表现以及“4 万亿元人民币”的刺激方案无疑成为全球瞩目的焦点，对于已经习惯处于世界经济引擎地位的美国来说，危机后崭新的中美关系图景使得中国这个熟悉的伙伴变得陌生了。

参与此次对话的中方代表团阵容堪称豪华：时任世界银行首席经济学家、高级副行长林毅夫，因为其中国身份，对于中美关系和危机的解读自然极具权威性；招商局集团前董事长秦晓，更因其在演讲中给出了对中国改革未来趋势的预判，令听众在惊讶中兴奋起来，后面的提问环节气氛更加活跃。

2008 年全球金融危机宛若一道休止符，令原先熙熙攘攘、热闹非凡的国际社会突然间万马齐喑。在一个又一个经济体接连陷入岌岌可危的境地、一家又一家国际顶级金融机构轰然倒塌之后，在这场金融海啸中被冲击得无喘息之力的大国之间终于达成了短暂的共识。

“金融危机之前，中美关系以经贸关系为表征，其实就已经比较紧张了。从2004年美国要求人民币升值、要求中国调整经济结构开始，贸易手段始终是美国要挟中国的一柄利剑。中国从2005年开始启动汇率改革，其间摩擦不断。而所谓百年一遇的2008年全球金融危机陡然间令世界上的若干个火药桶都冷却下来。因为危机，人民币持续的升值停顿了下来，美国对中国的贸易赤字变得不那么重要，中美之间的所谓失衡也不再被视为问题。这时，可以说是全球各国政府同仇敌忾、共战危机的时刻。但我当时的判断是，只要金融危机稍有缓和，美国就会重提中美贸易赤字，而且由于金融危机给美国经济造成的重创，甚至会令美国的态度比危机前更甚、更迫切。”回忆起当时的情形，姚洋教授仿佛是在说昨天的事情。其实，金融危机的阴影尚未消散时，美国就已经开始向中国施压。2009年年底，失业率居高不下、房地产市场处于水深火热之中的美国重弹人民币升值旧曲，重新向中国施压。

危机后一片狼藉的2009年，在风暴中心纽约，位于上东区公园大道上的全球知名智库亚洲协会正在举办一场关于中美关系的研讨会。室外是北美东海岸入夜后低至零下10摄氏度的严寒，室内的讨论却热火朝天，作为由洛克菲勒家族支持的顶尖的国际关系与经济研究中心，亚洲协会的座上宾都是各领域的知名人士。一位刚刚从北京出差回来的银行家介绍了自己在中国的见闻：“四环边上的广告都是房地产广告，工地建设依旧如火如荼。”在听众看来，悲观者认为这是泡沫破裂前的狂欢，乐观者认为这是有良好储蓄习惯的中国人能顺利闯过风暴中心的标志。同样，在座也有人表达了对G2（两国集团）概念的强烈质疑。

“你看，人们对同样一种现象会有两种截然相反的解读。中国要和美国平起平坐，当那个 1/2，也不是人人都乐意的。中国的发展当然不会那么好，但也不会像唱衰的人预言的那么差，单纯用所谓的‘中国特殊性’解释一切没有任何建设性意义。中国和美国是未来世界关系的构建中最重要的两个国家，两国由于意识形态不同而产生的不理解和误解如果一直存在，必将给双方造成很大的损伤，也会成为国际社会的不稳定因素。”出于这样的考虑，2009 年 5 月，姚洋教授在纽约与美中关系全国委员会副主席白丽娟第一次会面。

美中关系全国委员会是在 1966 年 6 月由美国的一批研究中国问题的学者发起成立。在冷战坚冰逐渐消融的 20 世纪 70 年代，美中关系全国委员会因一举促成了 1972 年中国乒乓球队历史性的访美，从而成为开展中美之间公共政策交流的最重要的组织。白丽娟本人曾亲历当年的乒乓外交，她把毕生都奉献给了中美关系的各个层面——从公共政策到民间交流。

姚洋教授和白丽娟两人见面相谈甚欢。进入新世纪，中美关系的主要话题从 20 世纪的政治领域延伸到政府管理及法制、体育、人文艺术、教育、媒体传播、国际关系和公民事务等更广泛的领域，尤其是中美两国关系在全球关系中的地位不断上升，这就对中美关系提出了更高、更新的要求。

随后的 2009 年 10 月 1 日，正值中华人民共和国成立 60 周年庆典，美中关系全国委员会主席斯蒂芬·欧伦斯受邀来华观礼。在中国大饭店，姚洋教授与欧伦斯就中美双方现有的沟通机制进行了梳理：双方围绕金融与双边贸易的沟通无疑是最频繁的，也受到了普遍关注，但这些都属于官方渠道，尽管足够权威，但在某些特殊情况下未免有些英雄气短、难有作为。那么，一个民间性质的沟通渠道是否可以带来某些变化呢？

远在华盛顿的林毅夫教授和时任北京大学国家发展研究院院长周其仁教授都对这样一个民间性质的对话渠道十分看好，后者向时任国务院副总理王岐山做了汇报。王岐山对此非常支持，并建议由刚刚从招商局集团董事长职位离任的秦晓担任中方代表团主席。美方也确认由卡拉·希尔斯女士以及刚刚卸任美国国际集团总裁一职的莫利斯·格林伯格担任美方代表团联合主席。希尔斯是美国历史上第三位女性部长，在北美自由贸易区协议谈判期间任美国贸易代表，是北美自由贸易区的创设者，也是美中关系全国委员会主席；格林伯格是中国人民"风雨无阻的好朋友"，美国国际集团与中国的渊源最早可追溯至20世纪30年代，那时，它还是一家在上海成立的美国公司。

用了不到一个月的时间，双方即敲定于2010年1月在纽约举行第一次对话。尽管前一天在纽约证券交易所的论坛相当成功，但第二天的闭门对话气氛非常紧张。双方甫一坐定，希尔斯即表明"我们只谈人民币问题"，并要求中方签署一份促使人民币升值的共同文件。

美方如此急切、步步紧逼并不难理解。始于2008年的全球金融危机使此前已经启动的人民币升值进程戛然而止，在全球经济风声鹤唳、草木皆兵的时刻，美国国内高企的失业率、不断下滑的房价，以及不断变化的政治局面，都令要求人民币升值成为缓解美国国内矛盾的万金油。

律师出身的希尔斯在谈判桌上可谓久经沙场，气势咄咄逼人，对这份共同文件志在必得，而这显然不在中方的计划单里。姚洋教授回忆道："我们当时的初衷是希望着眼一些更长期的事情，王岐山也希望对话能够着眼长期、不谈政策。任何事都不可能一蹴而就，这是东方人做事的风格。但美国人的传统就是行动和执行，一件事情如果不能立刻看到结果，那谈它干什么？而政商学界的"旋转门"使得这种唯结果论的风格更加普遍。人民币汇率背后还有更长期的因素——为什么中美贸易失衡那么严重？不解决造成汇率差异的根本性问题，只是治标不治本。"

但希尔斯显然把这样一个以长期共建为目的的对话视作主权双方针锋相对的谈判现场，作为曾经的贸易谈判代表，促成人民币升值无论从哪个方面来说都是她谋求的终极目标。于是，姚洋教授的话音刚落，她一拍桌子，质问道："如果我们谈汇率，难道你就会死吗？"这种行为已违背了外交礼仪，场面顿时就僵住了，只能暂时休会。

休会期间，中方内部的讨论很热烈，有的人希望中方不要在汇率问题上那么死板，应当做一些适当的调整："老那么憋着，把自己憋得脸通红，其实于中方自己也没什么益处。"但在这样一个带有部分外交性质的民间交流场合，寸土必争是题中应有之义。尽管"更加灵活的人民币汇率政策"已经是共识，但在第一届论坛的第一次会议上就对最关键问题让步，无疑会令中方在将来的会谈中陷入被动。有了这样一个基调，下面的谈判就从容多了，最后的对话纪要也以“更加灵活的汇率形成机制”这种委婉的方式总结，并得到了美方的认同。

极富戏剧性的是，2010年6月18日，即第二次“中美经济对话”在北京结束的当日，中国政府宣布汇率改革重启，人民币再次进入升值通道。“如果做计量研究，那么6月的第二次‘中美经济对话’作为一个解释变量会高度显著：一开完会，中国就开始调整汇率。”姚洋教授开玩笑说。

8年时间里，伴随着国际社会的风风雨雨，“中美经济对话”已经连续举行了17届，姚洋教授深感欣慰：“这就是民间沟通渠道的价值，只有反复不断地磨合，彼此试探对方的底线和行事风格，才有可能缩小双方差距，纵观改革开放40年来中美交流的历史，中国人对美国的了解无疑比美国人对中国的了解更多。”

姚洋教授回忆自己23年前第一次出国就是去美国留学，当时西安还没有直飞美国的航班，北京起飞的航班也没有直达威斯康星州的，他只能在洛杉矶转机。即使这样，初到美国的他也并未感受到任何不适或者惊讶，感受到的所谓的“culture shock”（文化冲击）并不大。姚洋教授说：“因为20世纪80年代，在北京大学这样比较前沿的地方，人们对美国的了解还是很多的，知道美国的情况。美国比中国发达，经济体量、技术发达程度和社会文明程度都高于中国。改革开放伊始，中国人是抱着学习的心态仰视美国的。如果不是中国经济的爆发式增长，我相信美国或者说全世界依旧没有兴趣投入如此大的力量研究中国。在双方都有迫切的交流意愿的情况下，善用民间渠道往往可以与主流的官方渠道形成很好的互动补位。从

2010 年 1 月到现在，对话已经举行了 17 次，可以明显感觉到美方也在向中方靠拢。最早是美方向中方施压、提要求，现在中方也向美方提出诸如中美之间自由贸易区、双边投资协定的问题，这对双方到对方国家投资都会起到保护作用。”

事实上，自第一次“中美经济对话”在纽约举行以来，美国财政部前部长罗伯特·鲁宾曾多次参加这一对话，鲁宾作为金融界的教父级人物如此重视中美之间的此类对话，自然折射出美国政商界对中美关系的看重。20 世纪 70 年代成功组织乒乓外交的美中关系全国委员会在中美关系中有着超然的地位，承担了美国与中国交流的另类渠道职责。中美建交后，每当中国领导人访美，美中关系全国委员会必会设宴欢迎。在美国人眼中，美中关系全国委员会就是中国国宝熊猫的代名词，美中关系全国委员会对于通过对话实现一些“结果”自然寄予厚望。

即便如此，由于中美两国之间的任何风吹草动都不仅仅是单纯的经济、金融和文化问题，而是会被上升到外交、政治层面，这就意味着任何一个“结果”的实现都得经历千回百转。以中美双边投资协定为例，2014 年 1 月 15 日，中美双边投资协定第 11 轮谈判结束，也是从这轮开始双方启动了文本谈判，而此时距 2008 年 6 月 20 日中美第四次战略经济对话时中美双边投资协定谈判正式启动已经过去整整 6 年。

据美国荣鼎集团和美中关系全国委员会于 2017 年 5 月 18 日在纽约共同发布的《中美双边投资研究项目报告》显示，美中两国 2016 年双边直接投资额超过 600 亿美元，达到历史最高值。报告指出，2016年美中双边直接投资额的快速增长是由中国对美国的投资推动的：中国在美国当年共投资超过460亿美元，约为2015年的3倍；与此同时，美国对中国的直接投资没有明显增长。

但总体来看，美国在中国的投资总量仍远高于中国对美国的投资总量。有报告数据显示：自1990年至今，美国在华投资总额已经超过2 400亿美元，中国在美国的投资总额则为1 100亿美元左右。两国在投资总额方面的差距应当引起注意，防止贸易领域的不平衡在投资领域重演。2017年美中双边直接投资不太可能达到2016年的水平。报告估计，美国对华投资将呈现温和增长的趋势，但中国对美国的投资增长将明显放缓。

“冰冻三尺非一日之寒”，回溯中资企业赴美收购的历史，折戟沉沙者不在少数，从石油企业到风电企业，再到华为，莫不以“威胁国家安全”为由被拒之门外。“受到不公正待遇”被中国企业列为赴美投资的最大障碍：“同一个并购，欧洲伙伴去了就通过，中国合作方申请就通不过。希望美方欢迎中国国企投资能跟欢迎民企一样。”

2014年1月15日，历时6年的中美双边投资协定谈判再次启动。此次重启缘于2013年7月在华盛顿落幕的第五轮中美战略与经济对话，中国以准入前国民待遇和负面清单为基础，开展中美双边投资协定的实质性谈判，建立安全、高效、公开、透明、与国际接轨的外资管理体制。

姚洋教授说：“我们做出两个让步：一个是准入前国民待遇，意味着今后不管是外资还是内资都一视同仁，依照同样的法律规则审查；另一个就是我们之前的审批分为鼓励、限制和禁止三类，以后只用负面清单，圈定哪些领域外资不能进，其他领域都可以进。有了这个基础我们就可以继续把谈判向前推进。中美双边投资协定谈判是一个很漫长的过程，只有一点一点磨。这其中还折射出我们的一个掣肘：美国人的智力资源非常丰富，谈任何事情都有一个模板，而我们毫无准备，只能照着人家的模板，同意的保留，不同意的一条条勾掉，我们所有的谈判都很被动。这就是差距，需要时间和经验的积累才能慢慢改善，急不来。”

情况似乎在向积极的方向发展。但 2018 年 6 月，美国荣鼎咨询发布的中美双边投资最新数据显示，此前双方耗时近 10 年努力推动的双边投资降至冰点：2018 年前 5 个月，中国在美国开展的并购和绿地投资等直接投资总额同比狂降 92%，只有 18 亿美元，创 7 年来最低水平。同期，总计有价值 20 多亿美元的对美收购交易“流产”。如果计入资产剥离，则中国对美直接投资净值为负 78 亿美元。已经完成的中国对美交易在 2016 年曾同比翻两番，创下 460 亿美元的历史最高纪录，但 2017 年迅猛缩减逾三成，至 290 亿美元，为 10 年来首次锐减。与以往平均每笔高达数亿美元的交易额相比，今年截至目前，在美国的中国交易的平均数额仅为 4 600 万美元。

这一切都源于 2017 年下半年以来中国政府实施严格管控跨境资本流动，以及国内强力去杠杆、防控金融风险的政策。同时，中美两国经贸关系恶化更是令中国对美投资雪上加霜。自 2016 年年初以来，有 27 起中国企业对美收购未能完成，这一数字几乎相当于英国、法国、德国、日本、意大利、加拿大 6 国在美国未完成交易的总和。

“对于目前的中国来说，短期内提升技术实力的最便捷路途就是通过并购和购买的方式，从欧美获得技术。过去这种方法起到了很好的效果，但现在欧美都已经明确把中国定义为竞争对手，设置各种技术障碍，导致我们的产业升级之路面临困境。表面上看，目前贸易摩擦引起的热烈争论主要关乎短期部分领域的贸易和国家形象，其影响其实可以忽略不计，但美国对中国公司技术的限制是真实且紧迫的，对中国发展的制约也是根本性的。这是谈到贸易摩擦，我们应该真正思考并且寻求解决方案的问题。”姚洋教授认为，应对贸易摩擦，中国应该把主要精力花在国内。

首先，要降低关税，培育出一个更加丰富的中产阶级市场。降低关税不仅可以增加民众的福利，而且可以培育和完善中国的中产阶级产品市场。目前中国的高关税直接造成了市场的分割，从国外进口到中国的产品，价格直奔奢侈品而去，而中国的本土产品质量又不过关，这其实创造了巨大的发展空间。

其次，要继续深化国有企业改革。国有企业具有技术和资金优势。但是，部分低效的国企如果不改革，长期来看，可能会成为影响中国经济发展的毒瘤。客观地说，中国的国有企业在技术、产品和研发能力上都已经达到世界一流水平，但为何还是存在效率较低、转型较慢的问题呢？最重要的原因是，国有企业存在内部激励不足和外部竞争不充分的问题，同时还有预算软约束下的无序扩张问题。只有把国有企业的激励搞对，进行混合所有制改革，同时引入适当的竞争，才可以把国有企业的积极性真正调动起来，提高国有资本配置和运行的效率。

最后，要加强负面清单管理。过去，中国对商业活动各方面的限制是比较严格的，很多行业还有对外资更严苛的准入条款，其中的一些不当限制在某种程度上约束了国内企业的发展和竞争。历经改革开放 40 年的发展，国内部分行业和企业已经具备相当的国际竞争力，不需要过分惧怕外资进入和国际竞争。如果说中美经贸关系是中美关系的压舱石，那么就更不应该通过种种条款把希望来中国投资的外商挡在门外。如果压舱石都没了，中美关系的稳定性只会进一步降低。

姚洋教授指出，就“贸易摩擦”谈“贸易摩擦”，无疑是片面的：“我们应该站在一个制高点去应对这场贸易摩擦。2011 年，我们在‘中国 2020’课题中提出，未来的全球治理应该形成‘一元多极共治’的格局。‘一元’就是指一元的秩序，世界的秩序应该只有一个，不应该让世界再陷入冷战或其他混乱状态中。‘多极’就是指今后在 21 世纪内不会出现由一个大国主导世界的格局，世界可能呈现多元化发展。”

美国的腾飞历史几乎就是现代世界的一个缩影。从“二战”后的经济复苏到充满无限可能的 20 世纪 60 年代，再到步履蹒跚的 70 年代，由“里根经济学”主导的 80 年代及飞速增长的 90 年代，21 世纪的第一个 10 年以一场把全世界都拖下水的金融危机画上了句号，进入第二个 10 年，从金融危机谷底开始爬坡的美国通过高科技和移民两个“重武器”再启增长之路。

这种大起大落在未来也不会有丝毫改变，这正是经济的常态与魅力所在。创新是美国的基因，互联网革命无须赘言，新能源革命有望解决美国的能源掣肘，人工智能技术极可能助推下一波的经济增长。“现在距离金融危机爆发已经10年了，量化宽松基本完成了历史使命，美国也走上了复苏的道路，反倒是欧洲国家的状况堪忧。为什么同为我们惯常讲的西方发达国家，美欧之间的差异却如此巨大？归根结底还是美国开放的移民政策。有句俗语：美国人的财在犹太人的钱袋里，美国人的才在中国人的脑袋里。有能力、高智商的人都愿意到美国去，而美国的政策也欢迎高素质人群。同时，美国还有成熟的法律体系、完备的金融制度。经济学中对于人和制度孰轻孰重一直存在争论，而美国恰恰是两个要素都具备，这足以回答美国为什么能够在一次次危机中复活，历久弥坚。”

尽管是一位经济学者，但对比美国、欧洲国家以及中国的发展轨迹，姚洋教授对于中国目前的人口政策亦有思考：“一旦美国改变了现在的移民政策，封闭国门，美国就会出现欧洲现在的这种经济发展停滞。中国其实也面临同样的问题，不少学者都在呼吁，继‘单独二孩’之后的‘全面二孩’政策也远不能缓解已经很突出的人口老龄化问题。进入2018年之后，政策风向大变，从原先的限制生育到积极鼓励生育，但到目前为止都没有数据表明公民的生育意向明显提升。人口结构不仅是一个养老负担比的问题，更关乎一个国家发展的原动力，从这个意义上讲，我认为人是一切的根本，国家之间的竞争到最后拼的就是对人才的吸引力。据我所知，中国国籍也是很难加入的。”

中国与世界

自2013年以来，随着“一带一路”倡议的实施，以及亚洲基础设施投资银行、金砖国家开发银行和丝路基金相继问世，中国的国际地位开始像人民币汇率一样牵动着每个普通中国人的心。周其仁教授对此有个形象的比喻：以前你还只是一只小绵羊，躲在大树的背后谁也看不到，但现在是一头大象了，大象难以藏身树后。继续韬光养晦的政策不仅行不通，国际秩序里的其他国家也不会答应，甚至会因为这种政策生出很多的猜忌、恐惧与敌对。

不管主动还是被动，象也罢、龙也罢，中国必将从大树后面走出来，这无疑是各方共识。一个重要参与者以全新的形象出现，带来的变化难以估量。姚洋教授说：“最重要的变化还是中国融入世界，中国在世界上的位置变得举足轻重。谈世界经济，若没有中国的参与，任何议题的准确性和有效性都会大打折扣。具体来说，如果中国经济的增速跌到5%，甚至仅跌到6%，全世界都会跟着倒霉。只要中国的机器停转、厂房停摆，那些给中国提供原材料和中间产品的国家的增速马上就会放缓，巴西、澳大利亚、新西兰等原材料出口国依赖的都是中国市场。在过去的20多年里，中国和美国分别承担了全球经济的生产引擎和消费引擎的作用。未来10年里，这种分工会改变。”2014—2015年，中国经济增长减速，国际大宗商品价格腰斩；2016年下半年中国经济增长复苏，国际大宗商品价格回升。这恰恰印证了姚洋教授的预判。

但是，对于美国的实力，中国人要有清醒的认识。美元之所以如此坚挺，成为全球最强硬通货，与美国金融市场的深度密切相关。深度带来了优秀的储水、流动、调节水位以及抗风险的能力，扎实的实体经济则是稳定金融市场的锚，活跃的消费、发达的信贷造就了世界上最大的消费市场，两者的综合匹配就是信心的基石，美元自然拥有超然的兑付能力。

“分析‘二战’后的美国发展史对中国选择现实路径有借鉴意义。美苏争霸时期，苏联给美国带来了很大压力，这直接导致了美国在20世纪60年代实施了阿波罗计划，美国在太空领域超越苏联，这给了美国很大的信心，相信自由资本主义能够超越苏联的计划经济。军事竞争最终拖垮了苏联经济——40%~50%的国力全投到军费上，国家怎么运转？老百姓生活怎么办？自此，美国彻底摆脱了掣肘，它建立的国际秩序自那之后一直维持至今，加之它还站在‘自由民主’这个道德高地上，几十年来，无论是其他国家对它的态度还是它对自己的定位和心态，都使其全球老大的地位无人能撼动。1991年苏联解体后，美国更是提出所谓的‘仁慈帝国’的说法。”姚洋教授说。

曾经多次赴印度考察的姚洋教授对同为金砖国家的印度有着深入的分析：“印度远远不像中国这么‘崇美’，在印度高级知识分子心目中，复兴印度昔日的荣耀是全民族的目标——俄罗斯的强人政治恐怕也并不仅仅是为了发展经济。我们中国有悠久的文明史，‘中华民族的伟大复兴’是几代人的梦想。经济、军事固然是决定一个国家国际地位的核心要素，但目前中国面临的局面远比当初‘二战’后的美国复杂且棘手得多。”

2008年金融危机之后，“G2”的提法一度比较流行，中国也在那个时期提出了“金砖国家开发银行”的构想。以中国的财力在金砖国家开发银行的股份构成上多拿一些也不是难事，但财力显然并非唯一的决定因素：中国获得40%股份的提议在印度、南非、俄罗斯、巴西那里吃了闭门羹，这些国家宁可降低总股本规模，也要达到每家20%的均等份额。姚洋教授说：“如果不能占到40%，中国做这件事情就毫无意义。仅要满足英语流利、业务熟练这个标准，估计金砖国家开发银行的主要工作人员恐怕要么是印度人，要么是南非人了。现存国际秩序是美国在‘二战’之后建立的，美国又凭什么能够建立起有利于自己的国际秩序呢？归根结底，它的综合实力（包括经济、军事、政治等）是根基。”

以主导全球经济事务的IMF为例，1945年其成立时股权分配的基础是各国的经济体量。和满目疮痍的欧洲列国相比，使战线远离本土的美国自然是最大的赢家，但本可以拿到50%股权的美国只拿了17%，其余份额则由欧洲各国瓜分。然而，即使是这区区17%的份额也已经保证了美国可以完全左右IMF的投票权。这在IMF的职位安排上可见一斑。每到IMF总裁更迭之际，便是几大经济体登场角力的时刻。但真实情况是，IMF的实权人物——常务副总裁的位置，雷打不动地由美国人占据。

假使真的以经济体量计算，中国在IMF中的话语权提升是必然的。目前，中国的GDP占世界GDP的15%，但中国在IMF中的投票权不到7%。一旦中国成为世界最大经济体，这对既有利益格局的任何改变势必都是一场革命，更何况站在众多持有投票权的较小经济体背后的是同一个盟主——美国。新兴经济体投票权的增加是改造 IMF 的应有之义，也势必会得到其他正在冉冉升起的金砖国家的支持，因为大家有相同的诉求。亚洲基础设施投资银行和金砖国家开发银行的建立不是要重写剧本。姚洋教授说："另立门户带来的其中一个后果是会使中国的周边邻国产生紧张情绪和戒备心理。毕竟，与一个年增长率长期维持在 6% 以上、拥有 14 亿人口的国家为邻，谁都会惧怕这样的局面，所谓'威胁论'并非空穴来风。过去的'韬光养晦'固然已经不合时宜，但到底如何加入世界治理的新格局，需要我们权衡自己的力量和自己的核心利益，摆脱单向思维，在现有国际秩序的基础上把自己变得更强大。这个发展空间在目前的格局下看还是存在的，而且现实意义和我们获取的利益可能会更大。所以，我们对话团队一直在强调'一元多极共治'，即一元的秩序、多极的世界，大家一起来治理世界。"

2008 年全球金融危机带给美国的不仅仅是华尔街的震荡、财富的转移，更深刻的是美国民众的心态变化。2009 年，全球都不知道金融危机的"底"到底在哪里，眼见得一家接一家的百年华尔街巨头轰然倒塌，即使经历了 20 世纪 80 年代日本人"买遍全美国"的时代，美国政商两界依旧惴惴不安。

姚洋教授说："2010 年我去瑞典参加一个国际会议。那时，我们的经济已经持续多年高增长，全世界都在关注中国，美国一位特别著名的中国问题专家在台上发言和台下交流时反复说中国太傲慢，因为他认为中国人还没有发展到可以和美国对话谈判的阶段。但我现在再见到他，他的态度就有了很大的转变。当惯了老大，调整心态总要有个过程，而且这个过程中还会出现很多次反复。凡事都讲究一个力道，用力过猛就会把所有回旋的余地都挤没了。单是这种外部环境就会给中国的发展带来不少干扰因素，而我们现在其实还处于‘攒家底儿’的阶段。”

无论其他国家是否愿意接受、是否准备好了接受，不可逆转的趋势是中国将更多地加入现有的以美国为主导的世界体系。在这个过程中，需要做好准备的其实还有中国自己，2008 年全球金融危机后越来越频繁出现的所谓“大国心态”即是此理。姚洋教授指出：“比如承担国际防务任务，这是个战略问题。国际问题其实与国内问题是一脉相承的，某些比较棘手的国内问题也有望因此找到另外一种解决思路。美苏两国都是个中高手。美国一直被称作‘世界警察’，固然有其自身能源需求和贸易经济的种种考虑，但美国军事力量在世界范围内的存在还是在很大程度上起到了维持现有国际秩序的作用。美国已经居于全球老大的位置，不存在崛起不崛起的问题。中国周边依旧存在领土争端，中国经济发展得又很快，军事实力也越来越强，这难免会令周边国家对中国产生忌惮。这个局面下，不仅国际社会，其实中国自身也在适应自己的新角色。历史上的中国从来不是一个侵略邻国的霸权主义国家，在这个新的力量格局建构的过程中，中国必须以包容、开放的心态更多地融入其中。”

“一带一路”倡议的实施对美国精英的心理产生了强烈的冲击，也在国际影响空间上对美国形成了挤压。“这从特朗普上任之后的举动就可以看出来。2017 年年底的《美国国家安全战略报告》中首次把中国明确定位为美国的‘战略竞争对手’。这是一个很大的转变，中国要适应这种转变。做大国，就是要准备好被人骂，就像美国一样。在经贸方面，特朗普的立足点是美国的利益。如果美国对华全面征收惩罚性关税，将会引起一系列连锁反应，而不仅仅是 5 000 亿美元商品所产生的新增关税那么简单。比如，这种成本上升会让消费者负担加重，进而引起消费者的不满，最终会提高特朗普失去选票的风险，这是特朗普政府必须考虑的问题。”

在中国方面，姚洋教授认为应该采取“以我为主”的策略，考虑什么是对中国社会最好的政策。这些政策包括：

第一，增加进口和国内消费。党的十九大报告指出，我国社会主要矛盾已经转化为人民日益增长的美好生活需要和不平衡不充分的发展之间的矛盾。出口的快速增加将造成越来越多的贸易不平衡问题，显然继续大力度鼓励出口不是中国应有的方向。中国每年进口大约 2 万亿美元的商品，其中消费品进口仅占 3%~4%，不足其他国家的一半。因此，中国已经到了继续开放消费品进口市场的时候。此外，在经贸关系方面中国要以国内需求为主，中国经济在转型，需要增强国内消费。

第二，实行负面清单制度，持续扩大外资开放领域，激励民营企业做得更好。负面清单制度讨论已久，至今还未能出台，目前的行业管理中行政成本极其高昂，也使得部分产品在国内的价格远远高于在国外市场的价格。政府应该及时出台负面清单，扩大对外和对内开放，增加行业竞争水平，通过“快鱼”激活“慢鱼”，激励民营企业创新发展。从家电、汽车等行业对外放开竞争的历程来看，放开竞争后，中国的民营企业没有倒下，反而搅动行业，促使中国本土产业做得更好。

第三，实行国有企业改革。在土地成本、资金成本、税率优惠，以及上市等方面，国有企业享受到的各种隐性、显性的政府补贴不仅是中美之间贸易所涉争端最多的一点，也是在若干国际谈判中，中国的市场经济地位被反复质疑的原因。以中国目前所处的发展阶段而言，诸多关乎国计民生的基础性产业已经基本建设成熟，军工、科研力量等也在稳步提升，在这种情况下，市场无疑是资源配置的最高效的方式。

"中美关系在未来很长一段时间里，都会是国际社会最重要的双边关系，这个过程又与中国自身进一步深化改革交织在一起。从'乒乓外交'到我们在8年之前开始的'中美经济对话'，双方始终都在尝试通过各种方式建设这种关系。我们应以中美贸易摩擦的外溢效果来推进国内的改革，如果中国能站在以'我'为主的立场，重新考虑中美经贸关系，也许会把中美关系理得更顺。"如果说以"和平"赢得"崛起"的时间和空间这一策略在过去行之有效，那么崛起之后的行为指针能否围绕"一元多极共治"达成共识则是当下的疑问。姚洋教授坦言，至少在相当层面上对于"一元"的提法并未取得一致。中国必须清醒地意识到，中国的崛起得益于美国在"二战"之后建立的国际经贸秩序，我们在这个秩序中不是受害者，而是受益者。这个秩序的核心是自由贸易和基于规则的经贸关系。今天，特朗普放弃了美国对这个秩序的领导权，我们仍然坚持这个秩序，不仅要说，而且要做。

我们的时代

全球的“中国热”最早在20世纪90年代初就已初露端倪。赵耀辉教授回忆，1992年她在芝加哥大学获得经济学博士学位之后，即在位于华盛顿特区、素以政治学闻名的乔治·华盛顿大学获得了第一份教职，讲授与中国经济相关的课程。她说：“那已经是20多年前了，但当时中国经济已经连续10年增长率维持在8%，中国正在发生的事情已经引起了美国核心政治圈的关注。”

在那期间，中国留美经济学会成为中国的大批优秀留美经济学者交流、探讨的平台，很多人也由此放弃在华尔街的高薪职位或者在美国高校的终身教职，最终下定决心回国。国家发展研究院的易纲、海闻、陈平、林双林、张小波和刘国恩教授先后担任中国留美经济学会的主席，而回国较早的林毅夫教授更是参与筹备了学会在美国的第一次大会。他们不仅带回了学术、精神和情怀，更将这种开阔的视野带入了古色古香的朗润园。

由于每年讨论的话题都与中国高度相关，并且聚集了在美国各大金融机构、研究机构和高校任职的优秀华人学者，20世纪90年代的中国留美经济学会成为华人经济学界和全美国关注中国问题的学者共同关注的平台，著名经济学家茅于轼，以及同为发展所走出来的时任农业部农村改革试验区办公室主任杜鹰都曾受邀赴美参加学会的年会。

姚洋教授说：“海闻教授当学会主席是在1993年，他每年都会回国一次参加学术研讨会。当时正是国内乡镇企业发展得如火如荼的时候，国外都在看中国在20世纪80年代实行了农村家庭联产承包责任制和包产到户之后，下一步会向哪个方向走。海闻教授写了一本关于乡镇企业的书，引起的轰动还是蛮大的。为什么这批人不仅在美国都取得了不错的成绩，回国后也在各个领域成为领军的人物？这和那代人的经历是分不开的，时代塑造了人生。”

人生在很多时候往往是连续不断的偶然背后的必然。

1989年自北京大学硕士研究生毕业之后，姚洋回到故乡西安，到西电公司的变压器厂工作，一进厂就被分配到企管办（企业管理办公室）工作，说是在厂长办公室帮厂长做一些事情，但清闲的工作很难满足这个刚刚从思想活跃、充实火热的北京大学归来的年轻人。20世纪90年代，如火如荼的国企改制尚未开始，当时的变压器厂有近3 000人，以其生产能力其实用不了这么多职工，但因为是在国有工厂，任何改变的阻力都相当大。

“毕竟在北京大学读过书，你模糊地知道了世界是什么样子，但当时的现实似乎隔断了一切你与那个世界可能的联系。”1989年毕业时，姚洋已经申请到威斯康星大学的入学资格，但是因为没有奖学金，只好请学校帮助保留入学资格，直到1991年拿到奖学金。这时又遇到了麻烦，姚洋教授说：“那时出国留学必须要有海外关系，还要向教委（教育委员会）交培养费。我是研究生，本来是要交2.2万元的，但因为我工作了两年，相当于为国家服务了两年，抵扣之后交了1.2万元。”在1991年，1.2万元对于一个普通城市家庭来说绝对是一笔大数目，东拼西凑之后，姚洋把钱交到陕西省教委，换回来一张发票，说是如果未来回国，这1.2万元会退还。

1997 年元旦，刚刚拿到博士学位的姚洋和家人回到了北京。之后拿着发票到陕西省教委，还真要回了 6 年前的 1.2 万元。他说："1994 年，中国经济研究中心刚刚成立，林毅夫老师到威斯康星大学举办讲座，我跟他说自己毕业后想回国，也想去研究中心，他说欢迎。林老师作为第一个留美的经济学博士学成回国，虽然他从来没说过什么，但这件事对我们潜移默化的影响还是很大的。现在回想起来，1991 年办完所有出国留学手续，拿到机票的时候，有种去探索未知的兴奋。但我从来没有想过留在美国。人这一生的每一个选择看起来很偶然，其实是各种必然因素在起作用。我们这代人既在农村待过又在城市待过，对真实的中国建立了一个比较全面的概念：既不会因为物质贫乏的童年记忆而只想着逃离，也不缺乏对乡土中国的直接了解。相反，经历了 20 世纪 80 年代思想解放的我们认为农村还是可以改变的，我在威斯康星大学所学的专业就是农业经济学和农村发展。"

姚洋教授的博士学位论文就是研究中国的土地制度改革。回顾众多深切关注中国改革的学者的研究，农业无不是他们研究的起点，这其中不仅是因为中国是传统的农业大国、农业人口占绝大多数，更因为中国的改革开放最早发端于农村：一方面，改革开放前，农民始终都是和最基本的劳动资料（土地）割裂开的，憋了 30 年，突然有了土地，当然热情高涨，这就盘活了生产端；另一方面，执行了几十年的统购统销打破了长久的低收购价，这就解放了销售端。1978—1984 年，每年粮食产量的增长率平均在 7% 左右，这是无与伦比的增速，因为农业的固定要素投入（土地）是无法增加的，所以增产完全就是因为改变了制度、解放了人。

随着研究对象（农民）大规模进城务工，学者们也“洗脚进城”。20世纪90年代国企改革开始攻坚战，私营经济在1992年之后再度活跃。姚洋教授说：“其实到2002年中国经济研究中心成立8周年的时候，我们也不过有十几个人的研究力量，但是现实经济中的新现象、新问题层出不穷。林老师让我主持一个关于私营经济的研究，研究成果后来由世界银行出版了，并且在世界银行的书店里卖得非常好。那是第一本关于中国私营经济的书，自然会覆盖到私有化、国有企业改制等热点问题。”

进入新千年，结构性失衡成为中国经济挥之不去的问题，诚如卢锋教授在其论述中提出的“开放宏观”学说，外向型经济和全球经济共寒暖的现状使得这个阶段的中国问题变成了错综复杂的国际政治经济问题。2008年全球金融危机即是标志性事件，世界金融版图由此改变，与此同时，美国和以金砖国家为代表的新兴经济体的心态都发生了变化。美国政府和媒体认为中国必须对这场危机负责，因为中国及其他亚洲国家过度储蓄，本国央行消化不了就只能存到美国，导致美国低利率，进而诱使那些原本不具备偿还能力的人非理性消费、大规模借贷，最终演变成了由次贷引发的金融危机。姚洋教授说：“这就是美国指责中国是危机输出国的理论依据。而我们因为理论准备不足，结果就被美国牵着鼻子走。你看关于2008年全球金融危机的大量媒体报道，包括中国媒体基本上都赞成这个观点。当然不能让这个局面持续下去，所以国家发展研究院开始做这些基础性的理论准备和积累工作。美国的智力资源雄厚程度远远超出我们的想象，我们必须踏踏实实做研究。”

曾经在农村改革中风起云涌的乡镇企业之所以能够蓬勃发展，无不是因为带领这些乡镇企业发展的乡镇企业家，这样的例子不胜枚举。很多拥有亿万资产的乡镇企业家只有小学文化，显然，他们所具备的素质不是标准的学历教育所能衡量的。在中国数千年的小农经济制度下，一个农民就相当于一个现代社会的企业家，从决定种什么到怎么种出来，再到最后卖出去，其中包含了寻找市场机会、生产以及技术能力储备、销售等全部环节，并且同样承担着巨大的风险。姚洋教授说：“关于小农经济的主流声音是故步自封，甚至中国近现代积贫积弱、未能顺利实现向工业化社会的转型都被归咎于小农经济。但很多研究者没有考虑到的是，小农经济其实是乡镇企业家的一个温床，在恶劣的自然和制度环境中，与天、地、人共处谋生的能力大大积蓄了中国农民的人力资本。总结中国经验的同时更要分析中国的社会结构，全世界恐怕都找不到一个像中国（甚至整个东亚）这样极其重视子女教育的群体，而重视教育就是重视人力资本的开发。”

必要的改革

2017 年，中国的人均 GDP 达到了 9 400 美元，超过 7 亿人口脱离了贫困。“勤劳”的结果就是资本积累。尽管在这个过程里，中国牺牲了很多，而且有不少舆论批评中国人不消费导致储蓄率居高不下，但以 1978 年中国经济的现实处境，能够发展到今天全球第二大经济体的规模，资本积累是必然也是唯一的选择。以同为金砖国家的巴西为例，巴西在发展过程中并未在资本积累上倾注过多，其国民储蓄率只有 15%，而被称为“靠信用卡过日子”的美国国民储蓄率却保持在 18%~20%。巴西国民比美国国民的收入低很多，在经济总量已然很小的情况下，储蓄率还这么低，处于赶超位置的发展中国家又怎么能够缩小与发达国家的差距？

改革开放 40 年，中国政府在经济发展方面发挥了很大作用，尤其是在资本积累方面，成就卓著。事实证明，这条路走对了——当然，中国也为此牺牲了很多。资本积累的成功，背后有很多要素，其中一个要素就是蔡昉教授指出的人口红利，人口红利对中国的资本积累做出了巨大贡献，也对全世界的资本积累做出了巨大贡献。20 世纪 90 年代以来，世界上发生的一个重大变化就是参与全球化的劳动力数量增加一倍，主要就是因为中国和印度参与了全球化的进程。中印劳动力加入进来后，全世界的价格水平都被压低了，全球化的成果转化成了各国的积累，中国的积累当然是最多的。

推行高比例资本积累政策的阶段正是中国处于资本极度短缺的时期。穷，勒紧裤腰带也要赶上去。那么，当资本短缺的局面已经开始改善时，是否还要用各种手段继续“勒紧裤腰带”？

党的十九大报告提出，2020 年全面实现小康，2035 年基本实现现代化，2050 年建成社会主义现代化强国。何为“现代化强国”？现代化强国是建立在科学发展观上的“强国”。尤其值得注意的是，党的十九大报告中已经不再提“以经济建设为中心”了，而是代之以经济建设、政治建设、文化建设、社会建设、生态文明建设，将这 5 个方面作为国家事业发展的总体布局。

“过去 40 年乃至 70 年里，中国政府做得相当成功，但要保证在下一个 15 年、30 年里做得更加成功，政府的转型就是必要的。中国已经步入社会主义新时代，表现之一就是社会主要矛盾的改变。过去社会的主要矛盾是人民日益增长的物质文化需要同落后的社会生产之间的矛盾，现在的主要矛盾变成了人民日益增长的美好生活需要和不平衡不充分的发展之间的矛盾。经过 40 年发展，我们的综合国力远胜当初，所以国民需求日渐增长，有很大一部人的物质文化需要得到了满足，甚至还有富余，但仍有很多人未能满足需要，所以发展是不充分和不平衡的。我们要多关注福利的改善，特别是要补上欠账——社保的欠账、对于农村的欠账、对于进城务工人员的欠账。城市化是中国未来发展的必然之路，进城务工人员正处在市民化的进程中，他们的福利保障、社保保障都是一张白纸，这就是需要填补的‘欠账’之一。”

2017 年 12 月 10 日，在国家发展研究院举办的第二届“国家发展论坛”上，姚洋教授发表了“政府要减少创新陪练，多谋中长期公共服务”的主题演讲：“中国每年进口大约 2 万亿美元的商品，其中消费品进口仅占 3%~4%，不足其他国家的一半。勤劳是中国过去几十年进步的原动力。但未来恐怕要转变思路，要提倡消费。每次我这么提，立即就会有人提出质疑：消费怎么能增进效率呢？经济增长的本质是提升民众福利。现在这个时候应该鼓励的是适度享受。”到 2035 年——第一个百年目标的中期目标节点时，中国应该完成这样一些事情。

第一，环保。用17年的时间是不是可以让环境恢复到1980年的水平？各级政府的考评标准从过去“唯GDP论”到现在“金山银山不如绿水青山”，这就是一个很大的转变。2017年以来，北京的蓝天天数明显增加。当然，付出的成本也很大，但这个付出是值得的。更深层次来说，解决环境问题不只是关闭重污染的工厂那么简单。中国污染最严重的其实是农业，从水体到土壤，这种看不到的污染给人体带来的危害远甚于可见的雾霾带来的污染。但民以食为天，农业又是国之根本，从根源解决环保问题一方面要依赖科技进步，另一方面必须要在全球范围内谋划粮食资源和水资源。

第二，社保。关于社保空账运转的说法由来已久。不仅如此，中国大部分人口所在的农村地区至今尚未建立起完善的养老保险制度，而一个迫在眉睫的现实是，中国人口出生率正在以雪崩式的速度下降，老龄化社会提前到来。老有所养是衡量一个社会文明程度、富庶水平的主要指标。当“婴儿潮”时代出生的60后和70后还是社会劳动力主体的时候，要解决社保问题，对于中国来说是一个和时间赛跑的课题。

第三，城乡一体化。中国的农村和城市至今都还是两个世界。国家发展研究院的前身中国经济研究中心在1994年成立的时候，就已经是当时中国研究农村问题和农民问题的重镇。“三农问题”历年来始终是政府的一号文件。对于中国这样一个农业大国来说，农村问题绝不仅是经济问题和产业问题，而是更宏大、更重要的社会问题和政治问题。正在进行中的城市化一步步瓦解了过往70年中国整个社会的管理机制。旧秩序消除、新秩序尚未建立起来的时候，公共服务的管理者其实是缺位的。近20年来，城乡一体化被反复讨论，却几乎没有丝毫进展。未来17年里，能否完成城乡一体化对中国是一个挑战。

第四，普及12年制义务教育。北京大学独立调查显示，农村地区当前最年轻的这一代人中，没有完成初中教育的人口比例较前几年呈逐渐攀升态势，这个现象又和留守儿童、农村并校等问题交织在一起。教育部已经提出了推进普通高中教育的目标，用17年的时间普及高中教育。实现12年制义务教育不仅关乎社会福祉，更直接决定了中国未来的发展潜力。中国未来面临的挑战不是劳动力数量上供给不足，而是满足质量要求的劳动力供给不够。人工智能以及科技发展对人力资源所产生的颠覆作用还没有完全显现出来。这样一个系统性变革已经超越了国别界限，成为全人类面临的一个巨大风险。提高年青一代的教育水平以适应新时代，是政府必须投入巨大精力去完成的任务。

姚洋教授分析："目前的现实是，历经40年发展，我们的优势要素、短缺要素和奋斗目标都发生了很大的变化，这就意味着工作方法也必须改变。市场的交给市场去做，政府的留给政府去做，整个社会的效率会大大提升。首先，一个经济体也是一个有机体，必须尊重有机体自身具备的自我调节和资源匹配能力；其次，基层信息收集上传和政策制定下达的双向过程中，存在信息不对称和执行效果变形的可能性，因此会出现'一管就死，一放就乱'的现象，这在40年的改革开放过程中屡见不鲜，必须解决'钟摆式'的政策。"

作为世界第二大经济体，中国下一步发展已经很难再找到参照对象，唯有创新这一条途径。而创新正如华为创始人任正非所定义的那样，是一片凶险的“无人区”。各级政府正把很大精力转移到创新上来，以引导基金之名再行企业式投资之实。

“政府应该归位，特别是到了现在这个阶段，政府继续掌握大量资源去搞经济建设已经是得不偿失了。改革开放初期，搞经济建设可以大干快上，政府进行组织动员。但现在，创新创造成了中国的首要目标，而产生创新的组织方式与过去的大干快上完全不一样，创新的成功概率很低，用九死一生来形容绝不为过。创新一旦成功收益很大，但创新的成本也很大，沿用政府一贯的规章制度来管理这个行业肯定是行不通的，政府拿的是纳税人的钱，要对花出去的每一分钱负责。对于创新这样一个反复试错都未必能见到效果的新事物，政府作为主角直接下场做肯定是不合适的，也和中国过往40年改革开放的基本精神背道而驰。”

社会是一个复杂、有机的生态体系，任何希望通过权威、知识、数据掌控它的企图往往都无功而返。政策的有效性并非取决于政策制定者的主观愿望，而是决定于是否具备客观条件。计划经济作为一种生产组织方式，其本身没有意识形态上的倾向性，问题的症结在于是否可以收集到那些做决策必需的信息。1949—1978年实施的计划经济距离我们并不遥远，教训不可谓不深刻。

真正的创新是否可以由政府来做呢？姚洋教授从资金和研发实力这两个创新必需的要素来分析。一方面，中国的资金已经非常雄厚。和互联网、人工智能这样高精尖的产业相比，被很多人视作

"落后产能"的出口加工业其实给中国带来了海量的储蓄，今天这些储蓄正在起作用。"20年前，我到美国去参观一个朋友的化学实验室，她给我拿出一个试管，说里面的试剂每一支2 000美元。当时我想，我们不可能追上美国，仅这样的研发成本，中国就负担不起。但今天，我们的资金实力就是大规模研发投入的坚强后盾。"

另一方面，中国的教育水平也经得起考验。关于中国教育是应试教育、培养的人才都是缺乏创造力的考试机器的说法具有相当大的影响力。"但仅就北京大学而言，我们有北京大学数学学院的'黄金一代'。他们在2000年前后进入北京大学数学学院，都是应试教育出来的，从高中就开始参加奥林匹克数学竞赛，在全世界得奖。这批学生现在已经崭露头角了，他们将要出成果，而且是在数论、几何这些基础构架层面的研究成果。天才是教不坏的，庸才也不可能被教成天才。教育的目的不是培养天才，而是教会普通人谋生的手段。作为世界上最重视教育的民族之一，中国式教育就体现了这一点。创新更多的是与社会和经济制度有关，看它能否给创新提供土壤，不要把天才埋没了。这才是中国需要改变的地方。"

"中国奇迹"的经济学解释

姚洋教授关注的领域已经超出了一个典型的经济学家的研究范畴，他与国家发展研究院走过了同样的路。2008年，已声名远扬的北京大学中国经济研究中心更名为北京大学国家发展研究院。在当时，此举引来一些担心和不解。但现在，当中国已经越来越深入地参与到国际事务中，“中华民族的伟大崛起”成为一场涵盖方方面面的复兴之旅，北京大学中国经济研究中心对自身定位的调整，一如1994年开风气之先、开创性地在大学里成立经济研究中心，的确是相当有前瞻性的举措。

纵观国内分布于各个部委、院校的研究机构以及独立的研究机构，北京大学国家发展研究院作为一个集教学、科研和智库三种职能于一身的综合性组织在同类组织中无出其右。除已经连续招生多次的经济学双学位、硕士、博士之外，国家发展研究院旗下的BiMBA商学院也聚集了来自各个行业的精英。以成立时的经济学研究为基础，国家发展研究院目前的研究已经涵盖能源、老龄化、金融、公共政策、健康政策、法律等方面，而农民、农村、农业的“三农问题”作为国家发展研究院诸位大家研究的起点，更是实力雄厚。“经世济民”的经济学从来都是“入世”的学问，而“用脚走出来的学问”更是基于国家发展研究院诸位大家对中国现实社会细致入微的了解和深沉厚重的爱恋。

其实，中国话题在全球炙手可热，相关领域的研究在全球范围内都可谓人才济济，为什么国家发展研究院的这批人能够开创这样一个磅礴的平台、探讨国家发展之路呢？共同的“来路”与百转千回终不改的“初心”或许能够解答这个问题。作为林毅夫老师的学生，姚洋教授至今都记得和这位恩师第一次见面时的情景。当时，林老师和三个20岁出头的年轻学生聊起了卖西瓜。姚洋教授回忆道：“那是1988年1月2日，我还在北京大学读研究生，我和同学一起去见当时住在西直门一个招待所里的林老师。我记得当时刚下过大雪，从北京大学到西直门其实没多远，但是我们连着转了几次车，地上还有雪，所以印象特别深刻。当时林老师从美国回来不久，在北京大学经济学系兼职做副教授，准备找几个学生和他一起做项目。我们宿舍三个人一听说他是从美国回来的第一个经济学博士，还是来自台湾地区的，就去了，然后和他聊了一上午。”

林老师问三个年轻人：假设要从新疆拉一车西瓜来北京卖，你是挑最好的西瓜还是挑普通的西瓜？现在看起来这个道理很简单，在运费一定的情况下，越好的西瓜卖得越贵，成本就相对较低，获取的相对利润也就更高。但同学们当时都懵了，根本答不上来。聊了一上午，懵懵懂懂中，三个年轻人饿着肚子从林老师家辞别出来。自此，研究生姚洋和林毅夫教授认识了。

在随后一次为同学们做的家庭经济分析讲座中，林老师用经济学方法分析生育等问题再次令同学们震惊——这就是贝克尔的家庭经济分析。大开眼界之后，姚洋跟着林老师到发展所去做项目。姚洋教授回忆说：“这期间，我们狠做了些和以前不一样的研究。虽然我们在北京大学也学了所谓的西方经济学，而且按照当时的标准，我们学的程度还是蛮深的，但是不会用啊。因为老师们自己也从来没有应用过，从来没有用经济学理论或者说世界通用的学术语言分析中国现实，这就是当时我们与国外学者的差距。现在回国的学者不少，但到底有多少人真的做到了一头扎下去做研究，又有多少人只是基于现成的东西发表一些言论？把根扎到中国的社会现实中，这是研究中国问题，或者说是做任何一门学科研究的根本。”

中国也确实是学者们的富矿。在一个方方面面都在经历着深刻变革的社会，各种现象层出不穷，任何思考和成果都会引发热烈的讨论，也会在政策层面发挥其价值。林毅夫教授于1992年在《美国经济评论》上发表的《中国的农村改革及农业增长》获得了国际学术界的普遍关注和相当高的转载率。姚洋作为其研究助理，帮助林毅夫教授收集了这篇文章的数据，他说："那时天天做的事情就是敲键盘、录数据，很枯燥，但练就了做研究的基本功。"

其间，林毅夫教授给姚洋的硕士论文题目是"中国究竟是不是存在剩余劳动力"。如何获得真实数据？数据收集上来又该怎么处理呢？林毅夫教授要求姚洋从经济理论出发，估计一个生产函数，这又是当时不曾有过的"创举"，但在一个芝加哥大学经济学博士看来，做研究一定要有理论指导，而理论也必须与实践结合。这种模型式的研究方法当时收获了一个"俏"字的评价。

姚洋教授评价说，他们这批60后学者无疑是最幸运的一个群体，自大学起就参与社会实践活动，受到陈锡文、周其仁、王小强等"青年偶像"的熏陶，接地气、重调研，了解真实的中国在发生什么。林毅夫教授则用最规范的研究方法和学术语言帮助大家完成了从实践到理论的过渡。这批学者在风华正茂之年建立起了对中国的基本认识之后，又能通过留学的机会看世界。

至今，那个时代已经过去30年了。20世纪80年代，连续5年参与"中央一号文件"的一批人——王岐山、陈锡文、周其仁、邓英淘、杜鹰等，在当时还只是九号院里的同学少年，后来他们都成为各自领域里的翘楚。正是这批人决定了朗润园的性格：从中国问题开始自己的学术之路，不管身处何方，始终高度关注中国现实。

而中国社会的发展亦对高水平智库提出了迫切的需求，并为其提供了赖以生存的土壤。

在姚洋教授看来，从火热的20世纪80年代、企业改革的20世纪90年代、融入世界的21世纪第一个10年，直到现在这样一个积极主动参与国际事务的年代，北京大学一直在带领、引导北京大学人探寻道路，并且滋养着这群探索者。“80年代，大家有一个共同的目标，那就是走出计划经济。这对于我们学经济的同学来说影响非常大。当时的发展所和体改所都是学术研究和政策咨询机构，在全社会层面上看也都具有广泛的号召力。王岐山、周其仁、陈锡文，还有杜鹰、邓英淘、王小强那个时候也就30岁出头，张维迎更是刚刚走出校门的研究生，意气风发，他们就是我们心目中的明星，在我们青年学生眼里都是不得了的人物。”

发展所和体改所也愿意带着同学们一起活动，它们给北京大学、中国人民大学和南开大学三所高校里学经济的学生办学习班，由两个所的学者给大家讲课。当时，台上的主讲人都是年轻人，比台下的研究生们大不了几岁。姚洋教授至今印象深刻的是当时风头最劲的王小强在中国人民大学的那场演讲：“他穿着工厂工人的工作服，破破烂烂的，但在我们看来非常潇洒。我们作为还在校园里的学生，当然还没有对中国正在发生的情况建立起系统的认识，但我们真的很兴奋，因为能感觉到自己和社会、和国家的命运息息相关，能感觉到自己身上蓬勃的力量。”

不仅开讲座，两所还鼓励同学们利用寒假回家调研，组织同学们利用暑假去基层搞调研。1987年夏，姚洋和同学们去了马鞍山，调查国有企业改革；同年冬天，大家又利用寒假回家的机会调研自己家乡的情况，姚洋调研了西电公司。西电公司是西安的老牌大型国企，随着80年代改革的深化，西电公司迈出的第一步就是从原来的“大锅饭”向承包制转变。姚洋基于这次调研写就的报告在三校所有参与调研的学生中得了一等奖，奖品是一套《辞海》。尽管后来阅读过更多的大部头学术著作，自己也出版了若干专著，但他至今还保留着这套《辞海》。

20世纪80年代，中国农村问题和改革问题是关注度最高的两个话题。就像杜润生先生为发展所的年青一代创造了施展才华的平台一样，两所里30岁出头的年轻人又为更年轻的学生打开了通往真实世界的大门。这种从中国现实中发现问题、寻找解决方案的方法不仅是学者们的研究手段，更激发了每一个参与者对现实中国的兴趣。“这一点对年轻人非常重要。要知道，学问不仅仅是模型和图表，你必须清楚企业到底是怎么运作的，哪些环节会出什么样的问题，民间智慧又是怎么解决这些问题的。有了这个积累之后再做研究，感受会完全不一样。”回忆自己20多岁时的往事，姚洋教授感慨，现在的学生缺乏的正是这样的在真实世界中的训练。

姚洋教授的本科专业是经济地理，后来进入管理科学中心攻读硕士学位，这同样受益于北京大学在20世纪80年代的教学创新。这个管理科学中心的渊源与时任北京大学校长丁石孙分不开，尽管丁先生的身份是数学家，但他在人文领域亦称得起大家。作为一位教育家，他在秉承北京大学校训、继承北京大学传统的基础上进行教育实践的创新，这些都令他在北京大学校史上留下浓重的一笔。

在他的任期内，一些新兴学科的创办和发展受到鼓励。管理科学中心创建之初就是由丁石孙校长亲自出任主任，厉以宁教授担任副主任。1985 年，管理科学中心首次招生，面向北京大学全校学生，不论本科攻读哪个专业，不限文理，考生只需考数学、英语和专业课。来自经济学、地理、物理、数学，甚至计算机系等不同院系的同学汇聚一堂，不同的背景使他们的思想产生强烈碰撞。第二年，姚洋成为其中一员。

经历过 20 世纪 80 年代的人都知道“学好数理化，走遍天下都不怕”这句话，尤其是在内陆城市西安，作为军工、机械制造等产业集中的腹地，工科更是成为高中毕业生的首选。姚洋教授说：“我是理科生，同班同学报的最多的就是西安交通大学。那时的北京大学和清华大学的确很好，但也没有到今天这样‘超然’的地位。我们班绝大多数同学都学了工科，但我对工科不感兴趣，就想报北京大学，而且作为一个理科生，我还想学偏文科一些的专业，左挑右选，只有‘经济地理’这个专业好像偏文科一点儿。报完之后父母特别反对，西安交通大学也是响当当的重点大学啊，凭我的成绩上那里肯定是没问题的。幸亏我们高中的政治老师帮了我一把，他平时就订了很多杂志，在当时看来，绝对是个见多识广的人。他给我父母做工作说：‘不管学什么，去北京大学就是好的。’结果我就来北京大学了。”

每当回忆起 20 世纪 80 年代在北京大学的生活，姚洋教授总会感觉心情愉快：国家每月发 14 元的助学金，父母再给 20 元，这样一个月就有了 34 元的预算，除了吃饭还能买好些书。打上了浓重的

80年代烙印的《走向未来》丛书不仅见证了那个启蒙心智的时代，更引领几代人推开眼前那扇窗，探索更广阔的世界。姚洋教授说："我差不多买了十几本，都是小白本。一个青年在开始形成自己的世界观和价值观的时候，能够走出来，在秉承'兼容并包'的百年燕园里呼吸最新鲜的空气。你会感到百年前的'少年中国'风骨从来没有在未名湖畔消失过。"选择哪所大学、哪个专业能够折射出时代的价值观，但不变的终极追求永远是心灵与精神的富足。正是北京大学的这种坚守与追求带给了自己的学生归属感、荣耀感，并为他们提供了精神家园。

姚洋教授说："国家发展研究院提出做智库后，我们也听到一些不是很理解的声音，认为在一所政府办的公立大学里怎么可能做独立研究。但我们认为，国家发展研究院成立以来取得的一些成就，甚至20年多年前中国经济研究中心的成立，都只有在北京大学这个平台上才可能实现，我们可以做一些着眼于长期的研究，而不是扎在某些短期政策里就事论事。"

创办一家经济研究机构是林毅夫教授学成归国后的一个梦想。1994年，无论是从机制建构还是从人员编制来说，中国经济研究中心都是一个开风气之先的设计，所牵涉的并非仅仅是学术研究的问题。批，还是不批？时任北京大学校长吴树青先生承受的压力非常大，开会讨论时与会者甚至无人敢给出确定的答案。吴树青校长挺身而出，说："我是校长，我签字就算数。"于是，字签了，中国经济研究中心自此成立。

中国经济研究中心的成立仪式也不乏"亮点"。1994年的中国经济研究中心远没有今天朗润园的万千气象，当时教授们都挤在老教学楼的两间办公室里办公。中国经济研究中心的成立大会在北京大学电教楼的阶梯教室召开，教授们甚至连北京大学的校党委书记都忘记邀请了，等任彦申书记来了之后，转了一圈，发现连坐的地方都没有就又走了。当时担任中国建设银行行长的王岐山来的时候索性直接坐在了台阶上。姚洋教授说："现在回想起当初的情景都觉得幼稚，这些教授根本就搞不清楚该请谁来，座位该怎么安排。但你再看，是不是也只有在北京大学才可能发生这种事情？1994 年，研究中心成员有林毅夫、易纲、海闻、张维迎、张帆和余明德——现在被称为"创院六君子"，1995 年又迎来了周其仁教授、宋国青教授和卢锋教授，1996 年是赵耀辉教授、胡大源教授和我，后来其他教授陆续加入。北京大学这个平台对大家的号召力毋庸置疑。"

从 1994 年国家发展研究院的前身中国经济研究中心成立至今，24 年来国家发展研究院的变迁无异于一部中国的发展与变迁史。目前，除了中国经济研究中心之外，国家发展研究院又陆续建立了健康老龄与发展研究中心、法律经济学研究中心、能源安全与国家发展研究中心、人力资本与国家发展研究中心、中国卫生经济研究中心、中国公共财政研究中心、中国健康发展研究中心、新结构经济学研究中心、北京大学瑞意高等研究所、市场与网络经济研究中心、数字金融研究中心。

"中国经济研究中心为中国的经济学教育与普及做出了历史性的贡献，同时也发挥了重要的智库的作用。中国经济研究中心在中国经济学领域的位置无出其右，在国际学术界的地位也是有目共睹的。

中国经济正处于关键的转折点上，已经并且还会不断产生大量有价值的经济学实证和案例，中国经济研究中心作为经济学学术活动的平台，将继续在这个领域进行实证研究，不断发现问题、总结经验。中国经济社会发展的过程中，会出现越来越多之前的经验和经济学本身无法完全覆盖的新领域，正是出于这样的考虑，国家发展研究院把一些学术方向相通的学者、老师组合在一起，组建专业学科与经济学的交叉学科研究中心，这样就可以在某些方面多做些事情，并且能做得更深入一些。”

目前，中国面临的“不平衡不充分”发展的问题显然已经超越了经济范畴，在关乎国计民生的层面展现开来。医疗、教育、住房、老龄化，这些与每个人的切身利益息息相关的话题，都是国家发展研究院研究的题目。

在不超过 20 年之前，公立医疗体系支撑了这个国家 10 多亿人口的生老病死，但与这套体系并存的现实是：医疗资源分配极其不均衡，绝大多数农村人口未被纳入医保体系，医疗体系超负荷运转。与之相伴的是中国人口提前进入老龄化，未富先老对医保制度提出了更高的要求。医疗改革讨论多年，终难落子。

客观而言，过往几十年，中国的教育体系是成功的：培养了改革开放必需的具备基本技能的成规模的生产者，保持了社会向上流动渠道的畅通，中国的科研实力从完全空白到发射载人飞船，建立起了现代化的工业体系。但这个过程中，围绕“人”这个个体发展的研究并不充分。包括姚洋教授倡导的“十二年制义务教育”在内的一系列教育改革的思路都意味着教育体系存在巨大的提升空间，并且教育体系与国民财富分配高度相关。

20 世纪 90 年代开始的住房商品化客观上提升了民众的居住水平，但由此引发的宏观和微观社会问题甚至改变着中国人数千年来的公序良俗。住房问题牵扯到金融体系的安全性、各级政府的财政、经济体系等问题，这些都不是哪一个政府部门可以单方面解决的。因此，房地产也是改革开放 40 年来最频繁采取强制性措施的行业。

1980 年 9 月 25 日，中共中央发表了《关于控制我国人口增长问题致全体共产党员、共青团员的公开信》，明确提倡“一对夫妇只生育一个孩子”，号召党团员带头执行计划生育，开始全面推行计划生育政策。2016 年 1 月 1 日，中国全面放开二孩政策，但这并未带来期待中的生育率上升，而残酷的现实是，中国社会正在跑步进入老龄化社会，由此带来的增长、养老、医疗、社会伦理问题已经开始显现。

从最初的中国经济研究中心到现在的国家发展研究院，它从来都不只是一个坐在书斋里做学问的机构，许多教授、学者都参与了政策咨询与制定的过程。做学问一方面是要到一线去看社会的真实状况，另一方面要能通过机制与政策改善一线的社会现实，这是国家发展研究院的智库角色正在做的。放诸更广阔的视野，国家发展研究院的南南学院则是在国际层面，把中国的经验介绍给更多发展中国家，帮助他们实现脱离贫困、过上体面生活的梦想。

在接受《人民日报》采访时，姚洋教授这样介绍南南学院：中国作为发展中国家，中国的发展经验和他们（以非洲国家为主）的现实国情更加契合，由中国来讲述自己改革开放、发展经济的经验，他们更容易感同身受，这些经验也更具有指导意义。

2015 年 9 月 26 日，习近平总书记在纽约联合国总部出席并主持南南合作圆桌会议时宣布设立南南学院。南南学院全称是“南南合作与发展学院”。2016 年 4 月 29 日，北京大学南南合作与发展学院挂牌成立仪式在北京大学国家发展研究院朗润园举行。这标志着中国参与南南合作的方式从资金与工程支持转向发展智慧与发展理念的交流。

南南合作组织是联合国非常重要的一个组织，在发展中国家互相帮助、共同战胜贫穷与落后的路上发挥着重要作用。发展中国家之间交流发展理念、总结发展规律，越来越成为这些国家的迫切需要。“中国经验就其实践层面，具有重大价值。在人类历史上，解决如此庞大人口的生存和发展问题，是一个了不起的成绩。成立南南学院是把中国经验上升到理论层面，然后向其他发展中国家传输的一个非常重要的举措。当然有质疑者认为，每个国家的具体情况千差万别，一个国家的经验怎么可能复制到其他国家。这个过程中，我们设置了一个底线——我们教给学生的是根据中国经验总结出来的一般化的规律，至于他们如何运用到自己的国家，那是学员的事。”

中国讲“镜鉴”。其实，来自其他国家的任何观察者和学习者都可以把中国视作一面镜子。

发展才是硬道理，中国改革开放进程中的务实主义态度无疑是第一步。很多国家并非没有决心，但在起步时就陷入了意识形态之争，从新自由主义到社会主义反复拉锯。中国曾经也出现过“姓资还是姓社”的争论，在那之后，“让一部分人先富裕起来”“不管黄猫黑猫，只要捉住老鼠就是好猫”等“拐大弯”的思想成为社会共识。这种情况在今日之非洲同样存在，埃塞俄比亚、乌干达、肯尼亚这些东非国家的执政党比较强大，能够像中国一样高效地发布政策法规并将其贯彻执行下去，并且因此取得了相当不错的效果。但这也被国际社会的一些舆论称为是仿效中国，甚至被认为是“危险的”，由此产生不小的争论。但在激烈的争论背后，我们应当看到，这些仿效中国路径的国家国民经济发展起来了，人民的生活得到了切实的改善。对于有志于像中国一样创造“奇迹”的贫困国家来说，务实主义的态度是采取一切具体改革措施的根基。

姚洋教授认为，对于这些处于贫困中的国家来说，第二步就是政府应该如何摆脱利益集团的束缚。过于复杂、动荡的利益纠葛会令政府无法做长期的规划，被利益集团绑架的政府更是时刻存在被替换的危险，最后的结果可能就是政府被瓜分掉，发展更无从谈起。20 世纪 80 年代在燕园求学时就感受到了中国波澜壮阔的改革风气的姚洋教授分析：“中国改革开放 40 年的故事绝不仅是在经济这一方面的成功——经济领域的数字显而易见、物质生活的改善也可以触摸得到，但这背后其实是从思想意识到行为方式的系统性的变革。南南学院的学员来这里学习的不是中国制定了什么样的政策、确定了哪些行业优先发展，每个国家都有各自的历史、各自的政治体制、各自的社会条件，资源禀赋也都不一样，简单模仿当然不具备适用性。反倒是中国为改革开放所做的体系创建工作是他们可以借鉴学习的。”

跨越地理与文化的差异，南南学院之所以会对目前仍处于贫困阶段的发展中国家的年轻官员产生如此之大的吸引力，中国改革开放40年以来的成功故事本身就是最好的原因，这个堪称“奇迹”的故事给后来者带来了信心，鼓舞着、吸引着每一个希望为自己的国家有所贡献的年轻人，无论肤色或种族。此外，国家发展研究院的这批世界顶尖级学者本身具备扎实的理论功底，对世界有足够的了解，而且他们还亲历甚至亲身参与了中国改革开放若干重大政策的制定与决策，这样一批“研究中国与世界几十年的引路人”的号召力与中国自身的发展故事构成了无与伦比的吸引力。

“另一方面，这些学员也是国家发展研究院收获的财富，他们聪明、自信，对自己的国家有担当、有责任，老师也会从他们身上学到很多。2018年秋季，我们会招收攻读国家发展研究方向博士学位的中国官员，他们将与来自发展中国家的学生一起完成博士学位的学习。其实，不只是非洲、拉丁美洲的发展中国家，即使是中国也急缺懂理论、懂国际发展，又具备实际操作经验和能力的官员。这恰恰是国家发展研究院的优势，它能够在全球范围内把有这方面优势的优秀人才聚集在一起，为他们提供学习和交流的平台，能够产生更多的协同、理解与互信。这是中国的国家方略，也是在世界政经界非常独特的一项创举。”

赵耀辉

第三章 老去的中国与改革的下半程

2015年10月29日，中国共产党第十八届中央委员会第五次全体会议闭幕，全体会议审议通过了“十三五”规划建议。全体会议提出，坚持计划生育的基本国策，完善人口发展战略，“全面实施一对夫妇可生育两个孩子政策”。专家预测，2030年左右或现人口峰值14.5亿。

然而，北京大学国家发展研究院教授、中国社会科学调查中心副主任、“中国健康与养老追踪调查”（CHARLS）项目负责人赵耀辉认为，全面放开二胎政策对于缓解中国人口老龄化的作用有限：目前中国20~59岁之间的人口和60岁及以上人口的比例在5∶1左右，但是到了2050年，这一比值会下降到1.4，这也意味着在生育政策不改变的情况下，到2050年，中国的老年人口抚养比会下降到1.4，中国社会将面临巨大的养老压力。

被政策制定者寄予厚望的全面放开二胎能够在一定程度上缓解人口老龄化的趋势，但必须正视的事实是，目前中国的实际生育率很低，学界公认的数字是在1.5以下。全面放开二胎政策如果能使生育率回升到 1.8，那么将会在一定程度上缓解老龄化。

但是，目前年轻人的生育意愿并不强烈，全面放开二胎政策不会迎来期待中的人口大幅增长。生育二胎需要一定的经济成本，同时女性也有自身事业发展方面的考虑。英国等国家曾推出诸多鼓励生育的优惠政策，但是收效甚微。因此，赵耀辉教授建议中国的人口政策要尽快从计划生育转变到鼓励生育，同时配套相应的税收和教育优惠政策，促进中国人口的发展。

在赵耀辉教授看来，全面放开二胎未超出此前学界和业界的预期，老龄化的后果之一就是老年抚养比上升。所谓“抚养比”，是指被抚养老年人口（64 岁及以上人口）与工作年龄人口（15~64 岁人口）之比。中国连年下降的生育率进一步加快了老龄化速度：在人口规模恒定不变的情况下，青壮年人口减少、老年人寿命延长意味着老龄化问题越发严重，尤其是中国这样典型的“未富先老”“未老先衰”的国家，面对的挑战就更大了。赵耀辉教授指出：“生育率目前是全世界都关心的问题，将来常态的生育率到底如何，谁都很难下一个论断，比如欧洲长期以来的生育率都非常低，但是最近有一些反弹，因为原来计划在 30 岁前就完成生育、没生的话索性放弃生育的那部分女性在 40 岁甚至 50 岁后反倒又开始生育了。所以，以一生为轴，生育率也许并不像我们原来想象的那么悲观。在这种情况下，如何设计、规划养老政策，整个社会又该做哪些经济、文化和心理方面的准备，的确是需要周密考虑的。”

健康的老龄化

中国从2000年人口普查正式进入老龄化社会，标志有两个：一是65岁以上人口占比达7%，二是60岁以上人口占比达10%。这是国际上普遍的判断老龄化的两个指标。

此后的历次人口普查或人口调查均发现老龄化的程度在继续加深，老龄化的速度在加快。根据联合国2010年修订的中等出生率预测方案，中国人口总数很快将进入下降阶段，但无论是以60岁、65岁还是80岁以上定义老龄人口，都可看出老龄人口在人群中占比由中华人民共和国成立后50年间的基本持平到自2000年以来的加速上升趋势，至2050年，60岁以上人口将超过1/3，65岁以上人口将达25%，这是一个非常快速的老龄化趋势。

老龄化加速是低出生率与低死亡率共同作用的结果。随着经济的发展、药物的研发与医疗和卫生条件的改善，人口的死亡率大幅下降，预期寿命延长。中国人口基数庞大，这就使得老龄化不仅是比例问题，而且是人口数量问题。至2050年，中国65岁以上老年人口将达3.3亿，并且高龄老年人口增长速度最快，中国80岁以上老年人口可能超过1亿，而在100年前，全球老年人口不超过1 400万。

2017年年末中国大陆总人口（包括31个省、自治区、直辖市和中国人民解放军现役军人，不包括香港、澳门特别行政区和台湾以及海外华侨）139 008万，比上年年末增加737万。从年龄构成看，16~59 周岁的劳动年龄人口为 90 199 万，占总人口的比重为 64.9%；60 周岁及以上人口为 24 090 万，占总人口的比重为 17.3%，其中 65 周岁及以上人口为 15 831 万，占总人口的比重为 11.4%。

引自国家统计局公布数据

由于中国实行了严格的计划生育政策，以及人们的寿命不断延长，中国在经济发展的早期就面临了严重的人口老龄化问题，这导致可以供养老年人的财力非常有限。未来，生育率大幅下降将导致老年人的子女数量急剧减少，同时子女越来越多地外出寻找就业机会，维持老年人的生活福利将变得越发富有挑战。

2008 年，中国国家自然科学基金委员会资助的数据采集项目“中国健康与养老追踪调查”开始在甘肃和浙江两省进行预调查，共得到来自 1 570 个家庭的 2 658 份个体样本，85% 的回收率给项目开了一个好头。以预调查的成果为基础，2011 年，覆盖 150 个县级单位、450 个村级单位、约 1 万户家庭中的 1.7 万人的“中国健康与养老追踪调查”项目正式启动。

作为“中国健康与养老追踪调查”项目的总负责人，赵耀辉教授说，这个项目会搜集一套代表中国 45 岁及以上中老年人家庭和个人的高质量微观数据，包括个人基本信息、家庭结构和经济支持、健康状况、体格测量、医疗服务利用和医疗保险、工作、退休和养老金、收入、消费、资产、社区基本情况等，用以分析中国人口老龄化问题。上述 1.7 万人的样本将每两年追踪一次，调查结束一年后，数据将对学术界免费公开。

对老龄化问题的关注近年来持续升温，但在赵耀辉教授看来，这个热来得太晚，而且还不够。早在20世纪80年代，计划生育政策刚刚开始实施之时，人口学界和经济学界就已经预测到中国“老”的势头会来得很快，但在发展与可持续发展之间，老龄化成为“国家愿意付的一个代价”，几代人亦为此改变了生存形态，但是，这一代的人口政策往往要过好几代才能真正显现效果。如果政府能够更早地意识到，并且尊重规律，老龄化的压力也许就不会像今天这样巨大。赵耀辉教授说：“从更长远的角度来说，资源与人口之间也并非我们原以为的‘人口必然挤占资源’的关系。林毅夫教授和我的导师约翰逊教授很早就论证了人口与资源的关系，要相信人类自身的创造力。”

早在20世纪80年代初，时任国家计划委员会主任的宋平就提出了人口老龄化问题。1985年国家计划委员会计划会议过后，宋平主任指示劳动局组织力量进行调研，并派队分赴江苏、上海、福建、广东等地深入考察。1986年9月，国家计划委员会首次就“人口老龄化与养老保险制度改革问题”举行专家讨论会。1989年12月2日，已升任中共中央政治局常务委员会委员的宋平在“中国人口老龄化国际学术讨论会”上致辞时说，人口老龄化是关乎人类社会和经济发展的重要问题之一。中国是发展中国家，当前在人口问题上首要的仍然是大力控制人口的数量增长，认真贯彻计划生育基本国策，然而在生育率有所控制之后，人口的年龄结构就要发生变动，事实上自20世纪70年代以来，中国人口年龄结构已由年轻型过渡到成年型初期，根据预测，20世纪末将进入老年型，到21世纪三四十年代进入老龄化严重阶段。

自1990年起，宋平兼任中国计划生育协会会长，并于次年向党中央建议每年全国人大、政协会议期间召开人口资源工作座谈会。对老龄化问题的研究开始得如此之早，依旧未能改变25年前的预测，即“21世纪三四十年代进入老龄化严重阶段”。一个很重要的原因是农村过去几乎不存在养老和社会保障的概念。农村老年人只要干得动就一直在劳作，干到七八十岁，然后在很短的时间内生病离世，国家负担的只是城市职工的养老。这样算下来老年人几乎是不需要“养”的，所以也没有多少负担，但中国最近20年的城镇化进程堪称世界奇迹，大量原来依靠土地生活的人口进城的结果就是财政的养老负担越来越重。

中国的情况绝非孤例。20世纪70年代，美国最先成立了美国国家老龄化研究所（NIA），时隔半个世纪，银发浪潮袭来，不能不说当时成立这样一个机构是非常有远见的举措，随后全球各个国家开展的老龄化研究和相关老龄化政策出台均或多或少地借鉴了美国国家老龄化研究所的经验。美国国家老龄化研究所研究与老年人相关的各种社会问题、老年人自身的生理性疾病以及两者之间互相作用的机制。自1992年起，美国国家老龄化研究所开始在全球范围内资助一系列围绕老龄化进行的调查。除了中国国家自然科学基金委员会外，美国国家老龄化研究所也是“中国健康与养老追踪调查”项目的资助方。

截至2016年年底，“中国健康与养老追踪调查”用户数达

18 456 人，其中中国占 89%，其次是美国、英国；从国内的院校分布来看，来自北京大学的用户占比最高，来自其他学校的用户也很多；从国外的院校分布来看，占比前三的分别是南加州大学、哈佛大学、哥伦比亚大学。此外，“中国健康与养老追踪调查”数据的发表成果非常多，中英文论文的发表量均迅速增长。

赵耀辉教授坦承，即便“中国健康与养老追踪调查”项目短时间内就取得了如此令人瞩目的成绩，但因为老龄化是一个极其漫长的过程，所以每次调查数据结果呈现出的都只是微小的变化。“中国健康与养老追踪调查”的价值在于长期累积并有针对性地进行各种相关分析，这是一个潜移默化的过程，很难预测究竟哪一个指标会产生轰动性效应、影响到政策。

实际上，老龄化的背后是生育、就业、收入等一系列与每个社会个体的生活休戚相关的话题。赵耀辉教授说：“尽管很多人担心人口老龄化会对经济发展产生负面影响，政府的重视和全社会的关注让人感觉像如临大敌，但两者之间的关系也非必然。老龄化的结果如何，在很大程度上取决于能否实现‘健康老龄化’，以及经济政策能否针对老龄化社会的形势进行调整。归根结底，这是一门真正的‘和人的关系比较近’的学科。”

实现“健康老龄化”是老龄化研究在全世界范围内开展近半个世纪以来的目标。如果老年人可以健康地生活，那么他们的护理需求就会减少，同时还可以保持较高的生产力为社会做贡献。政策如果能够实现调整，帮助老年人比较容易地搬到子女工作地居住，那么子女就能在不影响工作的同时照顾父母，这无疑是一个兼顾中国养老传统和当前社会经济现实状况的解决方案。

在宏观经济层面，中国连续 39 年保持年均近 10% 的高速增长状态，在这个过程中，很多发达国家耗费数百年才渐次遇到的问题集中涌现——工业化和城镇化叠加导致大规模人口迁徙加速，中国人传统的生老病死的一生也因此发生了剧烈的变化。“活到老，干到老”的农村人口和退休即意味着彻底退出就业市场的城镇人口，都不再遵从原先的生活轨迹。赵耀辉教授指出：“我们想看看人们的退休过程究竟是怎样的，如何从青壮年时期的完全就业到 40 多岁开始过渡至退休后的完全不就业状态。研究这个过程必须掌握这背后的影响因素，包括：这个人现在在什么样的单位工作？其所处环境中影响他就业或者退休的因素是什么？他有几个子女？他和子女的关系怎么样？他的退休会给家庭经济收入和支出，以及家庭生活方式带来哪些影响？”

世界上也许没有哪个国家会像中国这样，决策者制定政策时受到如此多的掣肘，而如此复杂的环境无疑也对研究提出了更大的挑战。同样的健康老龄化研究，中国的问卷可能比其他国家更复杂，一份问卷的长度和调研难度也远超其他类似的调研：中国是唯一一个存在国有、集体和民营这种划分的国家，其他国家也不会有内退、买断、早退等不同的退休形式。在不同的退休形式下，如何与养老金绑定或与各种养老保险绑定？更大的难点在于城乡二元差异。

担任国务院国家医改专家咨询委员会委员的刘国恩教授在研究国家医疗经费支出时发现：老年人的医疗花费在生命的最后几年迅速上升，这段时间的投入不仅给国家和家庭带来了压力，而且令老年人的身心遭受巨大的折磨。图 3–1 所示为 60 岁及以上老年人自报健康状况。就生命尊严而言，让每个人都能够享有健康的老年时光，体面地度过生命最后的岁月是政府职能的体现，更是社会文明的进步。如果未来老年人的健康状况没有得到显著改善，那么随着中国快速老龄化的发生，为老年人提供照料和医疗保障可能会成为一项重大挑战。在发达国家，伴随着人口老龄化的进程，健康生命年限有所延长，残障生命年限有所缩短，这都有助于缓解与老龄化相关的医疗和护理成本的上涨。

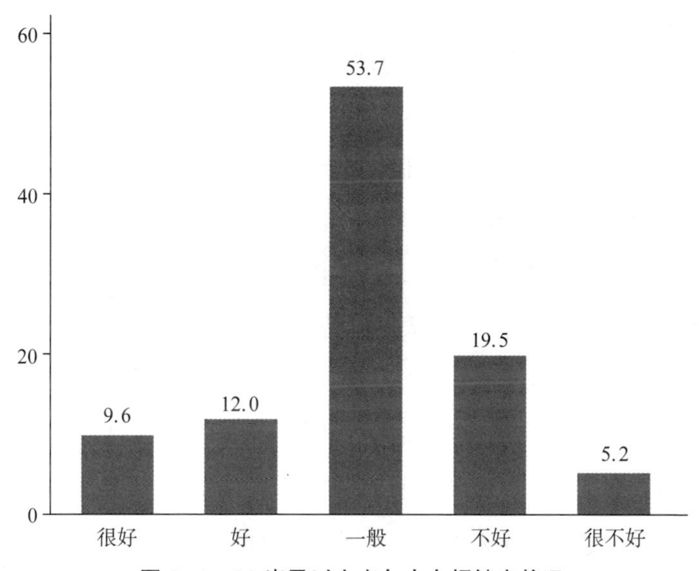

图 3–1　60 岁及以上老年人自报健康状况

“中国健康与养老追踪调查”项目多年追踪同一个人，观察其在退休过程、健康变化过程、居住安排等各个方面的变化以获得追踪数据，相比重复的横截面数据，更有利于分析因果关系。未来“中国健康与养老追踪调查”项目将提供时间跨度更大的微观健康养老数据，对于宏观管理与公共政策研究具有巨大的价值。尤其是在中国这个世界上人口最多的国家开展一项规模如此大的调查研究，随着未来研究成果的不断增加，其带给中国和世界的价值都值得期待。

养老与社会文明

2 000 多年前的古罗马政治家、元老院元老西塞罗曾经写下一篇《论老年》，他平静地告诉 2 000 年后的人类，生命的最后一幕（死亡）的确是不可避免的，正如林间的果子和田野里的庄稼最终都要掉落和枯萎一样，“接近死亡的‘成熟’阶段非常可爱。越接近死亡，我越觉得我好像经历了一段很长的旅程，最后见到了陆地，我乘坐的船就要在我故乡的港口靠岸了”，“完成人生伟大的事业靠的不是体力、活动或身体的灵活性，而是深思熟虑、性格、意见的表达。关于这些品质和能力，老年人不但没有丧失，反而益发增强了”。

老之将至，无法积极工作、年老体衰、无法享受生命的乐趣以及死亡临近，众多现实问题是每个人都无法逃避的。从社会整体角度来看，关爱老人、保障每个在这个体制下的人维持最基本的生存是政府的义务，更是人类社会对同类应有的关怀。近年来，政府已经在扩大社会养老保险覆盖范围上取得了很大的进展，各种惠及大众的民生政策接连出台，覆盖医疗、养老、失业救济等方面。国家财政在这些领域的投入连年增加。至少在 20 世纪 80 年代计划生育政策实施之初，没有人能预测到如今这样一种情形：不仅是人数日益增长的城镇职工的养老得到保障，就连农村医疗和农村养老，政府也设计了种种制度。

人力资源社会保障部副部长游钧表示，2017年，中国基本养老保险覆盖超过9亿人，企业退休人员基本养老金水平实现“十三连调”，企业和机关事业单位退休人员基本养老金同步调整，1亿多名退休人员受益。城乡居vv民人均月养老金超过120元（见表3–1）。尽管这个数据较早前已有很大提升，尤其是原先几乎没有任何养老保险覆盖、平均生活水平较低和贫困率较高的农村人口也逐渐得到了保险覆盖，但其覆盖率远低于城镇人口仍是值得关注的现实。

表3–1　60岁及以上老年人领取养老金情况

养老金种类	覆盖率（%）	养老金中位数（元）	养老金占人均支出的比例（%）
高龄老人养老补贴	3.6	720	19.1
新型农村社会养老保险	18.2	720	21.0
城镇及其他居民养老保险	14.4	1 200	38.7
企业职工基本养老保险	10.7	18 000	192.9
企业职工补充养老保险	1.2	13200	169.7
政府或事业机构的养老保险	10.9	24 000	242.2
商业养老保险	0.3	14 400	106.1
其他养老保险	2.7	9 600	150.7

“概括来说就是，新型农村社会养老保险发放的养老金非常少，政府或企业提供的养老金非常多。不同养老保险项目提供的福利水平差异非常大，而且各个门类的保险彼此又高度分割，根本无法转

移，这就直接导致整合各个保险项目以推动劳动力流动变得十分困难，但社会保障是大势所趋，关心弱者、关心穷人是无论穷国还是富国都会做的事情。中国现在进入了向较高收入国家发展的通道，民间慈善团体、社会公益事业得到广泛认同就是进入这个阶段的一个明显标志。从政府义务和公共政策的普世性来说，也不能丢掉弱势群体，不能丢掉农村人口。目前，农村养老还处于特别低的层次，要在养老、医疗、教育和最低保障方面给农村人口同等权利，这已经是社会共识。”尽管赵耀辉教授是养老保险范围扩大与水平提升的坚决拥护者，但她也指出目前政策实施过程中仍存在一些问题。

未富先老，即国家财政实力还不足以支撑如此之大的保险覆盖——前30年高速的经济增长周期结束，7%甚至5%~6%的增速将是“经济新常态”，中国经济进入“低位下行周期”已经得到普遍认同；另外，人均寿命普遍延长，根据国家统计局的数据，2015年，中国人口平均预期寿命达到76.34岁，比2010年的74.83岁延长了1.51岁。人口寿命的延长意味着养老金的支出时间也在不断延长。养老金收入端可预见的增长减速和支出端可预见的增长加速势必造成巨大的资金缺口。

这种增长的不匹配也正是老龄化社会的隐忧，与经济生活中的通货膨胀、失业率、贸易失衡、汇率失衡等问题相比，应对老龄化社会挑战的难度要大得多，只因对手太强大——时间。赵耀辉教授说：“人口问题是一个特别长期的问题，至少需要几代人的代际更替。我们对老龄化社会反应得太晚，而这其中的变量又并非仅是经济因素所能决定的。所幸，从单独二孩到全面放开二胎，乃至传闻已久的全面放开生育政策，可以看到政府为缓解老龄化做出的努力。”

延迟退休，你愿意吗

自中国共产党第十八届中央委员会第三次全体会议通过的《中共中央关于全面深化改革若干重大问题的决定》（以下简称《决定》）提出“研究制定渐进式延迟退休年龄政策”以来，“渐进式延迟”等围绕延迟退休的提法就进入了公共话题的讨论范围。尽管学者们普遍认为“渐进式延迟”的方式“还不够”，但《中国青年报》刊登文章称，万人民意调查显示，94.5%的受访者反对延迟退休；新浪网针对延迟退休的网络调查中，填写问卷接受调查的近4万名网友中反对比例更高达95.8%，这个比例甚至比有7万人参与的2013年6月的调查中93.4%的反对比例还要高。

即便是学界，意见也不统一。中国社会科学院学者唐钧旗帜鲜明地反对延迟退休：不利于社会公平，尤其不利于普通劳动者和低收入群体；加剧年轻人的就业压力；社保制度应该建立个人缴费与退休待遇密切相关的机理机制，强调补偿和返还，因此，“养老金支付缺口”更不应成为延迟退休的理由。就中国劳动力构成的现状来看，与发达国家中白领占劳动力多数的情况不同，中国的蓝领工人占到60%~70%，这部分人群的劳动能力随着年龄的增长而迅速衰减。假使以目前中国人均寿命74岁计，退休年龄从现行的60岁提高到65岁，则意味着这个人只有9年的时间享受没有工作压力的老年生活——联系到老年人疾病多发生在离世前几年的高龄阶段，可以预见 65 岁退休将大大降低老龄人口的晚年生活质量。

全国社会保障基金理事会党组书记戴相龙在 2013 年曾对媒体表示，建议退休年龄每 5 年增加 1 岁，这样，到 20 多年后，中国男性退休年龄可能从现在的 60 岁延长到 65 岁，相当于发达国家现在的退休年龄，“延长退休年龄不仅是为了养老金的收支平衡，而且是为了让有条件的劳动者更好地为社会服务”。掌管着十几亿人养老钱的全国社会保障基金理事会其实也并非一个被动的账户看管人，自成立以来，在一级市场、二级市场动作频仍，寻找各种稳妥的办法实现 8 万亿元社会保障基金的保值增值，但巨大的资金缺口怎么看都令社会保障基金捉襟见肘。

此次《决定》的提法引起轩然大波并不令人意外。实际上，早在 2004 年，政府部门就曾经吹过风，试探公众对延迟退休的反应。10 年来，延迟退休屡屡被提及，从未被正视。赵耀辉教授分析：“因为都不敢动，讨论来讨论去，老百姓的阻力可以理解，牵扯的利益太大，几乎涉及每个中国人。这次敢于提出比较细化的方案，可以理解为某些现实因素的压力和一些客观条件的成熟双重作用的推动结果。”

中国城镇退休制度自 20 世纪 50 年代规定男性 60 岁退休，女性工人 50 岁、女性干部 55 岁退休以来，退休年龄一直没有调整过，而 60 多年来的人口预期寿命已经延长了将近 30 岁。根据人口学界的预测，预期寿命的延长趋势没有减缓，还将维持接近线性增长的趋势。这意味着，如果不调整退休年龄，城镇社会保障体系内退休职工人数与在职职工人数的比值将不断上升，给城镇社会保障体系带来巨大的压力。

过去 20 余年间，城镇化进程引发大规模的人口从农村向城镇流动，大量农村年轻劳动力进城，形成巨大的“劳动力红利”，虽然中国人口快速老龄化，但是对城镇社会保障体系的冲击并不大。这部分新进城的年轻劳动力加入城镇社会保障体系缴费的职工队伍中，因此在城镇社会保障体系内，退休职工相对于缴费职工的比率上升的幅度远远小于整体人口中老年人相对于年轻人的比率上升的幅度。

但是，目前中国的城镇化率已经超过 50%，随着农村剩余年轻劳动力的枯竭，“劳动力红利”将不复存在。未来几十年内，城镇社会保障体系内职工老龄化的速度将远远超过整体人口老龄化的速度。这是因为进城的农村户籍的工人虽然现在是年轻人，但是几十年后将达到退休年龄，成为城镇社会保障体系中领取养老金的一方。因此，如果维持目前的退休年龄和养老金水平，在职职工缴费的比例将被迫快速上升。

上述当然是人力资源和社会保障部“十年磨一剑”，终于推出延迟退休细化方案的现实压力。“但政府的政策必须具备可实施的条件，延迟退休的一个前提条件是健康状况允许。如果以 1982 年中国 60 岁人口的死亡率作为健康的度量，到 2005 年同样的死亡率则要推迟至六十六七岁的人身上，延长了六七岁。从发达国家的数据来看，老年人的残障率一直处于下降趋势，这与用死亡率度量的健康年限延长的趋势是吻合的，中国应该也不例外。”赵耀辉教授这样说。

此外，老年人愿意延迟退休，还必须考虑就业市场的局面。原先规模既定的劳动力市场会不会因部分原计划退出而未退出的人群存在，对年轻人群的工作机会形成挤压？2013 年 4 月戴相龙刚刚对媒体谈及延迟退休的设想，人力资源和社会保障部旋即在 6 月表达了搁置延迟退休的思路。

人力资源和社会保障部对外公布的数据显示，中国 20~59 岁就业年龄组人口将在 2020 年达到 8.31 亿的峰值。自 2013 年起的 5 年里，高校毕业生就业规模保持在年均 700 万人左右，约占每年新进人力资源市场劳动力的一半，再加上中等职业院校毕业生、城镇未能升学的初高中毕业生和退役士兵，总量为近 1 600 万人，青年就业压力巨大。在 2013 年“史上最难就业季”的背景下，搁置延迟退休顺理成章。

赵耀辉教授认同未来一段时间中国仍将承受巨大的就业增长压力，但她并不认同延迟退休将导致年轻人失业的推论，她说：“这是一个错误的观念，错误的根源是机械地理解劳动力市场，认为劳动力市场是一个大小固定的盒子，没有人出去就不会有人进来。与此类似的观念是人口多了，失业率必然升高，鼓吹降低生育率、全球范围内反对移民的人也大多是基于这样的观念，这种观念忽视了生产关系中最重要的一个因素：人的创造力。人本身的创造力会推动科技进步，科技的力量不仅不断创造新的工作机会，而且不断提高人们的生活水平，美国的国家实力之所以能威慑全球，与其源源不断吸纳全世界的优秀人才密不可分。地球承载的人类数量已经翻了无数番，但是失业率没有同步上升。更进一步看，中国在 20 世纪六七十年代经历了两个生育高峰，这两批人目前是劳动力市场的主力，十几年之后，他们逐渐退出劳动力市场，中国的劳动力危机才真正爆发。”

此外，中国的一个现象是各种各样的提前退休。“中国健康与养老追踪调查”项目数据显示，中国城镇职工的实际退休年龄甚至比法定退休年龄还小。在办理退休手续的职工中，30% 左右的女性职工在 49 岁以前退休，而 5% 以上的男性职工在 59 岁以前、30% 左右的男性职工在 55 岁以前就已经办理退休手续。提前退休对养老金给付造成的压力可见一斑。

根据世界各国的经验，提高退休年龄无一例外地遇到政治阻力，因为延迟退休使当事者遭受利益损失。真正成功实现提高退休年龄的国家中也没有哪个是一步到位的。以美国为例，自 20 世纪 80 年代开始，每年往后推一个月，用 35 年的时间将退休年龄从 60 岁调整到现在的 67 岁——老年人自 67 岁起可以足额领取养老金。日本通过修改法律将退休年龄延至 69 岁。英国也在 2013 年年底宣布：英国人领取退休金的年龄将在 21 世纪 40 年代末推迟至 69 岁。

赵耀辉教授表示，一种理想的退休方式是“渐进式退休”，整个人口的退休年龄应该呈现为一条平滑的线，当精力和志趣不在时自主选择自己的退休年龄，而不是在某个时点一刀切。赵耀辉教授说：“影响人们做出退休决定的因素究竟是个体自身的，还是来自制度的？这种制度安排是否使得人们倾向于做出提前退休的选择？以前没有社会保障，大家辛苦工作、积极储蓄、赚钱养老；有了社会保障，人们反而会提早退休，因为他知道不工作的生活也是可以得到保障的。这可以部分解释中国 30% 的职工在法定退休年龄之前即退休的现实。”

为了减小政治阻力，成功的做法是小幅度多次实现退休年龄的提高，减少接近退休年龄的职工的利益损失，但是，采用渐进式提高退休年龄的做法需要防范一个风险，那就是退休年龄提高的速度可能太慢，赶不上预期寿命提高的速度。最好的做法是通过立法把未来退休年龄的提高与预期寿命的增长挂钩，提前几十年规划退休年龄的变化。

社保账户

每年年底都会有一次“社保退保潮”。2013 年的数据是“一年累计 3 800 万人中断缴纳养老保险”，而 2013 年 10 月，李克强总理在中国工会第十六次全国代表大会上提到“现在参加城镇职工养老保险的人数大概是 3 亿多”。

3 800 万占到城镇职工参保人数的一成以上。退保、断缴是一方面，引人担忧的另一方面是社保的空账运行。中国社会科学院世界社保研究中心发布的《中国养老金发展报告 2012》指出，中国社保个人账户空账严重。中国城镇基础养老保险个人账户空账额继 2007 年突破万亿元大关后，2011 年突破 2 万亿元大关，达 2.22 万亿元。不过 4 年时间，个人账户空账额翻番，并且这个数字可能还会继续增大。

在《人民日报》针对退保、断缴潮做的调查中，绝大多数退保者反映，社保异地转移难也是他们放弃社保的重要原因。中国目前有 2.6 亿名农民工，其中 1.5 亿名在城乡间流动，6 000 多万名跨省流动。人力资源和社会保障部社保中心统计数据显示，2011 年全国开具基本养老保险参保缴费凭证以转移接续的人中成功转移的仅占 20%。社保关系转移接续既包括统筹地区社保关系的转移接续，也包括不同制度间的社保关系的衔接，如城乡社保制度间的衔接，不同地区、不同所有制的转出和转入都各有规章。在进城的农民工返回农村或者换了工作城市之后，很多人宁可把个人账户中的钱（不到社保缴费总额的 30%）提取出来，而损失剩余的 70%，也不愿意把钱留在曾经的工作地，这就是一个例证。

在覆盖面和资金面之外，赵耀辉教授还指出中国社保面临的另一个局面："目前，我国城镇职工养老保险的缴费率是 28%，这在国际上是位于前列的水平。近年来，随着劳工成本的不断提升，我国企业的竞争优势逐步丧失，中国早已不再是世界上劳动力价格绝对值最低的国家，这当然是我国经济发展转型、调整经济结构的必然结果。对企业界来说，这当然也大大增加了企业的用工成本，客观上造成了职工实际收入水平下降。退保、断缴很重要的一个原因就是缴费者看不到缴费后可以获得的利益。"

现实是，社保缴纳额个人账户上 8% 的资金，政府比照同期银行存款活期利率计算利息。当然，个人账户的收益也注定为负——加入通货膨胀因素后更是贬值的。20% 统筹部分的回报率理论上应该至少与职工工资增长率保持平衡，才足以兑现 60% 的替代率，而中国的一个棘手问题则是抚养比会节节攀升，这就要求统筹账户有更高的收益率。

据全国社会保障基金理事会理事长戴相龙 2012 年年底在“中国社会科学院社会保障国际论坛”上披露的数字：截至 2011 年年底，中国城镇职工基本养老保险基金累计结存 19 497 亿元，企业年金累计结存 3 570 亿元，新型农村社会养老保险基金结存 1 199 亿元，主要用于养老支出的全国社会保障基金权益 7 728 亿元，合计约 3.2 万亿元。今后，上列各类基金的留存会越来越多，基金的保值增值越来越重要。赵耀辉教授说：“在以上养老金中，企业年金已由企业委托市场上各种投资机构投资运营，全国社会保障基金已由全国社会保障基金理事会投资运营，都获得较好收益。城镇职工基本养老保险基金由省级社会保障部门管理，按国务院 1997 年的有关规定，只能用于购买国债或存入银行。10 年累计年均投资收益率低于同期通货膨胀率。”

赵耀辉教授认为，适时适当降低社会保险费率，完善社保关系转移接续政策，扩大参保缴费覆盖面是解决上述问题的根本方法。她说：“降低社会保险费率的短期途径是严格执行既定的退休年龄政策，这样既可以减少因提前退休带来的额外支出，又可以通过对这些职工的工作收入征缴社保增加社保收入。实际上，很多提前退休的职工并没有真正退休，而是继续在其他岗位上工作，因其退休职工的身份而不用缴纳社保，这对个人和雇主来说都是好事。长期来看，如果全部社保缴费进入个人账户，并且按照市场付息，那么要保证目前社保许诺的保障水平（60% 的替代率），社会保险费率只需要 10%。”

如果个人和单位的缴费都记在个人名下，并且能够得到市场利息，那么提前退休的成本，也就是减少账户积累的后果，将完全由个人承担，这样个人将没有积极性退保或者不缴费；如果所有职工都以实际的工资水平参与社保，缴费率可以降低。目前缴费率很高的原因之一是有很多规避行为。因为只有部分人缴费，所以社会保险费率才不得不定得比较高，过高的社会保险费率又会进一步遏制职工缴费和续保的积极性。如此恶性循环，形成死结。赵耀辉教授说："尽管《决定》没有明确提出具体的实施方案，但提出了要'完善个人账户制度，健全多缴多得激励机制，确保参保人权益'。"

假使真能实现记在个人名下，则社保关系转移接续高达 80% 的失败和流失率亦可避免，更大的价值还在于，老年人迁徙到子女所在地异地养老的难度将大大降低。目前的局面是，统筹账户或者个人账户都由地方管理，大多数是由市级政府管理的，这与每年近 3 亿人口的劳动力流动形势极不匹配。

赵耀辉教授亦承认，个人账户具有保障积极性、便于统筹、便于携带的优点，可以把社会保险的利益从地方政府剥离出来，降低风险，应该是进一步改革的方向，但个人账户没有再分配的功能，一小部分终生收入很低或者没有收入的人在老年时将陷入贫困。

与城镇职工相比，农村人口（尤其是老年人口）的养老状况就更不乐观了。2009 年开始的新型农村社会养老保险为农村户籍 60 岁以上老年人每月可领取政府发放的 55 元，在经济发达地区，这个数额还会更高些，此外老年人就要依靠子女。赵耀辉教授说："20 世纪 90 年代初，当时的民政部曾经做了一个农村社会养老的方案，但没能推行多久就终止了，尽管是完全记在个人名下，但主要是个人缴费，类似强制储蓄，没有调动农民参与的积极性。现在的新型农村社会养老保险不仅记在个人名下，采取的是个人缴费、集体补助和政府补贴相结合的方式，而且国家还在力推，资助力度很大，每人每月至少可以领取 55 元。虽然个人也需要缴费，但其所缴低于实际所得，这样农民就愿意参加。”

国家应该承担公民养老的责任，至少从更大的范围上来说，国家救助的效率要远远高于个体，覆盖也会更全面，但显而易见的事实是，无论是城镇职工的社保空账运行，还是新型农村社会养老保险的普遍政府补贴，都必须是可持续的。

中国基本养老保险基金的规模巨大，2018 年上半年总收入为 2.55 万亿元。体量如此巨大的基金如何实现保值增值，是所有养老计划必须解决的可持续性问题。

从其他国家的养老模式来看，个人账户资金由个人选择养老金投资管理公司进行投资管理运营是一种普遍模式，但是中国的个人账户涉及 2 亿多名职工，人均记账资金 1 万多元，短期内很难找到数量充足、质量过关的投资管理公司承接如此庞大的资金量，而且这部分资金对安全性的要求相当苛刻，远高于其他来源的资金。现实情况是，中国的金融市场才刚刚发展，其广度和深度尚不足以满足如此体量的资金投资需求。数千亿元规模的企业年金入市已经讨论多年，至今未见实际操作方案出台，足可见养老资金投资之难。

2000 年成立的全国社会保障基金理事会被媒体称作解决万亿元养老资金缺口的“王牌”，至 2017 年，其管理的资产规模达到 2 万亿元。全国社会保障基金理事会原副理事长王忠民在 2018 年 5 月参加活动时表示，社会保障基金从成立到现在 18 年间，年化收益率是 8.4% 左右，比通货膨胀率高出 6 个百分点。“跑得过 CPI，却跑不过数万亿元养老金缺口”成为对中国养老金管理现状最直观的描述。

如何选择城镇职工基本养老金投资运营机构？前有全国社会保障基金“跑赢”CPI 为先导，国务院曾在 2012 年表示：通过新设机构或委托现有机构投资运营的方式提高基本投资收益率，与全国社会保障基金相比，该项资金投资于固定收益产品的比例应更高，投资股票、未上市公司股权和股权投资基金的比例应更低。

赵耀辉教授说：“养老金的投资既要保证安全性，又要实现保值增值的目标，还要满足养老金收支平衡流动性的需要。这个挑战并不单纯是对养老和社会保障系统提出的，需要在顶层设计的构架下调动全社会资源。”

社会化养老：还有多长的路要走

与资金缺口形成的“未富先老”困境相比，如何解决“未老先衰”带来的现实的养老问题，是一个更大的难题。赵耀辉教授记得自己在乔治·华盛顿大学教书时，同事中有和她一样博士毕业之后留美的，只要还在国内的父母一生病，就必须赶快找人帮忙代课，自己跑回国内照顾老人。赵耀辉教授说：“如果子女少，就会面临这样的情况。‘四二一’家庭模式中的‘二’目前处于事业黄金期，但上有老、下有小，双方四位老人的健康问题是他们承受的最大压力。”

“中国健康与养老追踪调查”项目数据显示，子女数目在老年人较年轻组别中显著下降：65 岁及以上的老年人人均有三四个子女，45~49 岁的中年人人均只有不到两个子女。可见未来老年人的平均子女数目将降低，而无子女的老年人比例将上升（目前为 3.3%）。解决老年人的经济问题时，一般是家庭成员通过共同居住或者资助等途径对老年人给予补贴，这部分资金对老年人的消费水平至关重要，尤其是在没有固定退休金的农村。同时，子女和其他家庭成员还要为老年人提供身心方面的照料和支持。可见，未来随着老年人数量的减少，加上更多子女外出就业，如何照料老年人将成为中国人口老龄化社会面临的巨大挑战。赵耀辉教授指出："中国传统上有'养儿防老'的说法，当然现在人普遍也不会这么想了，但目前的情况就是孩子少，中国将来依靠机构养老的比例可能比美国还高。"

就社会资源分配来说，社会化养老也许不失为一种可能的选择。国家发展研究院教授、国务院国家医改专家咨询委员会委员刘国恩教授分析，以目前 60 岁退休、假定 80 岁离世的人均寿命来看，老年人在这 20 年间对健康服务的需求主要有医疗服务和非医疗服务两方面。他说："不能把这两方面混为一谈，更不能说中国未来医疗负担的罪魁祸首就是老龄化带来的问题。我们以一个有些残酷但很现实的例子来看，一位 80 岁的老人和一位 40 岁的中年人都被诊断为癌症晚期，两人要消耗的医疗资源和医疗费用（包括家庭和社会的）相比，一定是 40 岁的中年人多过 80 岁的老年人。产生这个结果有两个原因：中年人生命力旺盛，撑的时间更长，老人到底禁不起病魔的折腾了，这是由生理条件决定的；心理因素方面，家庭和社会动用资源救助病人的力度也一定是理性的，80 岁是高寿了，这个时候离去，大家都是可以接受的，人们必然会付出更大的代价救治 40 岁的病人，当然这个老人我们也要救治。因此，从直接耗费的医疗资源来说，老人并不比年轻人多。”但是，解决起来比较棘手的恰恰是刘国恩教授所说的“非医疗服务”。

迈入老年阶段，人体的各种关节、功能和技能越来越脆弱，在日常起居、活动功能方面都需要照料，而老年人所需的服务 90% 都是这种与医疗关系并不密切的照料服务，真正的缺口也恰恰在这里。如果中国能够建立起比较健全的为老人提供长期护理和照料服务的制度安排，老年人自己的花费及对公共医疗资源的占用必然都会下降很多。如赵耀辉教授根据“中国健康与养老追踪调查”项目得出的结论，康复、护理和养老这种照料型的老年服务将成为主流。

但近期频频见诸媒体的“入住养老院需排队 100 年”的新闻，令“依靠机构实现养老”的设想实现起来异常艰难。以老龄化比较严重的北京市为例，2000 年，北京市 60 岁以上的老年人口约为 117 万；2010 年年底，北京市规划委员会、北京市民政局等部门公布的《北京市养老设施专项规划》中提到，当前北京正以跑步的速度进入老龄社会，老龄化程度日趋严峻，养老形势十分急迫；到了 2017 年年底，60 岁以上的老年人口就达到了 358 万。北京市政府确定了 2020 年“9064”养老发展目标，即到 2020 年，90% 的老年人在社会化服务协助下通过家庭照顾养老，6% 的老年人通过政府购买社会工作服务养老，4% 的老年人入住养老服务机构集中养老。

根据北京民政局的数据，截至 2017 年年底，北京为老年人和残疾人提供服务的机构达到了 654 家，比 2016 年的 607 家多了 47 家，同比增长 7.74%；床位数为 148 569 张，比 2016 年的 132 682 张多了 15 887 张，同比增长 11.97%。这个增速不可谓不快，但在日均新增 450 位 60 岁以上老人的速度下，养老无疑是一场与时间的竞赛。

《公益时报》报社社长刘京曾经向一位北京市属福利院的党委书记了解，是不是排队入住的老人真的像媒体报道的那样要等到 100 年之后才能入住养老院，书记摇摇头，说："不是 100 年，是 160 年。"也就是说，目前在市属公办福利院排队入住的老人要到 160 年之后才能全部消化完毕。因为床位数、可接纳的老人数是固定的，只有空出床位才能接纳新的老人。

自 20 世纪 50 年代起，政府买单的养老体制一直是中国社会养老的主流，原因如下：基本上，政府还是假定老人更倾向于居家养老、子女养老。在 20 世纪 80 年代开始执行严格的计划生育政策之前，每个城乡家庭有三四个孩子是很普遍的现象，完全由政府出资赡养的老年人只限于国家救助对象，比如三无对象。在公办福利院制度建立时，纯粹靠救助的对象还没有那么多，政府也还负担得起。随着中国人寿命的延长、子女养老比例的下降，越来越多的老年人有了入住养老院的需求。这样，公办养老院也会向社会开放一部分名额，这部分老年人缴纳的费用尽管比国家规定的高，但还是比商业的社会化养老院的收费低了很多。这样既能解决一部分社会问题，也能为单纯依靠政府拨款而财务捉襟见肘的公办养老院增加一些收入。

刘京指出："公办的口子即使全打开，也依旧满足不了正常需求。议价部分的收费最近可能还要调整，但老人还是愿意去。因为这些建得早的养老院都是国家直接划拨土地，在市区里，离医院等配套设施近，比较方便；所有固定资产投入也是由国家承担；工作人员是国家事业单位编制，工资由国家负担。养老院最主要的几部分支出几乎都是零成本，因为其招收对象是社会救助的对象，比如五保户。我们做过测算，以目前的物价水平和标准，完全社会化养老，每位老人每月的支出在 1 000 美元以上。”价格如此高昂，但在民政系统工作多年的刘京依旧认为，社会化养老是大势所趋。

中央电视台财经频道《中国经济生活大调查》2014 年的数据显示：超过 1/3（35.1%）的家庭老人养老资金主要来源于子女。人口结构变化会增加未来年轻人的压力。《中国经济生活大调查》项目总负责人姜诗明表示：“在调查开始的最初几年，教育、住房、医疗是每年都会被提及的‘目前您家里的主要困难’，但自 2011 年开始，养老取代住房成为公众面临的主要困难。计划生育政策实施 30 多年了，第一波独生子女的父母退休了。当初制定政策的时候，有没有考虑过 30 年以后怎么办？我们的调查显示，从 2010 年开始，面临养老困难的家庭逐年增加，在收入、就业、医疗、教育和住房等选项中，养老是唯一一个始终保持增长态势的选项。”

养老产业的发展需要大量的资金，单纯依靠国家投入并不现实，这就离不开社会力量的投入。养老产业本身周期长、赢利模式不明确等多方面的原因，导致民间资本即使看到了银发浪潮带来的机会，也不敢轻举妄动。

早在 2012 年，民政部和国家开发银行就曾联合发文，由国家开发银行每年提供不少于 100 亿元的资金用于支持养老产业的发展，通过试点，建立起养老产业投融资体制。刘京说：“解决任何问题，首先政府必须重视，但政府文件只是表明了政策取向，就足以引导资本向这个行业倾斜，所谓顶层设计的作用就体现在这里。”

近年来，各种以养老为名的地产项目陡然增多，不仅有保险公司这样从相关行业进入的，而且有房地产公司挖掘新市场的。多年来，房地产始终处于政策高压下，调控手段连连加码，即便开发商手里有地，项目立项也是难上加难，同时，银行几乎全部叫停了对房地产的贷款，但如果项目与老年人相关，取得建设指标就会相对容易一些，银行也会对与老年人相关的项目另眼相看。即便如此，也难免鱼龙混杂，市场上出现的大量养老地产项目以养老之名行大规模圈地之实，绝大多数远在郊区的养老地产既无配套设施，也无后续项目服务，销售方式与普通地产项目并无二致。

刘京说：“老年社区与普通地产项目有很大的不同。地产拼的是一次性销售，而养老拼的是长期运营实力。门必须加宽以便轮椅出入，卫生间必须有紧急呼叫器，家具设计要人性化以避免行动不便的老年人磕碰，这些都是硬件，好办，设计图纸改一改，供应商换一换就可以做到。关键是护理。”刘京在国内外考察了多个养老项目——从完全国有公办、民营养老社区到成熟的欧美和日本养老模式，他认为，发展不过三四年的中国养老地产需要把更大的力量放在持续、高水准的护理上，而护理正是养老产业的核心。

但捉襟见肘的服务能力又显而易见。无论是中国还是有“银发治国”之称的日本，单纯依靠养老社区自己的力量注定入不敷出，这一点在中国尤甚：越来越高昂的人工成本，跑步进入老龄社会的巨大需求，城乡医疗保险、养老保险等相关制度的不完备，都对中国人体面地老去提出了极大的挑战。

近年来，政府购买社会工作服务成为解决养老问题的一种有效方法。所谓政府购买社会工作服务，指的是政府从有专业资质的社会组织和企事业单位购买社会工作服务，由专业人才运用专业方法为有需要的人群提供各类帮助。在刘京看来，政府出资为养老产业购买社会工作服务将是弥补巨大的养老缺口的途径，未来，甚至包括医疗等具备公共服务性质的行业在内，政府购买社会工作服务将是最具公平与效率的解决途径。刘京说："现在的公办福利院都是事业单位编制，未来事业单位会越来越少，那些社会服务性质的工作都会由政府购买社会工作服务来解决。北京的很多社区现在就聘请了社工，大大提高了社区的管理服务水平。未来的养老将会是一个注重商业模式、服务规范的现代化产业，不是简单的喂药、看病、推轮椅。人口素质提高，人们会对老年生活有更高的要求。"

举例来说，一位老人入住养老社区接受服务的价格为每月 1 万元，其中个人支付 5 000 元，另外 5 000 元由国家购买这个社区的社会工作服务来支付，这也将成为解决养老人才缺口的途径。在早已进入老龄化社会的日本，养老社区的工作人员很多都是大学本科毕业生。高素质人才愿意从事这份工作的关键是这份工作被视作正常职业，而非传统意义上的低端服务业。据国家统计局的最新数据，中国 60 周岁及以上人口有 24 090 万，占总人口的 17.3%，需要至少 1 300 万名养老服务人员，但现在全国所有养老机构工作人员数为 22 万，其中符合资质的仅有 2 万，缺口巨大。业内人士指出，当前符合中国国情的养老保障机制和制度还需要探索，但最关键的是要有一支养老服务队伍。只有把队伍建立起来，才有养老服务业。刘京说：“中国未来的发展方向是市民化社会，更多的公共服务职能要通过市场化手段实现，中国传统的教育理念是精英式的，人人都想当精英，但社会同样需要实用型人才。如果这种观念转变不过来，不仅养老领域，还会有更多产业出现人才荒。”

刘京认为，即使养老这种带有极强社会公共产品属性、以社会效益为第一考量指标的产业，也必须讲究商业模式，国家倾斜性政策、民间资本纷至沓来，更要通过商业模式的设计让这些资源产生最大效益，而不是坐吃山空，更何况养老本身就是一个只赔不赚的领域。与其他老龄化程度比较高的发达国家相比，中国无可回避的现状是“未富先老”，国家可以行政划拨补贴到养老的资金远远满足不了现实需求，社会捐助也无法解决中国老龄化社会的系统问题。

如何把一锤子买卖的养老地产变成可持续发展的养老社区？唯有让项目本身具备造血机能，实现滚动发展才是根本。刘京说：“在房子出售之后，可不可以通过出售养老和看护服务的方式把老年人与社区之间的关系固定下来。比如，根据老年人自己的身体状况，把服务分为完全自理、半自理和完全失能这几个不同的标准，根据不同的标准制定相应的服务收费标准。国家对于老年人承担的养老义务通过替养老社区购买社会工作服务实现。老年社区的价值更多地体现在服务水准上，而不仅仅是房子本身。”

显然，老年社区的配套建设和服务标准与普通意义上的居住小区有很大的不同。对老年社区来说，除了必备的老年病专科医院外，幼儿园和学校是必不可少的。在刘京的构想中，让老年人独自住养老院与中国人传统的家庭观念还是有很大的差异的，只有把社区真正变成家，才有可能真正实现养老产业的可持续发展。

举例来说，很多老年人在退休之后都会投奔在大城市打拼的儿女并帮助儿女照看下一代，但市区狭小的居住空间则成为两代人甚至三代人产生矛盾、生活质量大大下降的根源。刘京说："为什么老年社区里要有幼儿园和小学呢？一个只有老年人的环境很容易就暮气沉沉的，和孩子在一起自然会激发老年人的生命力。老年人最忌讳的是自己成为儿女的负担，这样，在一个社区里，同时完成居住养老、照顾孙辈两件事，老年人也可以找到自己的价值。中国归根结底还是一个靠血缘关系维系的社会，尽管大家庭的观念在逐渐淡化，但通过这样一种创新型的、更易被接受的养老模式，对于减轻中青年巨大的现实压力、解决老年人迫切的养老问题都有很大的意义。"

学界和业界普遍认为，中国的养老产业整整晚了 10 年，如果 1998 年国家就能把老龄化问题提升到国家高度，开始建设养老产业的设施，那么现在老龄化的压力也不会如此之大——养老床位紧张、费用暴涨、服务跟不上等问题层出不穷。2008 年是个转机，政府开始把养老产业建设提上正式日程，2010 年开始鼓励官办民助、公办民营等形式，2013 年更出台政策鼓励公办民营企业甚至民营资本进入养老产业，2014 年亦实现了城乡养老统筹。2014 年 3 月，民政部牵头成立全国养老服务业专家委员会，建立养老服务业专家决策咨询机制。

刘京认为，目前全社会从顶层建筑到公民个体对于老龄化的重视程度都上升到了空前的高度，在制度保障和政策优先层面也为养老产业的发展创造了良好的外部环境。具体到操作层面，就是要规范进入这个行业的各种力量，建立起养老服务的全套标准，并且真正形成一个生态系统。

刘国恩

第四章

牵一发动全身的医改

如何改变中国大医院的拥堵？这不仅是很多医生、医院院长思考的问题，同时也是经济学家致力于解决的重要课题。“浙江省最大的医院好像解决了这个问题：有 3 000 多张床位的温州医科大学附属第一医院是一家公立三甲医院，在这个医院里不管是门诊大厅还是诊室外面，都看不到大医院熙熙攘攘、人满为患的景象。而温州医科大学附属第一医院解决拥堵问题是通过现有体制内的信息化条件下的流程再造实现的。”

在“2016 民营医疗发展高峰论坛”上，北京大学国家发展研究院教授刘国恩分享了上述案例。“温州医科大学附属第一医院的案例固然成功，但如果我告诉你这套信息化流程再造的花费是 20 多亿元人民币，你会有什么反应？中国这么大，有条件花这么多钱的医院有多少？这个模式在中国复制的可能性有多大？面对中国这么庞大的人口基数，我们要寻求的不是医院拥堵的个案治理，而是系统性的治理。”

刘国恩教授对中国基层医疗有着深刻的了解。

就在改革开放的前一年，当时还不到 20 岁的羌族小伙子刘国恩已经背着医药箱在四川茂县乡下当了一年半的赤脚医生了。中国最基层的民众可以享受到什么样的医疗服务，年轻的刘国恩有着最深刻的体会。也正是在这一年，他参加了因“文革”而被中断了 10 年的高考。他高考成绩名列前茅，一时在县里名声大振，在填报志愿时他在重点大学、一般大学甚至中专栏里都填写了医学院校，但最终因为政审材料缺失导致志愿全部落空，痛苦失望之后，他被最后招生的西南民族大学数学专业录取，之后前往美国攻读经济学，并有幸师从“健康经济学之父”迈克尔·格罗斯曼教授。

41 年过去了，刘国恩教授再也没能实现年轻时的愿望——穿着大白褂在缺医少药的家乡为人们治病开药。但今天，作为国务院国家医改专家咨询委员会委员，刘国恩教授以自己在中国最基层医疗系统第一线的行医经历和国际先进的健康经济学理念，在国家医改政策的前沿推动着中国医疗卫生事业的改革发展。

党的十九大报告中提出：实施健康中国战略。人民健康是民族昌盛和国家富强的重要标志。要完善国民健康政策，为人民群众提供全方位全周期健康服务。深化医药卫生体制改革，全面建立中国特色基本医疗卫生制度、医疗保障制度和优质高效的医疗卫生服务体系，健全现代医院管理制度。加强基层医疗卫生服务体系和全科医生队伍建设。全面取消以药养医，健全药品供应保障制度。坚持预防为主，深入开展爱国卫生运动，倡导健康文明生活方式，预防控制重大疾病。实施食品安全战略，让人民吃得放心。坚持中西医并重，传承发展中医药事业。支持社会办医，发展健康产业。促进生育政策和相关经济社会政策配套衔接，加强人口发展战略研究。积极应对人口老龄化，构建养老、孝老、敬老政策体系和社会环境，推进医养结合，加快老龄事业和产业发展。

党的十九大报告同时指出，当前我国社会主要矛盾已经转化为人民日益增长的美好生活需要和不平衡不充分的发展之间的矛盾。美好生活最核心的一个组成部分就是公民的健康指数，这与医疗卫生体系直接相关。医疗系统本身具有覆盖人群广、技术门槛高、投入周期长，及不确定程度高等特性，全球范围内都鲜有高效、公平的医疗保障体系。

中共十八大召开之前，政府和市场之间的关系常被描述为“以政府为主导，充分发挥市场配置资源的基础性作用”，尤其是在医疗、教育等关乎国计民生、社会安全的领域，市场似乎与惯常印象中的医疗“公益性”背道而驰。中共十八届三中全会提出，“经济体制改革是全面深化改革的重点，核心问题是处理好政府和市场的关系，使市场在资源配置中起决定性作用和更好发挥政府作用”。党的十八大报告做出的道路选择，为市场的地位以及它在各行业的重要作用提供了进一步探索和深化的要求。

医改为何如此之难

2008 年 10 月，周其仁教授出版了《病有所医当问谁》一书，这本书是他自 2007 年 1 月在媒体上发表的关于医改系列评论文章的合集。后续两年间，周其仁教授笔耕不辍，共撰写了 40 多篇文章。在这本合集出版时，他写道："讲起来，医改的时态不甚分明：我国医疗服务体制的改革究竟开启了没有，完成了没有，抑或将来才展开？"周教授说他自己也不甚了了。

全社会关注医疗产业是必然的一件事，即使不考虑中国目前的"看病难、看病贵"以及严峻的医患矛盾等现实问题，仅就医疗产业在一个经济体资源配置中占有的比重来说就是举足轻重的。以经济合作与发展组织的成员为例，其平均国民生产总值中用于医疗卫生服务相关产业的比例达到10%以上，也就是每10元的国民生产总值中有1元之多用于医疗卫生服务产业。而美国的这一比例更是高达19%。刘国恩教授说："根据美国斯坦福大学经济学家的预测，到2050年，美国的这个比例保守估计会高达30%。从克林顿到奥巴马，雄心勃勃的医改计划承载了他们入主白宫的方舟，但前者的计划终未能幸免于共和党的封杀，后者的计划虽以几票优势险过国会大关，随后也险些因为强制保险法案被指控违宪而被弹劾。时至今日，美国医改仍然是两党最具争议的大事，自特朗普当选以来，废除奥巴马医改计划成为他与共和党持续努力的目标。医改为何如此之难，究其主要原因包括三点：首先，医改是关系到每个人幸福安康的制度安排；其次，医改涉及巨大的资源配置，是所有发达国家的龙头产业；最后，根据诺贝尔经济学奖获得者肯尼斯·阿罗的经典理论（1963年），医疗产业的特征主要包括疾病和服务需求的不确定性，医疗信息的供需不对称性，从而使政府得以进行广泛干预。坦率地讲，各国医改面临的中心分歧基本都源于此。换言之，政府干预既是解决问题的途径，也是大多数问题的根源。"

实际上，即使在医疗研究、医疗技术和产业领先全球的美国，卫生经济学也是一门相对新兴的交叉学科。1992年，踌躇满志的克林顿上台伊始即提出医改方案，医疗与健康经济学随之大热，随后从美国扩散到全球。任何一门学科获得学术界之外的广泛关注，自然无法脱离社会现实的发展。中国恰恰就走到了这样的时点。

中国作为发展中国家，政府官员倾向于使用“欠账”这个词描述公共服务领域的落后局面。在经济发展初期，政府会把更多资源用于经济增长。自2009年国家医改全面推进以来，国家财政在医疗服务领域的投入显著增加，政府卫生支出在卫生总费用中的占比从医改之初的不到17%持续上升到了近期的30%以上，卫生总费用占GDP的比重增加至6.2%。

除经济之外，更深刻的原因当然是医疗直接关乎每个人的生命，“实在难以想象还有什么比人的生命更重要”。因此，民生条件的改善成为衡量政府执政为民程度的关键指标。诚如周其仁教授的专栏名称“病有所医当问谁”，老百姓生了病，能否有完善的政策制度和完备的医疗条件帮助他们解决问题？所谓“完善”，不仅是治病这个环节。中医讲“医未病之病”，提高国民的健康素质，使大家少生病、晚生病，尽可能降低或推迟疾病发生的风险，系统性降低社会和家庭的医疗负担，这需要从国家制度层面进行国民健康管理，促进体制改革。刘国恩教授解释道：“关于健康发展的本质，通俗的理解就是‘活得好’和‘活得久’两个重要方面。”随着经济发展和社会进步，每个国家都越发重视关于促进国民健康和提供医疗服务的制度安排。2016年，中国发布的《健康中国2030》为进行这样的制度安排提供了良好的蓝图。

关于健康与发展的关系，中国并非没有教训。2003 年造成全世界恐慌的“非典”（非典型肺炎）就是典型的例子。“非典”是一种突如其来的、传染性很强的疾病，它所带来的巨大的风险与恐惧使医护人员也无法幸免。刘国恩教授说：“一个人得了‘非典’已经不再是仅关乎他的个人安危了，不管是出于何种原因不治——无知、没钱或者是没有诊疗条件，受害的都不只是他本人，传染性疾病可以在很短的时间内影响规模人群，危及大众的安全。不论是有意还是无意，传染他人得病与侵犯他人财产和人身安全的影响无异。应对这样的突发性大规模公共卫生事件，政府责无旁贷要进行有效干预。长远来说，降低和防控重大疾病风险，促进国民健康的制度安排更为重要。”

面对危及社会公共卫生的传染性疾病，只有政府的行政权力可以打破原先各自为政的壁垒，调动各种资源，发挥行政特别是城乡社区的作用，甚至短时间内不惜以降低人口流动为代价。后来，大众对 2003 年“非典”一役也多是以“全民战争”来形容。“非典”之后，中国公共卫生和疾病防控制度的建立被提到了重要的位置，一场规模空前的医疗体系改革全民大讨论由此展开，医改成为上至国家领导人、下至普通百姓都高度关注的话题。在此大背景下，中共中央、国务院于 2009 年提出了《关于深化医药卫生体制改革的意见》（以下简称《意见》）。刘国恩教授评价，尽管这版《意见》还有可以提升改进的空间，但在那样一场突如其来的医疗战役之后，通过近 10 年的努力，如今中国建立起了几乎惠及全民的基本医疗保险制度，仅就这点来看，《意见》在中国医疗史上就是浓重的一笔。

再来分析“非典”这一突发事件背后的必然。仅就疾病本身而言，技术层面的偶然性永远都解释得通，但 2003 年的中国已经具备了传染病传播扩散最适宜的土壤——历经了 20 多年的改革开放，原先被禁锢于土地和单位的人口开始大范围、大规模流动。疾病背后的必然是中国的社会形态和人们的生活方式发生改变，而与之配套的公共服务制度却没有发生相应的改变，由此受到巨大冲击，尤其是在防备能力最弱的公共卫生领域，“偶然事件”就成了必然。

刘国恩教授说：“医改谈了若干年，从‘非典’这个突发事件中，人们越来越认识到，要把两种卫生服务形式厘清：一是影响全民健康的公共卫生服务体系；二是针对患者人群的诊疗服务体系。前者需要发挥政府的比较优势，后者需要发挥社会办医的优势作用。中国现在 GDP 的 6.2% 用于医疗卫生产业，这一水平还有长足的增长空间。从资源配置效率角度看，这既是发展机会，又是巨大的挑战。如果能够更好地尊重科学和行业规律，摒弃公立—民营的对立意识，进一步开放医疗服务市场，同时加强政府一视同仁的行业监管，不仅可以大幅提高中国医疗体系的资源配置效率，还能同时降低重大公共卫生事件的发生风险。”

自 2006 年全职回国后，刘国恩教授创建并领导北京大学中国卫生经济研究中心。从 2011 年开始，他连续两届担任国务院国家医改专家咨询委员会委员。2017 年，他作为中方组织人，参与和美中关系全国委员会的协商，成功启动了“中美健康二轨对话”，该对话被纳入中美人文交流的活动之中。他曾多次提出结合实践与发展的医改思路。而在医疗这样一个惯性如此之大、规模如此之大、部门利益纠缠不清的领域，激烈的争论从来就没有停止过。“看病难、看病贵”与住房、教育以及养老成为老百姓最关心、压力最大的4个民生问题。

面对如此复杂的局面，最合适的方案究竟是什么？

2016年全国财政医疗卫生支出1.32万亿元，比2015年增长10%，是医改启动前2008年的4.1倍。政府医疗卫生支出占财政支出的比重，提高到7.0%。

新农合和城镇居民医保财政补助标准，从2010年的每人每年120元，大幅提高到2016年的420元，增长2.5倍。全国职工医保、城镇居民医保和新农合参保人数超过13亿，参保覆盖率稳定在95%以上。人均基本公共卫生服务经费标准，从2009年的15元提高到2016年的45元。免费向全体城乡居民提供健康档案等12类47项基本公共卫生服务，基本覆盖居民生命全过程。

在支持公立医院改革方面：中央财政对县级公立医院改革，每年每县补助300万元；对城市公立医院改革试点城市，每个城市一次性补助2 000万元，对试点城市所辖区每年每区补助100万元。

目前，县级公立医院改革已全面推开，国家联系试点城市扩大到200个，省级综合改革试点城市扩大到11个。改革地区紧紧围绕破除以药补医、创新体制机制、调动医务人员积极性三个关键环节，探索建立现代医院管理制度，推动医院管理模式和运行方式转变，着力建立维护公益性、调动积极性、保障可持续的公立医院运行新机制。

此外，中央财政还加大支持力度，加快培训卫生计生人才：按每人每年3万元的补助标准，支持住院医师规范化培训；按每人每年2万元的补助标准，支持助理全科医生培训。

2016年，个人卫生支出占卫生总费用比重降到30%以下，人均期望寿命从2010年的74.83岁提高到2015年的76.34岁。

引自《人民日报》（2017年2月9日）

进步有目共睹。但“看病难”的问题越来越严重，这又是如何造成的呢？周其仁教授提供了一组数字：1978—2005年，中国的GDP（按现价算）增加了50倍，社会卫生总开支增加了78倍，其中个人医疗开支增加了200倍；同期，全国各类医疗机构只增加了76%，医护人员增加了75%；1997—2005年，全国医学院校累计招生数达到85.4万，而同期全国医生人数减少了4.7万。

周其仁教授发问：人均医疗费用的百倍增长，却没有带动医院和医生数量的同步增长；医疗资源处于垄断地位，但名义服务价格非常低廉；世界上但凡看病难的国家大都是因为免费，中国却集看病难与看病贵于一身，这又是怎样一个怪现象？医学院校每年培养出那么多专业人才，医科作为耗时最长、学业最艰苦的学科之一，国家和家庭都为培养一个合格的医生付出了高昂的经济和时间成本。辛辛苦苦七八年学成之后，却有这么多人放弃自己的专业，转行干了别的。一方面，大医院挂不上号，一个号被“黄牛党”从挂号窗口的4元炒到数百元，医生们超负荷运转，劳动量和劳动强度高得惊人，一名医生一天看近百个病人也稀松平常；另一方面，医学院校的毕业生纷纷脱离医疗系统。

供与求的矛盾如此突出，为什么解决起来如此之难？归根结底，医改需要解决的是筹资和服务这两端的问题。先来看筹资。即使在供应已经相当充分、制度设计相对完整的美国，医疗系统也受到颇多诟病。刘国恩教授说：“美国医疗市场占到GDP的18%，这个比例在全世界是最高的。当然，这18%里必然还有相当大的改善空间，包括保险制度、过度医疗、技术滥用等问题，都不同程度地助推了美国医疗通胀的长期趋势。”

在美国，急诊是人工成本极其高昂的服务，没被医疗保险覆盖的人群一旦有病，自然直奔急诊，医院当然不能拒收。换言之，没有医疗保险的人群事实上最后使用了成本极高的急诊服务，自己也付出了健康和时间代价。而医院在救治后还面临费用难以收回的问题，由此产生了一个新的产业——追债，这是医院需要额外支出的成本。同时，很多医疗费用追不回来的成本也要由医院和医生承担。这样形成一个恶性循环：向那些有医疗保险的人收取更高的费用，进一步推高医疗保险费用，导致有能力支付医疗保险的人减少，未被医疗保险覆盖的人增多。

刘国恩教授指出：“这属于典型的资源配置低效导致的问题。通过更有效的保险制度设计，这种发生在筹资环节的问题也许可以得到更好的解决。回头看中国的情况，我们采取了个人、社会和政府共同筹资、全民参与的基本医疗保险制度，目前的全民医保覆盖率已经高达 97%，这为进一步完善医保制度建设打下了良好的基础，也是更好地推进医疗服务供给侧改革的重要条件。”

医疗保险问题的核心就是筹资机制，对于由个人、社会和政府三方共同筹资的模式，刘国恩教授认为目前没有遇到太大阻力，运行良好，原因在于全民医保的制度安排几乎使所有人受益，少有受损者，也未形成新的利益集团。

然而，中国医疗服务的供给侧问题就要复杂得多，其主要挑战是公立医院长期一统天下，非公立医疗机构被制度性边缘化。最近几年，医疗服务市场逐渐向社会力量开放，不过还主要集中在一些边缘性的专科诊疗服务，且规模小、层次低。为了提高整体医疗服务的品质与效率，良好的市场竞争和有效监管同等重要，并且相辅相成。所以，无论从经济效率出发，还是从社会公平考量，进一步开放医疗服务市场都非常必要。

那么，扩大公立医疗机构规模，挖掘现有公立医疗机构的潜力是否可行？刘国恩教授说：“缺乏竞争导致的效率低下基本上是公立机构提供任何产品和服务的一个通病，在医疗服务领域也是这样。市场开放程度不够，由于行政垄断形成的行业准入门槛使得消费者可以选择的空间极其有限，这就导致居于垄断地位的产品和服务提供者缺乏提升产品和服务品质的动力和压力。单靠公立机构的体制内改革，很难建立传统意义上的公益目标与激励相容的制度安排。广大从事公立医疗的医务人员，一方面是公益主导的白衣天使，另一方面也是社会经济人，伴随社会经济的快速发展，仅靠传统的

‘奉献精神’要求大家，长期来说将难以为继。”

在中国，其他原先同样被视作关乎民生的公共产业纷纷进行企业化转制，变身为市场经济体制，与此同时，医生和护士的编制却依然在事业单位系统。医疗投入的增长、患者对医疗服务需求的增长均高于GDP的增长，但应对这些需求增长的医疗服务供给根本无法相应增长，最直接的一个掣肘就是事业编制。

2014年2月13日，在国务院医改专家会议上做汇报发言时，刘国恩教授感慨地说：“国家队是目前中国医疗系统的绝对老大，公立医院不仅具有数量优势，更吓人的是床位规模平均都在几千张之上，堪称世界之最的医院‘航母’比比皆是，其规模甚至是西方医院管理教科书中规定的最优规模的10倍！中国的医院规模超大是服务所定，还是制度使然？答案自然是后者。那么是什么制度呢？我所指的当然是公立医院与生俱来的行政资源配置：从院长的行政任命、行政级别，到医院门诊、住院科室大而全的设置和管理，以及医务人员的‘单位人’编制等，行政化无处不在。行政化资源配置决定了公立医院的目标函数一定是规模至上，因为规模意味着级别、地位和影响力，行政化桎梏牢牢地‘绑架’了医院管理和广大医务人员，医生评职称只能依托公立医院，毕业生落户口也只能依托公立医院。没有编制，专业医疗人员处处受限，而编制的存在又使得医疗服务的增加几无可能。编制作为计划经济时代的产物带来的另外一层含义是行政干预。在医疗这样一个高度专业性的行业里，僵化的行政机制只能导致服务效率低下、服务能力不足。这其中还牵扯其他种种相关问题：红包问题、医患关系、大处方甚至过度医疗……”

20世纪90年代初，国有企业改革启动。同期，医院体系也获得部分自由发展的空间。刘国恩教授称之为医改第一阶段。在此期间，政府削减了对公立医院的财政支持，原先旱涝保收的公立医院逐步面向市场。自己养活自己的压力迫使本应该专心治病救人的医院只得寻找可以创收的机会。有数据显示，医院每年从政府获得的财政支持仅相当于其维持正常运转所需资金的5%，但医院总得24小时开门接收病人。因此，大处方、收红包、引进大型设备、过度使用医疗器械、重复的或不必要的检查，甚至会直接影响人体健康的过量输液等创收手段不一而足，这在某种程度上有些像美国的医疗通胀表现出的现象，这些问题因此被认为是放开管制、走市场化道路带来的后果。“这种说法其实是伪命题。事实上，当时政府还没有建立基本医疗保险制度，绝大多数百姓看病要自掏腰包。拥有公费医疗的人群在总人口中所占的比重不到5%，经济效益不错的企业会给职工提供劳保，但这两部分人加起来不足总人口的10%，除此之外的10多亿人几乎完全暴露在疾病冲击与财务风险面前。在当时的美国，无保险人群约占总人口的17%，而我们是90%。”但刘国恩教授也认为，辩证地看，正是因为没有财政支持，各医院被迫加入市场竞争，医院才得以迅速发展，医疗水平才得以迅速提升，尤其是那些成长为龙头的大医院。

那段时间，医疗服务费用增长的速度超过国民收入增长的速度，普通民众自掏腰包为医疗通胀埋单，患者不满意，医院也不满意，怨声载道。决策层、医学界、经济学界开始对那场医疗市场化改革进行反思，市场派的反对者认为放开的恶果就在眼前，“中国医改不成功”成为主流的声音。

周其仁教授如此评价当时针对医改第一阶段的反思：反思中还产生了另外一个极端倾向，就是把政府在公共卫生领域应当承担的责任不恰当地扩大到整个医疗卫生服务部门。“公共卫生是公益事业”的正确命题被扩大为“（所有）卫生医疗都是公益事业”的错误命题。加大政府对公共卫生财政投入的政策，被“提升”为财政包办全民看病之类的完全脱离现实的主张。“政医不分、管办合一”似乎重新变得“政治正确”，而增强医院自主权、实行院长负责制、矫正医疗服务和药品价格机制歪曲、营利医疗与非营利医院并举、动员社会资本进入医疗服务领域等似乎重新成为医改的禁区。

社会上的不同议论，包括学界的不同分析和不同政策主张，本来是再正常不过的事。改革既然是探索性的实践活动，就一定有不同意见。但是，政府主管部门和负责官员的表态和言论事关政策方向和行政责任，那就是另外一回事。2005 年 5 月 24 日，卫生部政策法规司司长在《卫生报》头版头条宣布“市场化非医改方向”；同年 7 月，国务院一家研究机构关于“市场化医改失败”的“诊断”见诸全国报端。两下呼应，全国医改基本叫停。

2003 年的“非典”成为一道分水岭，学者们开始系统研究医疗与健康经济学。前有医改第一阶段，各方的观点更加理性、客观：市场化改革必然会带来一些问题，应寻找这些问题形成的原因，同时进行医改的顶层设计。2009 年国务院印发了第一版《医药卫生体制改革近期重点实施方案》。这版中国医疗体制改革蓝图提出了一系列新的改革措施：建立覆盖全民的医疗保险制度，建立基本药物制度，加强基层医疗卫生服务体系的建设，实现公共卫生服务均等化，积极推进公立医院系统的改革。

近 10 年之后，再来评估这些措施：第一点效果最显著，因为医疗保险是一个全新的体系，受到的掣肘最小；基本药物制度到现在还存在问题，因为牵扯的利益太大；基层医疗卫生服务体系的硬件建设取得了相当成效——国家财政专项拨款、各级地方政府负责建设，但在软件配置方面差强人意，如何让高水平的医疗工作者愿意扎根基层，这是实现医疗公平的重要方面；公共卫生服务是外部效应巨大的一个领域，传染病的防治、健康促进的环境与活动等都对降低中国的疾病发病率，提升国民健康水平起到了极大的作用；最后一点最难，因为医院是对各个渠道筹得的资金进行最终使用和分配的中心。

刘国恩教授说："公立医院改革是医改最具挑战性的一部分，从 2009 年《关于深化医药卫生体制改革的意见》发布至今，公立医院改革进展缓慢，也是这一阶段的医改难点。即便如此，有目前的成果已经非常难得：前有'非典'余悸，之后建立了几乎覆盖 14 亿人的全民医保体系。虽然大家的认识还有局限，远未达成广泛共识，但 2009 年的医改方案在当时起到了很好的推动作用。问题永远都有，错误也难免，但是时间不等人，尤其是不能错在止步不前上。"

路径之争

自 2010 年开始，中国进入了医疗体制改革的第二个阶段，或曰深化医疗体制改革的发展阶段。基于对第一阶段问题和经验的认识，进一步医改的大方向基本确定。

第一，中国要通过建立覆盖城乡居民的基本医疗保险制度，解决看病就医的筹资问题，同时要通过开放医疗市场、加大对公立医院的改革力度，解决医疗服务供应体系的问题。这是 2009 年第一版医改方案描绘的蓝图，但 60 年来计划经济、行政思维形成的沉疴不是一时半刻就能消除的，方案在执行过程中触及某些模糊的范畴时难免出现裹足不前的局面，各种思想的交锋也从未间断，比如“解放医生、开放医疗市场”在当下仍旧面临巨大的挑战。

第二，打破城乡二元体系。城乡二元体系当然不仅仅体现在医疗卫生领域，整个中国政治经济生活的方方面面都处于非常割裂的状态，从赵耀辉教授主持的“中国健康与养老追踪调查”项目中可知，城乡老年人晚年生活的状态和得到保障的程度存在显著差异。

2014 年 2 月 7 日，李克强总理主持召开了国务院常务会议，会议决定合并新型农村社会养老保险和城镇居民社会养老保险，建立全国统一的城乡居民基本养老保险制度。此项决定几乎涉及全体国民的利益，事关重大，堪称甲午马年带给 7 亿中国农民的一个巨大惊喜。城乡差别被认为是中国最大的现实不公平，而养老金二元结构又是城乡差别中最大的差别，近年来饱受质疑。城乡统一基本养老保险制度的建立，对缩小城乡差别很可能会产生立竿见影的效果，它或被最终证明是中国社会发展史上一次里程碑式的突破。

但是，在中国农村，除了医疗技术的硬件条件普遍落后，更大的问题是医务人员这个软件配置越来越缺失。在2014年年初中央电视台举办的大型公益活动“寻找最美乡村医生”颁奖典礼上，刘国恩教授应邀为相继守护在广西大山里半个多世纪的乡村医生谢序忠、谢本合父子颁奖。他为此无限感慨，中国农村医疗是一个非常严峻并相当长期的挑战，医保的制度覆盖问题相对好办，最困难的就是缺乏能够长期坚守在农村基层服务的医务人员。他坦言：“在我还是一个赤脚医生的年代，这其实不是个问题，因为城市这个‘外面的世界’并不精彩，所以自己当时非常庆幸当了赤脚医生。如今，‘外面的世界’更精彩，乡村医生必然要付出巨大的机会成本。”因此，他对如今依旧坚守在农村的乡村医生怀着一份特别的感激和理解之情，但乡村医生队伍面临的青黄不接问题仍将长期影响广大农村人口的健康。

刘国恩教授说：“城乡二元体制本来就是人为制度的产物。这次合并城乡社会养老保险说明，促进农村与城市更进一步的融合发展，推动社会的公平进步，政府应该并且能够扮演关键性角色。改革开放积累的经济财富为进行这样的发展创造了条件。在医疗卫生领域，尽管新型农村合作医疗覆盖了绝大多数农村居民，但是在服务的基础条件方面，特别是良好医务人员的配备上，城乡差别并没有缩小，而且伴随城市化的持续进程，长期来看这一差别恐怕会越来越大，这是我们反思并改革现有二元体制的核心问题。国家给新型农村合作医疗和城镇居民医疗保险的投入逐年同步上升，这令人们看到了希望，也是社会共识。新型农村合作医疗和城镇居民医疗保险并轨，在制度设计、技术环节上基本没有问题。建立和完善没有制度性歧视的全民医保，应该成为我们共同努力达成的远景目标。”

城乡医保并轨对中国的社会进步和经济发展也具有深远意义。2003 年之所以会爆发“非典”，一个客观因素就是数亿人口在全国范围内的大规模流动，这是传染病大规模传播的先决条件。改革开放后，巨量人口从农村流向城市、融入城市，每年的春运规模有近 4 亿人次，这是赤脚医生所在的人民公社时代没有的事情。这样的人口条件下，按人口属地原则设计的医疗保险制度绝对无法应付如此大规模的人口流动。周其仁教授踏遍全国，调研各地医改的实际进展。贵州、四川和安徽等农民工输出大省保留着这些人的医保，但他们工作生活在北京、广州、深圳等城市。周其仁指出：“在外生病是回老家看，还是在工作地看了、拿账单回老家报销？这些问题，德国、英国等国家都没有遇到过。那些老牌国家的城镇化大规模人口流动阶段早已结束，而且他们是在多数人进入新的城乡社会结构、有了‘正规就业’以后才搞起福利制度，而且他们也没有抑制人口自由流动的这种所谓制度。”

城镇化被视作新时期中国经济增长的重要引擎。中国农村经济需要有新的增长动力，农村剩余劳动力需要有更多、更好的城市就业机会，农民个体致富的机会增多，全民医保的资金池才能更充盈，实现这一切的前提是创建能够保障城乡居民自由流动的基础设施，不仅是业已实现的养老，还包括医疗、教育等。

除了如何筹资问题，还有如何花钱问题。事实上，围绕如何花钱的问题，不同观点的分歧程度更为激烈。归纳起来，主要有两大对立思路。

第一种思路是坚持政府主办模式。政府加大医疗投入，直接注资，提高监管力度和约束力度，通过制度内的手段提高医疗机构的服务能力，改善其服务品质和服务态度。周其仁教授分析，这个思路隐含如下几个前提假设：第一，政府一定比市场更有能力管好医疗产品和服务，尤其是在医疗服务这个典型的、特殊的公共服务行业内，只有政府有能力保障医疗服务的安全性和普遍性；第二，公立医疗机构及其医务人员本是“公益人”的角色，所以应该回归其“公益性”的天职。公立医院目前占全国医院总数的 92%。医院自辩“收费昂贵源于政府对其投入不足”，所以只能加重患者的负担。从这个逻辑角度来说，政府应该加强供给方补贴，即拨足经费给医院和医生，这样在“公益人”的前提假设下，自然会水到渠成，医院和医生回归公益的结果将是“看病易、看病宜”的美好景象。作为市场派的坚定拥护者，周其仁教授诘问：现实中关于公立医疗机构的“公益人”行为假设是否成立？其持续性又有多强？

刘国恩教授对这种思路明确持否定态度。他曾经举例论证“公益人”假设，假如一群人没饭吃，一位好心的富人希望帮助他们，他可以有两种帮助方法。第一种方法，富人给饭店老板很多钱，嘱咐其每天保质保量给这些人提供饭吃，并且要坚持下去。这种办法的前提假设是，饭店老板必须是无私的圣人。但这种假设在现实中难以成立，因为在大多情况下，饭店老板很难永远是圣人，而更可能是“主观为自己，客观为他人”的常人。第二种方法，富人把钱直接分发给这些没饭吃的人，赋权给他们，他们拿钱到饭店里买饭吃，如果一家饭店做的饭不好吃，那么他们就到另一家买。长此以往，穷人吃饭的问题可以得到更好的解决，饭店行业也因良性竞争，优胜劣汰，进而得以更好地发展。这个故事告诉我们，赋权需方和促进竞争是解决穷人吃饭问题最具可持续性的手段。

回到医疗服务问题，如果由政府公办主导，其主要资金来源必然是财政收入，公办医疗意味着不分天南地北，走到哪里看病都不再付费。只要免费看病做得到、可持续，相信人人都欢迎这样的好事。但是，周其仁教授直言：问题是做不到。因为所谓政府主办的前提假设之三，是财政永远都背负得起公费医疗，这自然也是不现实的。近年来，中国的财政收入增长速度比 GDP 增速快了许多，姑且不论这个现象是否健康，仅看比财政收入增长更快的财政支出增长就足见假设之三不成立。财政的大筐里不仅装着医疗，还有养老、教育、环保、治安、国防……大家都重要，大家都想多分一杯羹，但钱从哪里来？周其仁教授说："水少了加面，面少了加水，把总税负和政府进项搞得越来越大，非捅出更大的娄子不可。我不反对在政府现有总开支中增加卫生经费（特别是公共卫生经费）的绝对数额和比例，但是有一条，此项增加一定要以其他项目的减少为前提。就是说，做加法要以做减法为条件。现在的趋势是，家家做加法，谁也减不动，结果就是政府在国民收入总盘子中的份额越来越大。这个趋势不扭转，什么'内需驱动的增长'根本就是无源之水。"

公费医疗要求的不仅仅是政府的能力和财力，还需要医疗机构与医务人员作为"公益人"的定位和行为不打折扣。事实上，国家财政收入连年以高于 GDP 的速度增长，这本身就是难以长期为继的阶段性状况。若把十几亿人的养老、医疗、教育等关乎生老病死的问题都建立在这样的公共财政基础上，到了支撑不住的那一天，后果谁都承担不起，周其仁教授直白地评价道："那是要出大乱子的。"

第二种思路是充分竞争。先来思考一个问题，医疗服务机构（尤其是高端的大型公立医院）为什么可以持续不断地高收费，而患者还要排长队苦等几天、几个月，甚至不惜花高价购买"黄牛党"手里的号呢？经济学的解释是：供不应求！收费高、利润大，又可以长期保持下去，恰恰说明该市场不是竞争过度的市场，而是竞争不足的垄断市场。对症下药的做法当然是扩大供给。

放开医疗系统准入机制，允许民营资本进入，可以更大程度地激发全社会的动力，尤其是现有的各种医疗服务主体的动力和积极性。改革开放 40 年，凡是进行了市场化改革的行业莫不发展得风生水起，如互联网、家电行业，其行业龙头甚至拥有了与国际巨头分庭抗礼的能力。当然，任何行业推进开放取得的改革转型必然伴随着阵痛，会产生这样或那样的问题，但回头来看，几乎都利大于弊。

刘国恩教授说："以放开市场为医改的基本取向来解决目前面临的若干问题，周其仁教授和我都持这样的基本观点。从经济学角度来看，要想使某种产品的高价下降，开放市场和促进竞争是最有效的手段。首先，开放市场有利于社会资本的进入，促进竞争，增加供给，进而带动价格下降，需方受益。其次，开放竞争助推创新，优胜劣汰，提高全要素生产力，从而增加社会效益和财富。最后，开放竞争增加每个人的机会公平性，这是社会进步和人类发展的标志。”

在医疗服务结构层面，刘国恩教授特别赞赏分级诊疗。中国现行的医疗服务机构基本分为三层：基层医疗机构，包括遍布城乡的社区服务中心、诊所、乡村卫生院、村卫生室等，提供家庭医疗或全科门诊服务，这是覆盖面最广的基础医疗机构，全国14亿人中的绝大多数都是在这个层面与医疗机构发生最密切的关系；二级医疗机构，以专科服务为主，拥有一定数量的床位，能够满足一般住院的需求，县级医院是这个层面的主体；三级医疗机构，拥有先进的技术、全面的科室设置、顶级的临床专家，擅长处理各种疑难杂症。分级诊疗的基本思想是，医疗服务的提供应该根据各级医疗机构与医护人员的比较优势进行有效的分工协作，而不是维持现有的“大医院大包大揽”服务，因为现有状况既造成了巨大的资源浪费，又导致大医院拥堵不堪，致使医患关系雪上加霜，医疗服务态度和品质难以提升。

伴随分级诊疗的另外一个问题是，公立医院和社会办医各自的服务重点如何定位？政府办医应该抓大放小，还是抓小放大？提倡政府办医重点放在大医院的根据是，抓大放小是既往30年政府在各项领域推进改革和行政干预的基本原则，只要保证行业内的重点龙头企业是国有主导，就是抓好了国计民生。目前国务院国有资产监督管理委员会旗下一系列资产规模数千亿的中字头企业就是这种改革思路的产物——产生的问题当然另当别论。支持政府干预重在基层的依据是，医疗服务需求大量集中在基层医疗机构，其利润构成相对透明，赢利空间相对三级医院小了很多。一个基本规律是，医疗机构级别越高，收入越高，人们得了大病都会跑大医院，“想让它赔钱都难”。政府的基本职责是为广大居民提供基础服务，而非创收。因为有公共财政的支持，政府办医有能力、有责任服务基层。此外，社会办医发挥的作用越大，优势群体越倾向于个性化服务，政府办医的基层服务就能更多地惠及一般民众和弱势群体。

刘国恩教授说：“除了加强基层服务以外，医改的另一个重要目标是公共卫生服务均等化。比如，我做过赤脚医生的四川茂县山区，村民有了医保，但很多人看病还得翻山越岭去县城医院，重病甚至得去成都。实现医疗服务机会均等化，光有医保资金不行，还得有服务平台和医务人员。城市医院好办，山区乡下医院就很难，特别是如何让医生到位服务。”对此，刘国恩教授给出的答案是：“市场能够做好的，政府尽量不做；市场做不到位的，政府补位义不容辞。”就商业规律而言，以高收入群体为目标人群的高端医疗服务相对更好经营、回报也更高，基层和边远乡村因为市场条件欠缺，政府可以更好地发挥作用。

尽管政府在分级诊疗中可以更好地发挥兜底的作用，但其顶层设计及系统监管的职责同样重要。政府要“管办分离”，集中力量制定法规、监督执行，增强弱势群体的购买能力，并确保公平的竞争机会和制度条件，力戒越俎代庖。刘国恩教授说：“只要政府能够正确定位并发挥职责，不缺位、不越位，市场竞争和社会力量的作用将非常巨大，可以使之成为我们动员资源、配置资源、提高效率的最佳条件。”

医改下一程：供给侧改革

诺贝尔奖获得者、美国芝加哥大学经济学教授罗伯特·福格尔通过观察欧美人群过去100多年的消费结构变化，发现随着收入的长期增长，人们消费结构相对收入增长的最大变化是在医疗服务方面，其收入弹性为1.6，即医疗服务的增长是同期收入增长的1.6倍。

随着收入水平的持续增长，中国自然会面临同样的医疗费用增长问题。到2020年，中国医疗卫生服务业占GDP的比重可能会接近8%，2030年可能会超过10%。2016年8月19日，中共中央、国务院召开了全国卫生与健康大会，决定把“健康中国”作为中国新时期的国家优先发展战略。习近平总书记进一步指出，为了更好地落实和推进这个国家战略，要把“健康中国”纳入国家所有部门的相关政策当中。

“建立起覆盖95%以上人口的全民医保制度之后，你会发现，看病难的问题似乎并没有明显改善。从经济学的角度分析现行医疗服务体系的结构，不难发现其资本要素水平并不低：中国与美国的千人床位之比为5.2∶3.1。”那么，问题出在哪里呢？刘国恩教授认为，医改的效果取决于其指导思想能否正确“诊断”现有医疗服务体系的结构性问题。

事实上，对比中外医疗服务体系就会发现最具中国特色的两个关键特征，它们也是医改下一步的关键所在。第一，中国的医疗服务体系主要以医院为中心进行服务。这里所指的医院既包括大医院，也包括市县的基层医院。第二，医生是公立医院“单位人”，人们也对此习以为常，接受了这种“天经地义”的从属关系。基于以上两大制度特征，以公立医院为主的中国医疗服务体系自然形成了“倒三角”的资源配置结构。然而，服务供给侧的“倒三角”毕竟要面对现实需求侧的“正三角”，头对头的矛盾由此产生，看病“拥堵”注定成为现有体制无法摆脱的系统性顽疾。

如何改革？从源头分析，供给侧的“倒三角”是人为制度安排的结果，需求侧的“正三角”则源于自然疾病的分布。因此，供给侧改革必须是当前中国医改的重点。刘国恩教授从三个层面提出解决“顽疾”的药方。

首先，从供给侧入手，理顺全科、专科、住院服务的互补关系与各自优势，为推进基层全科医疗服务发展创造条件。根据现代医学服务体系的分级和发达国家的实践，合理的医疗服务分为三大类。

一是全科医疗，英国称之为 GP（general practitioner），美国称之为家庭医生，指人们看病就医的第一站，提供服务的主体是根植在广大居民社区的诊所及其医务人员，还包括经验丰富的医生助理、药剂师、护士等。全科医疗诊所主要负责居民健康管理、公共卫生服务、普通常见病的诊疗，以及慢性病管理、术后康复及长期照料等服务。全科医疗诊所具备灵活、便民、覆盖面广的特点，是提高整体医疗服务体系效率的第一道关口。二是二级专科医疗，患者一般经由全科医疗诊所转诊而来，由专科医生提供进一步的专科诊疗服务，专科诊所或医院都可以是服务站点。三是三级医疗，主要诊疗一级、二级医疗转诊上来的疑难重症，专科急诊、手术住院是三级医疗最主要的服务形式。

“中国也的确开始推行公立医院的分级诊疗制度，基础的预防保健、普通门诊和慢病管理等都逐渐下沉到社区医院层面。应该说，分级诊疗的目标是找准靶点，但中国的公立医院分级诊疗制度推行至今收效甚微，究其根本还是因为我们没有摆脱以‘医院’为中心进行医疗服务供给的传统思维。说得更具体点，初级卫生与全科医疗必须根植在居民社区，其服务主体必须是医生自主的执业诊所（或医生工作室），而不是医院。”刘国恩教授以那些普及了初级全科医疗体系的国家为例，初级全科医疗做得越好，整体医疗服务的效率和可及性就越高。反之，如果初级医疗关口没能把好，居民就会无论大病小病都扎堆大医院，不仅会影响一般门诊服务的可及性，还会造成医院的住院服务一号难挂、一床难求，以及医患关系紧张等问题。

其次，从供给侧入手，理顺医院与医生两大投入要素的相互关系，解放医生，为优化医疗资源配置、提高医疗服务全要素生产率创造条件。生产效率取决于生产要素的有效配置，医疗服务的关键生产要素包括医院的硬件资本和医生人力资本。如果生产要素之间是固定关系，没有自由选择从而进行更好组合的机会，也就没有所谓的有效配置，“有效”或“最优”就更无从谈起。

英国的全民医疗模式（national health service，简称 NHS）是政府主导全科医疗服务的典范。英国的“政府主导”一方面体现在筹资制度和支付制度上，资金源于国民税收，服务覆盖全民；另一方面体现在提供住院服务的公立医院，但非住院的全科门诊服务完全由医生自主开业的诊所提供，政府埋单，充分调动医务人员自主执业的积极性。2015 年，英国的公立医院雇用了近 4.2 万名住院专科医生，其中 60% 的医生同时还开设私人专科诊所。而全科医疗的门诊服务全部由医生自主开业的独立 GP 诊所提供，目前有近 2.9 万名医生从业。

中国的医疗服务供给侧改革面临更为复杂的约束条件。作为国务院医改领导小组专家委员会成员，刘国恩教授直言，事业单位编制是推行医院改革、分级诊疗，促进医生全面发展的最大制约因素。在体制内，事业单位编制意味着收入、福利、科研、升迁等生活工作最基本的条件，不仅客观上"绑架"了广大中国医生，也造成了诸多"中国特色"的医生行为。"脱离编制，意味着医生职业发展所需的学术平台、晋升机会的显著下降，甚至画上句号。有些地方医改开始做了一些尝试，比如通过医院体制内的薪酬制度改革，提高医生的年薪，这似乎也是一条路子，短期内似乎也能调动医生的积极性。但是，要大幅提高公立医院医生的年薪，各级财政的投入是否具备可持续性就是首要问题。此外，这种体制内高薪的做法又进一步强化了医生与医院的从属关系，这似乎和医改解放医生、加强基层的初衷相悖，因为'高薪养廉'模式留住了医生、壮大了医院，又如何强化分级诊疗和基层全科医疗体系呢？"

最后，理顺医疗要素市场与医疗产出市场的"二元市场"关系，分开运行管理。前者由市场机制主导，后者转向以全民医保为中心的资源配置机制，全面推进医患激励相容的支付制度改革。长期以来，"以药养医"是中国医药卫生体制广受诟病的老大难问题，也是中国医改力争解决的难题之一。尝试一些创新思路，或许是解决问题的有益探索。

医疗要素市场的本质特征是产品标准化程度高，批量买卖，供方为医药企业，需方为医疗机构，没有患者介入，也没有保险的干预。因此，医疗要素市场具备了一般市场竞争的关键条件，可以更好地发挥市场机制有效配置资源的优势。

诊疗服务市场里，医疗机构变成了供方，患者是需方，交换的是因人而异的诊疗服务，所谓“信息不对称”和“不确定性”等医疗特征就都集中表现出来了，通常的市场机制就难以发挥其优势作用了。同时，诊疗服务还有保险的介入，市场结构变得更为多元、复杂。当然，医保的介入也提供了解决问题的生机，因为保险使散户个人集成为大样本人群。虽然个人层面的医疗需求具有极高的不确定性，但根据流行病分布和精算理论，大样本人群的医疗需求不仅可测，而且相当稳定（如住院率、发病率），这为探寻有效的医保支付手段提供了科学基础。刘国恩教授认为，“根据发达经济体的普遍做法，医院住院服务可以采用基于病种的支付手段，门诊服务可以采取按人头付费的办法。医保成为筹资、精算、支付等多功能的集成中心，发挥着有效配置全系统医疗资源的决定性作用。更重要的是，基于服务产出的支付手段还可能从根本上改变‘以药养医’的大处方行为，因为药品支出对医院而言，已从过去的收入中心转变为新制度下的成本中心”。

医患关系：如何解决看病难

纽约东北部的萨拉纳克湖畔有一座看起来很普通的坟墓，但每年总有成千上万的医生从世界各地赶来，只为拜谒一位长眠于此的伟大医生特鲁多博士。他的墓志铭已经成为医学界的基本宗旨，翻译成中文是：

有时，去治愈；

常常，去帮助；

总是，去安慰。

刘国恩教授常用三句简洁但经典的话阐释医患关系如此紧张的原因："现代医学能够彻底治好人类的疾病，还只是偶尔的情况；多数时间只能提供必要的帮助，包括缓解症状和姑息治疗；不过无论什么病情，医生对患者提供专业的安慰总是价值连城，不仅必要，而且无可替代。"

但中国的现实是，因为医疗资源过度集中在大医院，导致大医院人满为患，一名医生一个上午得看几十甚至上百个患者，平均花在每个患者身上的时间只有几分钟，哪还有时间安慰呢？与此同时，社区诊所却普遍门可罗雀。刘国恩教授说："大医院人满为患是中国医患关系紧张的主因之一。在大医院，患者连自诉病情的时间都有限，更谈不上得到安慰。患者拿着药走了，病好了还好，如果没好，患者会认为是大夫不负责任之过，到医院找麻烦，最后发生冲突就可能成为大概率事件。”

周其仁教授曾经用“景观”一词描述大医院排长队之壮观：在大城市里的那些最负盛名的医院，人山人海排队挂号的景观一点儿都没有改变。2009 年 7 月 22 日上午，日全食开始之时，有报道说，成都华西医院已完成挂号 1.2 万人次——那是早上 8 点！2008 年，华西医院的门诊不是每天 1 万人吗？难道日全食会带动门诊潮？当地的朋友说，华西医院的日门诊量一直呈增加态势，现在日平均门诊量就是 1.2 万人次。在杭州，浙江大学医学院附属第二医院的门诊量也是有增无减，且“一半以上的患者都是从外地来的，人数明显增多”。周其仁教授曾于 2007 年访问过上海华山医院，当时，该医院的皮肤科门诊日接待量为 3 000 人次，全年接待近 96 万人次。到 2008 年你知道这一数字达到多少？106 万人次，一年增加了 15%。在北京，露天通宵排队的地方除了春运期间的火车站，非大医院莫属。之前有媒体报道，北京市卫生局组织 19 家三级甲等医院的院长扮成普通患者去看病，感受看病究竟有多难。一位院长的记录如下：从排队挂号到离开医院共花了 405 分钟，真正看病的时间不足 5%。

周其仁教授说：“这个院长还算幸运啊，他花了 405 分钟——差不多一天的时间，到底还是看上病了，大多数情况是没有预约就挂不上号，你要预约那些三级甲等医院的热门科室，不提前两个月是绝对约不上的。在这种情况下，患者前后花了差不多两个月的时间，终于能坐到医生面前，可医生头都不抬，5 分钟不到就把患者打发了，因为下一个病人就在门口等着。你说患者会有什么感受？这是看病难。再来看费用，北京市三级医院次均住院费用高达 2 万元，远超同期台湾医学中心的次均住院费用。在这种情况下，医患关系能不紧张吗？医生这个本来就苦、脏、累的职业，从业风险徒增。”

正如周其仁教授观察到的，目前医疗条件分布的状况是：全国最优的医疗资源绝对集中于三级医院，有能力的民间资本不被允许进入，政府又没有把重点放在普惠式的基层兜底服务上。如此导致的一个必然结果就是，患者生病之后，因为基层医疗机构缺乏信得过的医疗资源，理性的做法是，无论是头疼脑热还是感冒发烧，只要有条件——耗得起时间、找得到关系、花得起银子，都会选择有资源、有品牌、有好医生的三级甲等医院。基层不健全，患者向上跑是必然结果。

刘国恩教授还指出：“现代医院平台应该集中精力做好急诊、住院服务，而不是‘眉毛胡子一把抓’。尤其是针对常见病、多发病的门诊服务，公立医院改革的目标应该是如何将其‘让位’给基层诊所，从而使各自的优势都得到更好发挥。现代医学服务在绝大多数国家的实践显示，最有效的就医模式是：急诊、住院集中在医院，大量门诊消化在广泛的基层社区诊所。流行病学理论显示，平均每100个人在1年中只有七八个人要住院，而80%的疾病仅需门诊服务。常见病、多发病以及慢性病的长期护理则集中在基层，西方国家因此形成了根植于社区的家庭医生服务市场，主要是各种民营的普通诊所和专科诊所。”家庭医生制度得以实施的关键还是好医生，但1997—2005年，全国医生人数基本没有显著增加。这是又一个供需不平衡的矛盾。

“政策应该允许和鼓励医生自主开业，再结合医生助理、护士等组成社区全科服务网络，完全可以解决绝大部分普通门诊和慢病管理服务。患重病时则通过更有序的通道转至大医院。所以，我们说的放开不仅是医疗机构，还包括解放医生，鼓励其多点、自由执业。一旦实现这个突破，不仅可以更好地解决看病难问题，每年医学院校的毕业生自然也有更多工作岗位的选择，可以继续他们的医疗服务和专业发展，社会花费巨大资源培养的医学生也不会流失太多。”刘国恩教授认为，人们看病往大医院跑的板子不能打在患者身上，因为“人跟着资源跑”是理性选择。解决医患矛盾的根本再次触及医改所有政策的指向——制度。解放医生就是调动医疗机构中最有活力的资源。

刘国恩教授坚信，推进医生多点、自由执业的先决条件是完善中国医生资格培养和认证体系，逐步取消医生附属在单位的执业许可。医生多点执业不需要院长批准，也不需辞职，只需必要的备案流程，医院可根据医生的时间进行工作、薪酬的相应调整。刘国恩教授提出：“配套政策也很重要，特别是随着医疗市场的进一步开放，社会办医在使用土地、用电用水等方面都应该参照公立医院的标准。在融资、贷款等方面，政府也应给予支持。事实上，当所有市场主体都遵守同样的游戏规则后，实现的不仅是患者端的效用，医疗服务的供给端也站在了相同的起跑线上，可以看看到底谁能跑得更远。”

病人的红包、药厂的回扣尽管是“灰色”，长期以来已经成为很多医生事实上的额外收入。刘国恩教授说：“这些收入既不合法也不合规，我相信医生骨子里对这种收入也是排斥的，问题是现实中他们没有更好的选择。现有机制下，行政事业编制的医生工资很低，与其提供的服务投入、技术，以及风险严重失衡。但是，如果医生可以多点、自由执业，情况可能会出现根本性的改变。事实上，国际上大多国家的医生定位也是如此。”

2009 年颁布的《关于深化医药卫生体制改革的意见》以及 2012 年颁布的“十二五”医改规划都明确支持非政府社会力量办医，2010 年，国务院发布的《关于进一步鼓励和引导社会资本举办医疗机构的意见》（简称“58 号文”）就已提出允许医生多点执业。文件接连发布，实际行动却踪影全无。社会力量办医究竟难在何处？

民营医院：一种选择，一种出路

全国最大的连锁口腔机构佳美口腔的创始人、董事长刘佳在出席一个医改领导小组召集的讨论会议时，被一家公立医院的领导直斥：“他们这样的民营医院就是医疗体系布局不合理的问题所在。这些民营医院并非在现有公立医院的区域布局外进行投资，而是任意开店，扰乱秩序。很多民营医院还存在缺乏监管、无证无照、非法行医等问题。”很多参会的官员和专家愣住了，刘佳也极其尴尬。这时，刘国恩教授拍案而起：“政府区域卫生规划可以有，但为什么要维持公立医院先入为主的格局，而让社会办医充当配角补位？这不仅有欠公平，更无助于服务质量、服务效率的提升。我家人在北京公立的和民营的口腔机构都体验过，说实话，你们公立医院的服务品质明显不如佳美口腔，而服务态度就更不敢恭维了。另外，国家财政长期为你们投入多少？民营机构又获得多少？我看你们才是医改的重点目标！”刘国恩教授话音未落，会议室里掌声雷动。

创办佳美口腔20多年，刘佳并不是第一次遭遇类似的场景。民营医疗机构发展道路的崎岖和九死一生令他对中国医疗产业的现状及其成因有了切身感受。因此，“非公有制医疗机构进入医保范围，鼓励和引导社会资本进入医疗产业”这些医改思路都是他在医改工作小组会议上提出的。

哈佛商学院曾经写过一个关于佳美口腔的案例，案例中断言：医疗和教育将是未来中国的两个朝阳产业。25年前，刘佳在家乡大连开佳美口腔的第一家门店时，并没有预料到它能够发展到如今的规模，他同样没有预料到，要在医疗这个高度垄断的行业实现突破要花20年甚至更长的时间。

做医疗最怕的就是事故。相对而言，治牙的风险比其他专科小了很多，而牙的可复制性、巨大的市场潜力最终促使年轻的刘佳选定了口腔医疗作为自己事业的新起点。“人们对于自身健康的重视和经济状况是高度相关的，为什么医疗问题是最近几年最热门的话题？因为老百姓解决了温饱问题就想过得更好。中国经济发展到了这样的阶段，大家的意识发生了很大改变，对于生活有了更高的追求，产生了为健康消费的意识。只要不亏钱，我就等着。医疗的事急不得，得有做百年老店的心态。”

坚守25年，目前的佳美口腔已经拥有近40家门诊和医院，获得了多项口腔专科里最先进技术的亚洲独家代理权。可是，25年前的佳美口腔在大连的第一家门店还只是个街边店，只有4张治牙床，在前 5 年里不温不火地磨着。那 5 年里，刘佳仔细研究了麦当劳、肯德基这种连锁业态。他意识到，口腔医疗本身具备投资小、见效快、容易操作、事故率低等特点，因此非常适合做连锁，也只有通过连锁才能做大规模。所以，尽管当时的民营医疗在整个医疗产业中的份额几乎可以忽略不计，他还是很大胆地确定了连锁的发展方向，并且在第一家佳美口腔门诊开办两年后就开始申请连锁医疗的牌照。这一等就是 10 年，直到 2006 年刘佳才获得了连锁经营许可证，而且还是试点，之后又过了一年才变成正式的。

除政策制约之外，医疗行业本身的特点也令这个行业里的民营创业者磨炼出了极强的承受力。2003 年“非典”期间，佳美口腔整整 3 个月没有一个病人上门，就连治了一半的病人也不敢来了。刘佳说：“我们就把消毒液和医疗口罩放在门诊部的外面，请大家自取，完全免费，也算是为抗击‘非典’出一份力吧。”这就是刘国恩教授强调的医疗的高外部性，医疗无小事，任何风吹草动都会引起社会恐慌。“非典”一疫中，佳美口腔损失了 1 000 多万元。

2003 年“非典”之后，中国在长达 5 年的通货紧缩之后开启了新一轮景气周期，经济增长的微观效应就是老百姓消费水平的提升。与此同时，海外老牌投资机构纷纷进入股权投资的处女地——中国，中国本土的投资基金也先后成立。尽管政策依旧不明朗，但这些向好的外部条件使民营医疗在踯躅前行中似乎看到了一缕曙光。数据显示，人均 GDP 超过 1 000 美元之后，消费将取代投资，成为支出的主体。在这个过程中，提高生活品质成为消费的主旋律。医疗毫无疑问地成为最大的富矿。刘佳和他的民营医院成为资本追逐的宠儿。在反复筛选之后，他选择了两家来自海外的顶尖投资机构。

当初的融资计划设计分为两个阶段：两家投资机构先注资 1 000 万美元，佳美口腔用这 1 000 万美元去各地收购诊所，做大规模；待收购来的诊所运营起来之后，再注入 3 000 万美元。为了尽快实现投资方设定的条件，刘佳在 2008 年一年就收购了 64 家诊所。

还没顾得上喘口气，席卷全球的金融危机爆发，这两家海外投资机构自顾不暇，所有资金全部被抽回本国，第二阶段的 3 000 万美元彻底泡汤。收购来的 64 家诊所本身质量良莠不齐，刘佳本来准备利用后续的 3 000 万美元好好修整这些诊所，但空荡荡的口袋已经一分钱都没有了。唯一的解决办法就是关店。刘佳用“卖房子卖地”形容 2008 年的自己：“不卖怎么办？佳美就是我的命，他们不投，我投。”

用“卖房子卖地”的钱，刘佳又从两家投资机构手里买回一部分股权。现在回想起当时的困境，刘佳觉得反倒是好事：医疗行业绝对是个“慢工出细活”的行业，事关人身安全，管理的细节怎么强调都不过分。现在，每当有同样做医疗的朋友找刘佳咨询引入投资的事，他总会反复强调：“3+2 的钱坚决不能要，最少也得 8+2。因为这个行业得养，医疗本身是个高技术含量的服务行业，不仅要求技术实力，还要求服务的规范性，必须踏踏实实，来不得一点儿虚的。为什么医疗行业的连锁审批这么谨慎？就是因为各地文化、经营理念都很不一样，本地医疗品牌到了外地就会异常艰难。没有什么比生命更宝贵，必须慎之又慎。”

25 年前的佳美口腔还只是大连路边的一家口腔诊所。如今，佳美口腔在北京国贸 CBD（中央商务区）和金融街这样寸土寸金的地方开了 1 000 平方米以上的旗舰店。刘佳说："25 年前，80% 的患者都是牙疼了才去找医生治，现在 90% 来治疗的都是健康人。这说明随着经济水平提高，大众的健康意识突飞猛进。为什么看病难这个问题在最近几年越来越突出，就是因为老百姓的医疗服务需求增加了，对医疗服务的期望值提升了。如果公立医院能够满足病人的需求，民营医疗机构当然就不会有生存空间。我们做了 25 年，能发展得这么好，已经说明现有的公立医院机制必须改革。"

在刘佳看来，医院的核心竞争力就是医生，一旦市场化得以推行，多点行医实施开来，医生拥有更大的自主选择空间，公立医院目前一统天下的绝对优势就不复存在。刘佳指出："比如我们想从公立医院聘请医生来佳美坐诊，医生必须在自己所属的医院签字盖章。公立医院为了遏制民营医疗机构的发展，肯定拒绝签字啊。又因为医生的评级、职称、科研经费全都依附在他们的行政关系上，医生只能屈服。医生的能力不能发挥，病人花钱都看不上病，到底谁受益？"

目前中国平均每 28 460 人中有 1 名口腔医生，美国是每 2 500 人中有 1 名，欧洲是每 800 人中有 1 名，中国和发达国家的差距高达 10 倍。国家培养一个医学博士耗资百万之巨，他们是公共财富，理应为政府分担、为民分担。但这些医生进入医疗一线后，面对恶劣的医疗环境、危险的医患关系、低得与其知识含量无法对等的薪酬，大部分医学专业毕业生要么改行，要么出国。

作为医改小组成员，针对允许医生多点执业、引入市场机制的问题，刘佳还专门给李克强总理写了一封信阐述自己的观点。终于，中共十八届三中全会通过的医改细则明确了民营医院可以解决医生职称的晋级问题。在与公立医院抢夺人才的竞争中，民营医院小下一城，能够选用且留住好的医生、护士，建立起标准化服务的管理团队，这得益于医改。目前医生多点行医现象开始普及，打破了医疗资源的垄断，让全社会共享。这也大大缓解了公立医疗机构看病难的问题。

在民营医疗领域摸爬滚打20多年，刘佳看到的远远超出了医院的这一亩三分地。比如，他认为医院应该按服务对象的不同差异经营，积极引进国外的先进技术与资源，对于外籍医生在国内就业，政府要给机会、给政策。他甚至认为医改也要把城市规划部门纳入进来。以“非典”时期的重灾区北京地坛医院为例，该医院位于北京中轴线、紧邻二环，地理位置堪称优越，但对于一家传染病医院来说，建在人口稠密区不啻为一个巨大的灾难。

“非典”引发了围绕医疗的全社会大讨论。计划经济时代向心型的城市布局把城市所有的核心资源全部建在核心地带，这就导致“非典”过后，国际社会和公共卫生组织频频质疑地坛医院的地理位置。这些争论最终以2008年地坛医院搬迁到五环外告终。

从表面上看，一家医院的地理位置与“看病难、看病贵”的中国医疗行业现状没有那么密切的关系。但是，由地坛医院搬家足可体现中国医疗系统的现状。为什么医改连续提了这么多年却始终未见些许进展？刘国恩教授说：“政府医改会议开了很多，牵扯的部门太多，参会的部门也随之增多，意见也越来越多，最后大家比谁的嗓门大，结果常常是折中妥协，谁都不满意。”

无论如何，经过社会各界、多方长期的讨论，2009 年，由时任国务院副总理李克强出任组长、由 16 个部委组成的国务院深化医药卫生体制改革领导小组，终于出台了中国第一个完整的国家医改方案。所谓改革，就是制度环境的综合变化。而改革的福泽也往往会绵延后世。犹如 1978 年的改革开放一样，此轮国家医改尽管也有若干不尽人意之处，但它的深远意义必将被记录在中国医疗、中国社会的发展史上。

刘国恩教授回顾：“2009 年的医改推进了近 10 个年头，伴随中国经济发展，今天的医改已经进入新的发展阶段，最突出的标志就是从传统的以疾病治疗为中心的‘制度建设’，转型升级到以促进全民体质提升为导向的‘健康中国’。如果可以真正逐步落实《健康中国 2030》的蓝图，中国医改或许会实现一个伟大的远景目标——建立以国民健康产出为导向的价值医学服务体系。”

卢锋

第五章 宏观调控：『看得见的手』和『看不见的手』

“感谢小平，感谢改革开放，让我吃饱不饿肚子，让我能努力考上大学。”2018 年，改革开放已有 40 年，复星集团创立也已有 26 年。6 月，在回顾自己和复星这 26 年的历程时，出生于浙江横店的郭广昌说，当时的家乡是个穷地方，然而，在他人生中最关键的少年时期，改革开放开始了。靠着分田到户，虽然还是吃着粗茶淡饭，但总算能吃饱了，也没有耽误自己长身体；因为高考制度得以恢复，他可以通过自己的努力考上大学，第一次坐火车出远门，来到大上海。“所以这 40 年来，我一直深深感恩于小平，感恩于改革开放。”

2010 年 8 月，在距离武进老家 370 余公里外盐城市的黄海边上，戴国芳重新创办了江苏德龙镍业有限公司，注册资本 2 亿元。目前，该公司已发展成为国内规模最大的镍铁合金生产基地。2009 年 4 月 17 日，经过“马拉松式”的审判，历经 5 年之久的“铁本案”终有定论，时年 45 岁的戴国芳因“虚开用于抵扣税款发票罪”被判处 5 年有期徒刑。从 2004 年 4 月 19 日至宣判日，戴国芳被拘刚好 5 年整，因此他在获罪的同时获得了自由身。2008 年 11 月，因取保候审恢复自由的戴国芳回到老家。从回家到重新出山创业的两年间，“人待在家里，不愿意见任何人”，戴国芳努力在自省和反思中告别“铁本案”所留下的烙印和伤害。两年后，他又一次挺进自己熟悉而喜爱的钢铁行业，“在盐城厂里忙碌，常年不回家”。

对中国的企业家来说，个人的成长、企业的成长与国家的转型改革进程交织在一起，这是幸运——生逢大时代所面临的机遇是普通时代无法比拟的，但是曲折的探索之路也对这些企业家提出了更大的挑战。

历史从来没有孤例

2013 年 11 月 22 日，又是一个周五——郭广昌遭遇了“黑色星期五”。一股谣言突然袭击了郭广昌和资本市场，“被限制离境”如此大的中伤足以令复星系股票全面跌停。郭广昌火速在上午休市后召开紧急投资者电话会。会上，郭广昌直斥谣言制造者：“会干这种事的人很贪婪……我要动用公安的力量查清楚事实。”但复星系股票当天的市值已经蒸发超过 60 亿元。

改革开放 40 年间，被“请回来的”企业家遭遇的这类“偶发事件”绝非少数，即使是郭广昌，在并不遥远的 2004 年 5 月，也险些折戟沉沙。当时，复星在宁波北仑港的建龙钢铁危在旦夕，被勒令停建后，复星股价亦遭受重挫，上了银行“慎贷”的黑名单，其资金链随时有断裂的危险。不仅是建龙钢铁，复星自己也身陷“山雨欲来风满楼”的境地。危机直到 8 月才得以化解，代价是复星出让建龙钢铁股份给杭州钢铁，这使这家国有钢铁企业获得建龙钢铁51% 的控股权。

虽然如此，但郭广昌及时出让控股权的判断和决断令复星免遭灭顶之灾，这才有了资产规模超过 4 000 亿元（截至 2015 年）的民营企业龙头。戴国芳的江苏铁本钢铁有限公司与建龙钢铁同属一个时代，却走向了另一个极端，成为中国宏观调控史与中国企业史上的一个印迹。

卢锋教授当时正在参与北京大学中国经济研究中心受委托进行的一项土地调研课题："有幸跟随周其仁教授参与这次课题调研，去了几个省市，先是江苏昆山，然后是常州，和周其仁教授一起在看守所里与被刑拘的戴国芳先生有过几个小时的交谈。这无疑是一次独特的调研访谈经历，即便对'学界案例调研第一人'周其仁教授来说也是第一遭。"

离开常州，在后续调研中，卢锋教授开始思考这个案例及其背后的钢铁崛起现象，并计划开展专题研究，这也成为他对 21 世纪初开放宏观经济景气增长和宏观调控进行持续观察与研究的契机之一。卢锋教授说："我个人对这件事情的想法体现在后来我在北京大学相关课程的教学内容上。给北京大学学生特别是 BiMBA 商学院的 MBA 学员上课时，这个案例是我此后多年教学研究的保留案例。我给 EMBA（高级管理人员工商管理硕士）学员上'管理经济学'和'开放宏观经济'两门课。MBA 学员并非从事纯粹经济学研究的人员，铁本事件的具体内容、直接影响和意义使其成为观察理解转型期中国经济微观机制与宏观形势政策的一个典型案例，特别适合在

MBA 教学中分析讨论。”

钢铁行业产值高、规模大，是当之无愧的国计民生行业。钢铁、水泥、电解铝也曾经是民营巨头热衷讨论的投资方向，而传统上，钢铁也的确始终为国有大型企业所垄断，但投资拉动型经济对钢铁的迫切渴望鼓动着各路资金纷至沓来，即使政策未明甚至批文未到，它们也要奋不顾身，这就使得经济转型期中如何界定政府和企业的关系、如何界定产能过剩、如何进行宏观调控等一系列问题凸显。

卢锋教授指出：“铁本事件最后会以这样一种无论在当时还是现在看来都比较‘铁腕’的方式处理，最终形成定论的级别之高，传达方式以及处理和善后方式的讲究，此后对政府、国有企业和民营企业这三者之间关系的微妙影响等都很特殊。”

2004 年 4 月 28 日，时任国务院总理温家宝在其主持召开的国务院常务会议上，责成江苏省和金融监管部门“严肃处理”江苏铁本钢铁有限公司违规建设涉及的有关责任人。铁本被清理的消息旋即成为次日各大媒体的头条。占地 6 541 亩[a]、预计总投资 105.9 亿元、设计年产钢铁 840 万吨的中国最大的民营钢铁厂神话破灭。

之所以称之为“铁腕”，在于被拘留的不仅仅是江苏铁本钢铁有限公司的相关人员，8 名政府要员也被严厉查处，其中包括常州市委书记。在通常由地方行政首长担负责任的背景下，对地方党委一把手的查处显示出了铁本事件不同寻常的政治含义。这层含义在次日的《人民日报》社论中得到了体现：坚决维护宏观调控政令畅通。

---

a 1 亩≈666.666 7 平方米。——编者注

4 月 29 日，《人民日报》发表题为《坚决维护宏观调控政令畅通》的社论，措辞严厉：铁本事件是一些地方对中央宏观调控“置若罔闻，我行我素”“有法不依、有章不循”的结果，要“严肃党纪”，维护国家宏观调控的统一性、权威性、有效性。

4 月 30 日，时任中共中央总书记胡锦涛赴江苏调研，就落实科学发展观、加强党的建设等进行调研。他强调，中央已经就遏制固定资产投资过快增长问题做出部署，各地各部门一定要把思想统一到中央的决策上来，增强大局意识和责任意识，必须牢固树立和认真落实科学发展观。

嗣后，官方媒体披露中央调查组赴铁本调查的发现：当地政府及有关部门严重违犯国家有关法律法规，越权分 22 次将投资高达 105.9 亿元的项目分拆审批；违规审批征用土地 6 541 亩，违规征地拆迁；铁本通过提供虚假财务报表骗取银行信用和贷款，挪用银行流动资金和贷款 20 多亿元用于固定资产投资；铁本大量偷税漏税；有关金融机构严重违反国家固定资产贷款审贷和现金管理规定。调查组最后得出结论：“这是一起典型的地方政府及有关部门严重失职违规，企业涉嫌违法犯罪并造成严重后果的案件。”

卢锋教授回忆 2004 年在江苏调研时的场景：“铁本事件查处之后，胡总书记于 4 月 30 日至 5 月 6 日在江苏进行了长达 7 天的考察。官方报道是：‘在田间地头、工厂企业、科研院所、建设工地、街道社区以及百姓家中，总书记面对面地向一线工人、农民、城乡居民、劳模代表、科研人员和基层干部了解民情，倾听民意。’其中少不了向地方官员阐述中央宏观调控政策，释放这一超常政策手段在地方和基层带来的疑问与张力，显示高层深知出台这一政策具有非同寻常的意义。”

然而，客观而言，铁本事件难免会对后来实施鼓励民营经济投资政策带来很多困难。尽管2005年发布了《国务院鼓励支持非公有制经济发展的若干意见》，也就是俗称的“非公36条”，但现实生活中，正如列宁所说，“一个实际行动比一打纲领更重要”，可以想象一个铁本事件对地方政府和民营经济的影响。

铁本案例自然也成为国家发展研究院（当时还是中国经济研究中心）的学者们研究的对象。周其仁教授在讨论铁本案例时，不止一次提到20世纪80年代邓小平处理傻子瓜子的策略和考量。当年傻子瓜子的经营方式率先突破雇工红线，面临被强大国家机器惩治的危险。邓小平对傻子瓜子案例力主“先不要动他”。[a]为什么不要动？当时的方针是搞活经济，鼓励民间力量，口号方针虽好，但公众毕竟是从国家行动而非政策条文判断政府的真实意图的。

至今，回望2004年，在开放宏观经济景气后确实出现了第一轮通货膨胀小高潮，宏观政策适当收紧以保持宏观稳定无疑是有必要和正确的，关键在于采用什么方式和手段实施宏观调控。中国银行、中国建设银行、中国农业银行等6家金融机构合计向铁本授信43.39亿元，其中25亿多元银行贷款已变成砖瓦高炉；被占用的耕地无法复耕，4 000多名被拆迁农民流离失所；参加项目建设的6 000多名工人面临失业，工资无法得到保障。

---

a 邓小平保护民营企业家：“先不要动他”[EB/OL].（2013-09-11）. http://cul.qq.com/a/20130911/005667.htm.

戴国芳本人则在被羁押多年之后以“偷税漏税”罪名获刑。因铁本事件被刑拘的戴国芳时年 41 岁，常州人，出身贫寒，12 岁辍学后和父亲一起到处收废铁。虽然没上过大学，但是他用初步积累的资金购买了 3 台 30 吨的小电炉炼钢，继而承包租赁了 6 家濒临倒闭的国有钢铁企业，后在常州注册了江苏铁本钢铁有限公司。至此，这位起家于乡野的企业家堪称“一个人救活一个厂”的精英，如果不出意外，他会成为媒体宣传的白手起家的创业者典型，成为当地政府创造就业、税收的企业家典范。戴国芳本人的生活异常简朴，开一辆桑塔纳汽车，从不去歌厅和桑拿房之类的地方。直至他后来进了看守所，连看守所所长都说：“从来没见过这种企业家，进来以后什么也不琢磨，就琢磨他厂子里那点儿事。”

正是因为琢磨和企业家天生的敏感，使得“戴国芳们”早在 2002 年即嗅到了经济回暖的味道。即便当时中国的宏观经济依旧处于通货紧缩阴影下，而 2003 年上半年的“非典”又使未来经济的走势越发扑朔迷离，但这些都未挡住企业家敏锐的触角。

卢锋教授说：“戴国芳当时为什么敢投资，而且还向银行借贷，搞那么大？那是因为他自己 1996 年就在家乡东安投了一家钢厂。也就五六年时间，那家钢厂的利润就有五六亿元。到 2002 年，尽管经济好转迹象刚刚显现，大部分经济学家仍对宏观经济前景忧心忡忡，但是凭借企业家的直觉，戴国芳雄心勃勃要大干快上。事后来看，戴国芳这种在市场上摸爬滚打的企业家直觉确实比较超前和正确，正所谓‘春江水暖鸭先知’。戴国芳的铁本最终产能设计为年产量 840 万吨，他在 2002 年已和澳大利亚、巴西签署了采购铁矿石的协议。因为中国虽然也有铁矿石矿藏，但都是质量不高的鸡毛矿。拿到澳大利亚和巴西锁定价格的高品质铁矿石，就意味着无论未来国际市场价格再怎么波动，铁本原材料的价格就是协议定死的每吨20多美元，后来铁矿石价格上涨到每吨100多美元，你算算铁本的赢利能力有多强！由此可以理解企业家在市场直觉方面无师自通的本领。”

开启开放宏观

卢锋教授将铁本倒下之后的10年定义为“开放宏观的10年”，中国经济被称作“奇迹”，城镇化带动重工业开启了新一轮景气周期，而在2004年宏观调控中风声鹤唳的钢铁、水泥、电解铝三大金刚行业一路高歌猛进。以钢铁而论，年产量从当时的2亿多吨增长到2013年的约7亿吨。

也就是2004年，众多民营企业开始了自己的浴火重生之路。2004年，联想集团收购IBM（国际商用机器公司）的个人计算机业务。2003年，联想集团的母公司联想控股成立弘毅投资。之所以在2001年成立君联资本之后再开办一家投资公司，是因为伴随“抓大放小”的国企改革政策，国企改制成为一类新的投资机会，于是，作为专注于国企领域的投资公司，弘毅投资应运而生。

2004年，从“生死劫”中涉险过关的复星集团一方面保留了在建龙钢铁中49%的少数股权，另一方面待局面稳定又大举杀入黄金、矿产等领域。以黄金为例，2004年复星集团投资招金矿业，此前多年，金价长期在每盎司[a]250~340 美元的低位徘徊，至 2005 年年底，金价上升通道打开，最高冲至每盎司 1 500 美元。

2004 年，万达开发建设首个第三代万达广场——宁波鄞州万达广场，包括五星级酒店和超高层写字楼，尽管其总建筑面积只有 60 万平方米，但这个项目标志着万达在全国首倡的“城市综合体”面世；2005 年，万达商业地产股份有限公司成立。自此，王健林开始了向“首富”迈进的道路，万达集团则以“城市综合体”的“造城”概念成为地方政府的座上宾。

那么，为什么是铁本倒下，复星、东方希望在项目叫停、银行慎贷、危在旦夕的时刻终能化险为夷？2004 年，卢锋教授在看守所里第一次见到戴国芳，并参加了对他的访谈，此后多年一直关注这家公司和这位传奇企业家的命运，多次找机会回访常州考察经济环境和这个案例的演变发展。卢锋教授说：“中国的民营企业家是值得研究、令人感叹的一个群体，在困难的环境中，他们能排除万难把事情做成，不止才智，精神、意志力都要极其强大。戴国芳这些方面都不差，他这样一个没上过大学的农民企业家想的不仅是挣钱，而是把中国钢铁做大做强。你要相信这批人有这样的情怀、使命感，即使后来进了监狱，他也依旧很着急，他认为自己做的事是把个人利益和国家利益结合在一起的，要通过技术升级淘汰当时仍广泛存在的钢铁落后产能。这和其他领域一些事业心强的人类似，都想把自己的事业追求和激情升华到一个更高的水平。当然，由此引发的

a　1 盎司 =28.349 5 克。——编者注

操之过急加上对政策环境风险缺乏关注和了解，也直接导致了后来的败局。”

2003 年下半年，新一轮通货膨胀形势逐步明朗，钢铁、水泥、电解铝等部门投资过热被看作通货膨胀的关键驱动因素。据说江苏省地方官员私下与戴国芳就此话题有过交流，解决方法很简单：“国有股份是不是可以参与一部分到铁本中？你的控股权依旧有可能保留。同时，把投资规模适当收缩一些。”官员长期浸润于体制内，对政策走向变化比较敏感，希望能够让铁本作为地方重要投资项目顺利发展。

地方官员注意到从早先第一批来自中央的调研组那里听到的是鼓励和较好的评价。21 世纪初承接 1998—2002 年通货紧缩周期尾声，鼓励民营经济投资无论从长期改革方针还是短期宏观政策角度来看都是政策优先内容，因而民营经济投资在中国共产党第十六次全国代表大会前后受到鼓励。正是在此背景下，戴国芳的大型钢铁投资项目才能在地方审批流程中一路绿灯。

然而，仅仅半年之后就开始出现宏观经济过热的苗头和讨论，国务院下发通知，要求对钢铁行业“迅速遏制盲目投资、低水平重复建设的势头”。连同水泥、电解铝，这三大产业成为调控的众矢之的。局面至此，据说戴国芳根本没有注意到这个信号，或者说这样的“言下之意”并未在戴国芳惯常获取信息的频谱内。然而，天天与文件、讲话以及“精神”打交道的官员是明白的，清醒过来的第一件事就是如前文所述，找戴国芳商量国有参股事宜。和毕业于复旦大学哲学系且曾留校任职校团委的郭广昌不同，戴国芳拒绝了。

等了解到面临无法逃脱的严厉处罚时，戴国芳紧急寻找自救方法，但后来被证明是选择了一个昏着儿：试图通过主动承认自己偷税漏税摆脱处罚。这也是铁本事件尘埃落定后，质疑这家公司到底是偷税漏税还是多缴税的出处所在。20 世纪 80 年代，中国鼓励充分利用废钢，如果用废钢炼钢，政策允许钢厂抵扣增值税。收集废钢的企业规模一般很小，开不出增值税发票。所以，当时钢厂大门口开增值税发票的摊位也算一景，卖增值税发票是业内同行的行规。戴国芳开钢厂，当然也要开增值税发票。问题在于他开的是假发票，炼的却是真废钢。危急时刻，戴国芳根据自己每年需要用多少吨废钢推算出对应的增值税发票金额，以此“自首”希望过关，最后律师测算出的结果反倒是这家公司多缴了税。

然而，这一切澄清和辩解已经不能改变当事人受到刑责的结局，戴国芳在被羁押 5 年后，最终还是以偷税漏税获刑。戴国芳出狱后，卢锋教授又有机会与其会面。这位曾经的“中国钢铁第一新闻人物”目前仍在做企业，与以前不同的是“相当低调，相当谨慎，甚至从不出面，狱中 5 年让他有了深刻的反思”。时过境迁，卢锋教授感慨良多：“铁本事件无论在中国宏观调控政策史还是民营企业史上都有其不可多得的案例意义。外部的宏观环境永远是不确定的，你的信息渠道有哪些？你如何判断这些信息到底是风险还是机遇？如果是风险的话，如何处理风险？企业规模比较小的时候，企业家可以不关心政策环境突变因素，只要做好市场就行。在企业规模发展到具有全国性影响之后，不仅市场风险在增大，政策变化风险也会有所不同。如果仅关注企业微观决策层面的问题，不关注政策环境可能发生的转变，‘只低头拉车，不抬头看路’，有时可能会吃大亏。”

在给 BiMBA 商学院的 MBA 学员上课时，不管是以企业家为主的 EMBA 学员，还是年轻的 MBA 学员，卢锋教授有机会都愿意在课堂上详细剖析铁本这个案例：从一个地区型的企业主向更大规模、更高层次的企业家发展，必须对可能遇到的政策交集有必要的敏感度和预判能力。在中国做企业不仅仅涉及单纯的投入、产出和销售。不管你喜不喜欢，现实情况是在中国仅从一个商人角度做买卖成不了大企业家，最后起关键作用的并非仅仅是纯粹的商业或市场规律。

“春江水暖鸭先知”，在 2003—2004 年政府重点进行紧缩宏观调控之前，民营企业家对行业走势的判断确实是敏锐和正确的，他们信心十足，决心“整合产业链”大干一场。民营企业家作为一个群体，最早感知并预见 21 世纪初中国新一轮开放景气增长带来的前所未有的发展机遇，至少在对中国市场动态前景判断方面，他们一点儿也不输于国际顶尖投资银行专家团队——包括著名的“金砖四国”研究报告的作者们。

21 世纪初的经济政策环境对民营企业也比较有利：国企改革获得突破；在通货紧缩的背景下政策面鼓励投资，党的十六届三中全会的文件明确提出“谁投资、谁决策、谁受益、谁承担风险”；国家计划委员会取消，变成国家发展和改革委员会……这一切都在鼓舞人们播种、耕耘。

但政策走向也是环境的一部分。柳传志、刘永行、刘永好都是从 20 世纪 80 年代开始做企业的，他们经历过各种市场的变化、政策的转向。为什么说做企业九死一生？同样一个不确定性因素冲击袭来，每个人的判断差别那么大，这都和他们既往经验的积累、持续不间断的学习能力的培养密不可分。

2002 年 10 月，曾经的《福布斯》“中国富豪榜”首富刘永行率领的东方希望在包头成立稀土铝业有限公司，建设年产量为 100 万吨的电解铝项目，并配套建设 272 万千瓦的火力发电厂。当时预计项目在 2008 年前全部完工，有望成为中国单一的最大电解铝生产企业。然而，至 2004 年年中，100 万吨的数字就已被缩减为 50 万吨，100 万吨成为“公司的长远发展目标”。至此，东方希望电解铝的故事和铁本、建龙如出一辙，但最后的走向是，在中央宏观调控改为对重工业“有保有压”的灵活政策之后，2004 年 11 月，三门峡电解铝项目再次悄然启动。

在一个经济转型与制度转型同时发生的经济体内，任何一家企业的发展都足以用“屡次涉险、九死一生”来形容。企业家是怎样成长起来的？企业家在成长的不同阶段、不同环境中又会面临哪些风险？这其中又包括企业自身经营风险与系统性风险。回头来看，发掘那些经历了 40 年风雨、历久弥坚的企业和企业家所普遍具备的素质，对当下才具备更现实的价值。

比照贯穿改革开放 40 年的宏观调控史和同时期的经济运行指标，宏观调控是否起到了削峰填谷的作用？换言之，在转型经济下，宏观调控的目的究竟是什么？铁本事件无疑是理解中国宏观调控的切入点。“我希望用这个比较极端的案例告诉同学们，江水的温度不是恒定的，倒春寒也会冻死人，做企业要讲辩证法。”卢锋教授说。

10 年宏观调控之路

那么，如何看待 2003—2004 年的宏观经济过热？近年专注研究“10 年宏观调控史”并以此为题写系列评论专栏的卢锋教授更愿意用数据说话：“政府出台政策当然是基于数据的判断。2004 年那次宏观调控的直接诱因就是 2004 年第一季度的宏观数据。数据一般都是在中旬出来的，2004 年第一季度宏观经济数据直接成了导火索。”

国家统计局公布，2004 年第一季度 GDP 修正后较 2003 年同期增长 9.8%，这一数据远远超过了市场此前普遍预期的 9.2%，显示中国经济发展的速度超过预期，进一步加剧了市场关于中国经济过热的担忧。2003 年全年 GDP 较 2002 年增长了 9.1%，为 1997 年以来的最大增幅。这表明中国经济在继续受投资和国内需求快速增长推动的同时，也进一步面临经济过热和通货膨胀的风险。

当时《华尔街日报》透露，中国的贷款额一直在迅速增长，有可能引发物价增长、坏账激增。中国政府公布的 2004 年 4 月的 CPI 较上年同期增长了 3.8%，创 7 年来最大涨幅。“中国领导人如今面临一个巨大的挑战：他们需要引导中国过热的经济成功实现软着陆。”这篇文章继续分析，“一旦成功，将成为一项史无前例的丰功伟绩”。

即使当时 2004 年第一季度统计数据尚未出炉，作为当家人的国务院自然也心里有数。有人做了一个统计，从 2004 年 3 月 14 日新一届政府的第一次全国人大（第十二届全国人大）闭幕到 4 月 28 日处理铁本的一个多月时间里，由温家宝主持的国务院常务会议共举行了 6 次，其中两次内容专门针对宏观调控。包括国家发展和改革委员会、国土资源部、中国人民银行在内的多个部门发文，从政策及机制上进行调控。

卢锋教授说："怎么解读这些数据呢？我认为政府后来采取比较极端的调控措施，一定程度上有对第一季度数据某种技术性判断偏差的原因。"可以看出，尽管统计口径公布的同比增长数据（即当年第一季度对比上一年第一季度）还在继续上升，但环比指标数据（当年第一季度比上一个季度，即上一年第四季度）其实已经开始下滑。首先是央行在 2003 年年中已经开始进行货币调控，2003 年 11 月国家发展和改革委员会也联合财政部、国土资源部、建设部、环保总局、质检总局发布了《关于防止水泥行业盲目投资加快结构调整的若干意见》，开始限制这些部门投资。

这些措施到 2004 年第一季度已开始起作用。高速扩张发生在 2003 年年中，因而 2004 年第一季度的同比增长数据暂时还不能很好地反映调控效果。然而，实际上调控已有效果，从技术分析角度看无须大幅增加宏观调控药方的剂量。政策都是有滞后效应的，对当时的中国宏观经济来说，客观上存在一轮景气增长，景气增长直接带动货币在短期内出现过度扩张，宏观与微观上都有偏热和通货膨胀压力。当时实施紧缩性宏观政策是有必要和正确的，然而采用什么措施调节宏观经济，是主要采用总量和价格手段调节，还是更多地采用产业政策甚至行政手段调控，确实存在可以探讨总结的经验教训。

4 月 28 日，参加完对铁本事件形成定论的国务院常务会议，温家宝出访欧洲。5月4日，在柏林向德国工商界的300多名代表发表公开演讲时，他说："我和我们的政府好像在驾驶一辆快速行走的奔驰车，当它速度很快的时候，我们不能急刹车，而要保持一个合理的速度，要学会点刹车。"[a]温家宝总理还表示，对某些过度发展的产业，如果本身已经是泡沫，早破灭就少损失。

宋国青教授曾经形象地比喻中国的宏观调控："车速快了，本来慢慢减速就可以，对车、对路的损伤都比较小，但是咱们不，咱们要在路上挖坑，逼得你必须踩急刹车。"从在高速路上挖坑设障到点刹车，不可谓不是宏观调控的进步。

之所以有此变化，是因为随着经济体量的日益增大，经济结构渐趋复杂，宏观调控的难度越来越大，中央政府亦对"一刀切"带来的沉重代价相当警惕，中国经济"硬着陆"不仅是中国的灾难，而且将带领世界经济掉头向下。温家宝总理在德国发表讲话前两天，《纽约时报》发表了一篇题为《让我们祈祷》（Let Us Pray）的文章。在西方主流经济学家看来，如果中国经济出问题，必然会影响到全世界。

遗憾的是，行动的结果有时会背离初衷，铁本撞到了枪口上。

卢锋教授特别提醒注意文件用词——"盲目投资"。经常在各地调研、研究实体经济、与企业家有颇多接触的卢锋教授反问："戴国芳们"都精明得很呢，他们怎么可能盲目投资？而且这些民营资本的强势进入使得产业内的运营效率、资金使用效率都大大提高，这

a 回顾温总理最近60天活动言论 宏观调控已成重点[EB/OL].（2004-05-16）. http://business.sohu.com/2004/05/16/36/article220143609.shtml.

对行业的固有格局必将形成比较大的冲击，竞争一定会加剧。卢锋教授指出：“大量资本在短期内的集中涌入，当然会使某些特定行业表现出过热的局面，这在任何一个国家都会出现。在比较成熟的市场经济条件下，宏观政策本意主要指总需求调节政策，主要利用各种政策和货币工具进行调节。中国目前的宏观调控无论从名称还是内容上都具有转型期突出的特点。”

“中国改革开放 40 年，为什么大家对改革的期待和呼声如此之高？纵观这 40 年，方方面面可以总结的东西太多，可以探讨的一个问题是：我们都用哪些办法进行宏观调控？调控手段中哪些符合市场经济原则且是有必要的，哪些则在不同程度上因与市场经济原则不兼容而需要扬弃和改革？”卢锋教授梳理 10 年宏观调控史，发现实际使用的宏观调控政策工具有几十项之多（见表 5–1）。

这些政策中，有的属于间接总量调节工具，比如公开市场操作、利率、汇率和财政收支逆周期变动等，与市场经济宏观政策原理比较一致；也有不少属于准入数量型和产业调控型的工具，如依据产业政策目录对数以千计的产品投资进行审批和核准、信贷数量和供地数量调控，是市场经济体制不完善的产物。卢锋教授说：“对这些工具的强势利用本身会阻碍经济体制的市场化改革，更不用说有时采用行政手段进行宏观调控了，既违背市场经济原理，有比较明显的副作用，又不利于市场体制完善和市场主体预期的稳定。对象宽、工具泛、主体多的宏观调控体制虽便于灵活施政，但难以厘清市场功能和政府干预的边界，叠加效应容易加大经济周期波动。另外，宏观波动短期变异度较高，宏观调控有相机抉择的特点，与产业和结构政策取向比较稳定的要求及属性难以兼容一致，实践起来难免导致宏观调控微观化与过多干预常态化。”

表 5–1　21 世纪初中国部分宏观调控政策工具梳理

	工具名称	执行部门		工具名称	执行部门
1	提升存贷款利率	央行	17	限制非居民购房	银监会等
2	提高法定存准率	央行	18	限制居民购房	建设部等
3	增加央票发行	央行	19	重启与加快 IPO（首次公开发行）	证监会
4	增发定向央票	央行	20	强化投资核准审批	发改委等
5	减少赤字发债	财政部	21	三年不上新项目	发改委等
6	减少出口退税	财政部	22	自有资本比例要求	发改委等
7	人民币汇率升值	央行	23	降农产品流通成本	商务部等
8	银行资本金要求	银监会	24	米袋子菜篮子责任制	发改委等
9	银行资本次债比例	银监会	25	母猪保险补贴	财政部等
10	信贷总量控制	银监会等	26	严管炒作农产品	发改委等
11	银行窗口指导	银监会等	27	暂时价格管制	发改委
12	地方融资平台监管	银监会等	28	加大环保治理力度	环保部等
13	地方债数量控制	发改委等	29	收紧供地“闸门”	国土部等
14	限制开发商捂盘托市	建设部等	30	暂停建设用地供地	国土部等
15	提高房贷首付比例	央行、银监会	31	重大案件查处	发改委等
16	房贷差异化安排	央行、银监会	32	治理产能过剩	发改委等

认识陷阱在于，虽然市场机制调节资源配置这一原则被反复强调，但是各种“看得见的手”可以在宏观调控的名义下左右市场。卢锋教授认为，如果把宏观调控政策范围界定得很宽，那么市场调节与计划经济的界限也就在一定程度上模糊不清了。过去一段时期

虽然坚持市场经济原则方针，但一些领域存在的市场后退、改革赤字问题均与宏观调控过于宽泛有关。以这 10 年来的 31 项宏观调控为例，总计有 8 个部门出手。卢锋教授对 10 年宏观调控史的研究显示，如果宏观调控对象过广、宏观调控工具过宽、宏观调控部门过多，许多政府部门在很多场合能随意以宏观调控的名义干预投资、信贷、准入等方面的微观经济活动，则健全完善市场经济秩序的目标难以实现。具体的宏观调控举措是技术性问题，宏观调控规则、范围和方法则是体制性问题，并在经济实际运行层面具体定义市场机制与政府干预作用的真实边界。

以上述 31 项宏观调控为例，房地产行业是所有产业中被宏观调控政策“眷顾”最多的产业。为什么针对钢铁、水泥、电解铝的宏观调控刀刀见血，几乎令所有涉足的企业家折戟沉沙、全军覆没？就体量而言，钢铁、水泥、电解铝三个行业的产业规模在当时完全可以与房地产行业等量齐观，一个显著的差别是，房地产行业中国有企业所占的比重少之又少，绝大多数是在市场竞争中一路壮大的民营企业，但钢铁、水泥、电解铝三个行业中国有企业依旧占据绝对主流的地位。追溯 2004 年宏观调控，常州市政府为戴国芳开出的救急药方是让国有资产参股，郭广昌的建龙钢铁最终以杭州钢铁持股 51% 化险为夷，这两例并非孤例，就连首富刘永行的东方希望在三门峡电解铝项目中也曾面临由中国铝业控股换取安全落地的情况。

在铁本项目进行的同时，宝钢与阿塞勒和新日本制铁三方合作，开设 1 800 毫米冷轧板工程，宝钢当时计划在 2010 年将年产量从 2 000 万吨增加到 3 000 万吨；武钢的几个大项目也得到批准，总投资超过 200 亿元；本溪钢铁与韩国浦项钢铁合作，启动冷轧板项目；鞍钢与德国蒂森克虏伯共同投资 1.8 亿美元，建设年产 40 万吨的热镀锌板项目。

2004 年 4 月 22 日，在戴国芳被拘押三天后，在距常州 105 公里的苏州工业园区，澳大利亚博思格钢铁公司投资 2.8 亿澳元（约合 17 亿元）的钢铁项目举行了奠基仪式，一个 17 亿元的钢铁项目 7 天就拿下了营业执照，这对大多数投资者来说绝无可能，按照国家规定，投资在 5 000 万~2 亿元的项目须由国家发展和改革委员会审批，2 亿元以上的项目须由国务院审批，这也是铁本被查的原因之一。

卢锋教授说："如果是国有企业真正都退出的行业，大概有关部门也不会那么关注它的产能到底是不是过剩。冰箱、彩电和洗衣机等充分竞争的行业都曾经历过产能过剩的阶段，所有厂商打得热火朝天，竞争对手坐下来订立价格同盟。当然，这些同盟在结成的那刻就纷纷土崩瓦解，但这种竞争的结果是行业产能利用效率被充分挖掘出来，低效的被市场淘汰，最后是该退就退出了，该兼并也被兼并了。一方面，市场稳定下来了；另一方面，强者恒强，整个行业水平大大提升，可以参与国际竞争。电信设备、信息技术、制造业等，凡是鼓励竞争、'看得见的手'没有调控的产业都发展得很好。"卢锋教授的观点是，市场一直在自主选择。治理产能过剩，最终还是要靠市场指导。反之，在一个国有经济占主体的产业中，无论宏观调控政策出台的背景多么努力证明其客观公正，都难免令人产生裁判员和运动员的身份界定疑问，也难免会有政策制定的导向之争。进而，政企之间的"旋转门"从来都是双向开合的，制定宏观调控政策的高级官员随时可能从门里出去，直接下场和民营企业同场竞技，国字头央企的高管由组织而非董事会任命，也早已成为全球投资界接受的共识。

为此，卢锋教授2009年完成一篇中国1999年以来产能过剩问题专题研究报告，其中提到有关部门通过预测未来需求和产能利用率推断未来产能过剩面临困难。报告写道："近10年来，我国城镇化、工业化进程提速，国内需求结构向车、房、路方面转变，产业国际相对竞争力提升，向机械装备行业群转变，上述结构演变伴随着对上游原料等重工业品需求的跳跃性提升。1999—2008年，我国钢铁、电解铝、平板玻璃表观消费量增长两三倍甚至更多。面对这种历史上罕见的需求变动，有关部门在预测需求基础上制定产业管制政策难免出错。"

卢锋教授认为，对于中国这种正经历转型发展的巨型经济体，尤其是处于21世纪初开放经济超预期成长的宏观背景下，官方和市场机构对特定经济指标预测出现偏差一点儿也不奇怪，每次都能准确预测才是奇迹。问题在于投资主管部门可能把这类严重偏差的预测作为对于企业经营和投资决策实施强制性管制的依据，这类偏差就可能通过不适当管制措施给经济运行带来不利影响。

历史就像挖掘不尽的富矿，总能有若干解读的角度。2003年恐怕就是这样一个年份。1997年亚洲金融危机、2000年互联网泡沫破裂令全球经济一蹶不振，而中国国内始自1998年的通货紧缩同样令整个中国经济从宏观到微观都处于信心低谷。大多数人都没有意识到的是，悄然间，"轻舟已过万重山"。早在2002年年底，宋国青教授就明确预测：2002 年全年 GDP 增长“坐八望九”，中国即将迎来新一轮景气周期。2003 年 9 月，宋国青教授又指出：“现在除了狗屎和债券，什么都能买。”几年间，中国加入 WTO，完成了“抓大放小”的国企脱困改革，城镇化进入高速推进期。

卢锋教授说：“这个空前的局面从宏观经济学的角度来解释其实很简单。尽管浮在水面上的看不出来端倪，但国内的实际增长率超过了 10%。为什么要特别强调这一点呢？我们可以回头看看，20 世纪八九十年代也有过很高的增长率，但通常来说都会伴随严重的通货膨胀，进而导致实际汇率贬值。亚洲金融危机之后，我们宣布人民币不贬值，这就导致实际汇率其实是在持续升值的，国际收支出现顺差。名义汇率较低一方面保护了出口外向型经济，另一方面使得国内生产在低成本状态下运行，所以增长和通货膨胀这对总是相生相伴的现象在 1998—2002 年并未同时发生。”

两位高盛分析师最早意识到了这一点，2001 年就在一份很简短的报告中第一次提出了“金砖四国”这一概念，认为世界经济增长的新动力就是金砖四国。那时世界经济还处于衰退期，互联网泡沫导致发达经济体短期内很难恢复，对高盛来说，它要的是寻找可以赚钱的、还在增长的地区发展业务——后来的事实也证明的确是中国率先走出通货紧缩。

资本的嗅觉最灵敏。2002 年，相关部门已关注房地产偏热苗头，时任国务院总理朱镕基在 12 月中央经济工作会议上的讲话中指出：“在局部地区、个别地区，房地产已经出现一点热。同志们，从一点热到过热是很快的，半年就行，我对此有几十年的经验。”[a]至 2003 年，房地产行业继续走高，宏观经济也出现偏热、通货膨胀走势。数据显示，广义货币增长率 2003 年上半年上升到 19% 上下，下半年超过 20% 的高位。投资实际增长率 2003 年前 4 个月升到 25%~27% 的高位，5 月和 6 月冲到 43%~48% 的超高水平，下半年仍在 35%~39% 的高位波动。无论从房地产还是宏观稳定角度看，1998 年以来的特殊宽松政策都急需调整。上述背景下，在“非典”新发病例上报数归零几天后，央行发布了《关于进一步加强房地产信贷业务管理的通知》(以下简称 121 号文)。

121 号文是房地产发展史上的标志性文件，主要内容是通过适度紧缩信贷抑制房地产投资过热并防范金融风险。文件重申银行不得给自有资金比例低于 30% 的开发商提供贷款，要求不得对未封顶住宅发放消费贷款，还允许商业银行对购买高档商品房或二套以上商品房借款人适当提高首付比例，并不再执行优惠住房利率。

若干年后，潘石屹这样回忆他与 121 号文初次谋面的感受：“2003 年 6 月 13 日下午 3 点，我回到办公室，发现办公桌上有一份央行的 121 号文。我迅速地看了一遍。我的感觉就像我们正在进行足球比赛，裁判突然吹响了哨声说，改排球比赛了，球再不能落地，落地就算犯规。我们紧急召开公司会议，首先认真学习央行政策，由我们的常务总裁一字不落地大声朗读，读一段讨论一段。接下来的 48 小时是公司最紧张的时刻，有关人员一刻都没有休息。根据

a 朱镕基警示房地产“过热”：要考虑可持续发展 [EB/OL].(2011-09-22). http://zhuzhou.loupan.com/html/news/201109/241427.html.

央行的最高、最新指示，首先重新编制公司的现金流量表，分析由此对公司和市场造成的影响，以及我们需要采取的对策。到 2003 年 6 月 15 日中午，新的现金流量表编制出来了，新的政策对我们的现金流造成了巨大的影响，但是现金流没有断，有比较大的安全系数。我们松了一口气，其他的应对措施根据新的现金流量表也很快制定出来，等星期一上班后具体执行就可以了。”

尽管被民营企业视作生命线的现金流在安全线以上，但如此巨大的政策变化来得如此突然，还是令潘石屹睡不着觉。直到凌晨 3 点，潘石屹还在反复思考这个文件究竟会产生什么影响，在头脑中把各种可能出现的情况做了反复推演，祈祷“这几种可能性不出现或少出现”。

但不到 3 个月，另一个文件上演了惊天大逆转。8 月 31 日国务院发布《关于促进房地产市场持续健康发展的通知》（以下简称 18 号文）。18 号文指出“房地产价格和投资增长过快”，“房地产开发和交易行为不够规范，对房地产市场的监管和调控有待完善”，与 121 号文是一致的。之后，18 号文还强调“充分认识房地产市场持续健康发展的重要意义。房地产行业关联度高，带动力强，已经成为国民经济的支柱产业”。这些方针从长期来看也是正确的，不过在当时的特定环境中推出后，“几乎立即就被房地产界解读成‘对 121 号文的纠偏’”。

在供给和购买都已经充分实现市场化竞争的房地产行业，宏观调控无疑是这个行业最具代表性的标签，从全国到地方，各种调控措施层出不穷，但都未能遏制房价这匹脱缰的野马一路绝尘。尽管中国房地产市场的泡沫说闻名全球，何时破裂已经成为各大投资银行都在分析预测的课题，但越限购越涨、调控变成“空调”的尴尬局面揭示了宏观调控在这个领域失灵确实是不争的事实。

回头来看，在当时显然已经有偏热迹象的宏观背景下，121号文以温和的手段对房地产市场进行调控，通过保证金、信贷审查、贷款利率等措施给房地产市场降温亦是央行职责所在。房地产作为资金密集型行业，天生就与金融安全关系密切，把全世界拖下水的2008年全球金融危机亦以美国的次贷危机为肇始。尽管央行的前瞻性没错，措施也未过火，但中国经济刚刚走出5年漫长的通货紧缩，决策层更担心的是“支柱产业”增长乏力影响宏观复苏所带来的后果。

与房地产密切相关的钢铁、水泥、电解铝被“限行”，而这三个行业的下游房地产行业却被“放行”，结果显而易见。为什么后来钢铁、水泥、电解铝短期内出现了集中投资？为什么资产价格一路飙升？为什么房价到现在还在无休止地上涨？卢锋教授认为：“当时的主流观点认为，作为房地产行业的长期政策方针，18号文要管5年。121号文出现争议后，再把支柱产业作为紧缩对象显然不妥。等到房地产整体偏热已然成为事实，不少城市房地产泡沫化风险明显呈现之后，有关部门便不得不采用限贷、限购等行政干预色彩较浓的手段加以调控，与市场化宏观调控也就渐行渐远。10年前的市场化配套手段还不是很健全，但面对这样一个紧急情况，如果有魄力通过改革创造一些市场化的手段，接下来的故事就会完全不一样。”

此后，钢铁、水泥、电解铝的新项目遍地开花，会不会重蹈房地产行业的覆辙，或因房地产行业政策的反复而一发不可收拾？增长的宏观数据亦令决策者再次绷紧了神经。尽管卢锋教授认为当时决策者得到的关于行业及地方情况的信息准确度有待商榷，但高层终于采取罕见的“铁腕”手段了。国务院常务会议直接查处一家民营企业，在中华人民共和国的历史上也堪称空前。江苏铁本钢铁有限公司有关人员被拘留之外，包括常州市委书记在内的 8 名政府要员更被严厉查处，对地方党委一把手的查处显示出了铁本事件的不同寻常。

随后《人民日报》两发社论——《坚决维护宏观调控政令畅通》，中央电视台《焦点访谈》节目也连续两期报道铁本事件。最高级别喉舌媒体的风向标性栏目如此集中火力地连番轰炸，政治信号意味已超越铁本和戴国芳本身。卢锋教授说：“高层直接查处铁本这类超常规事件后来不再发生，不过 2004 年宏观调控风暴形成的以‘宏观调控工具多样化、产业政策宏观调控化’为特征的宏观调控方式和机制则在多年内相对稳定地延续下来。拥有调控权力的相关部门当然更不愿意放弃已经到手的管制权，任何希望突破这种部门既得利益所产生的阻碍的尝试面临的困难也更艰巨。”

市场的魅力就在于高效的资源配置和优胜劣汰作用，企业必然会做出最优选择，即使真的盲目投资，也要自行承担由此产生的后果，为企业提供贷款的银行等贷方亦然，但实际情况是产能屡屡过剩，调控绵绵不绝。以最受诟病的房地产行业为例，土地供给制度不改变，则房地产市场不会变，带动围绕房地产的周边产业如脱缰野马般难以控制，进而产生通货膨胀，负利率出现，又怎能遏制公众对房地产的投资性需求？如果真正发挥作用的宏观经济架构不改变，这样的循环不仅无解，而且会在社会心理、公众预期等事关信心的方面造成深远的影响。

新时期的开放宏观经济

2003 年堪称中国发展阶段的一个标志性转折点。卢锋教授定义中国开启了开放宏观经济的新阶段。钢铁为什么能够在 2003 年成为资本一致的选择，因为钢铁本身的行业属性要求其必须依托一个充分全球化的网络获得飞速发展，而 2003 年则是中国加入 WTO 之后走出一轮通货紧缩之际，美国经济在 2000 年的互联网泡沫之后也呈现出向好的趋势。

观察钢铁行业本身，我们可以发现，戴国芳的铁本选址在常州港，郭广昌的建龙布局在北仑港，均位于地理条件优良的港口。这一点在一年之后国家发展和改革委员会编制的《钢铁产业发展政策》草案中得到证实。时任冶金工业规划研究院副院长兼总工程师李新创就此版草案接受采访时说："从政策规划来说，今后的钢铁企业要布局在大港口，尤其是一些优良的深水港。从历史的产业布局来看，我国的大型钢铁企业（如首钢、武钢和太钢等）主要分布在一些大城市，或者水资源紧张的地区。这种布局造成的后果是运输量大、成本高、污染严重、资源浪费。"因此，新的布局方向瞄准了港口。钢铁的基础是铁矿石：2004 年中国钢铁行业消耗的铁矿石有 40%~50% 依靠进口，将来的进口量可能超过 65%。

卢锋教授说："宏观经济学这门学问历史比较久了，为什么我愿意把 2003 年之后的全球经济描述为开放宏观经济？因为在上述背景下，新的增长机制已经形成，与之相应的包括政策的协调和开放也都逐渐彰显出来，全球经济演变成这样一个格局：中国是大宗商品的消费国，这就为中国的崛起创造了最大的能动性，表现为在开放宏观经济下的全球资源调动，使得生产力大大提高。还是以钢铁为例，过去 10 年间产能和效率大幅提高，非常符合开放宏观经济的规律。这些重工业的发展支撑和带动了中国整个产业结构的变化、劳动生产率的提高以及人口结构的城镇化。"

中国实现这样的生产模式需要两个条件。

第一个条件是高质量大宗商品的资源。如此巨大的消耗量仅凭本国一己之力是根本不可能实现的，这样就有了戴国芳和澳大利亚签订锁定铁矿石价格的合同，同样，俄罗斯也向中国出口天然气，海湾国家向中国出口石油，而铜等中国本身储备不丰富的矿产，进口量就更大了。这样一种大宗商品的全球配置又带动这些资源、商品出口国的经济发展。

2003 年这一年与之前的不同之处就在于，这些在地下、矿山里沉睡的矿藏如果没有购买者其实一文不值，但是 2003 年全球最大的需求方中国出现了。在始于 2004 年的这轮全球资产大牛市中，铁矿石的需求增量基本 100% 由中国贡献，石油亦达到了 40%~50%。

第二个条件是把这些初级生产资料变成工业制成品。这些终端产品流向哪里呢？换言之，资源输出国出售大宗商品是因为有中国的强劲需求，中国的产成品也必须有一个实现其价值的途径，即那些欧美发达国家，通俗地说就是“底子厚”的国家：在目前的全球产业分工中，欧美国家处于产业链顶端，普遍从事高附加值产品和服务的生产。

至此，如何应对这样一个全新构架下的国际经济新秩序，成为逐渐扮演世界舞台主角的中国必须回答的问题。卢锋教授的预期依然乐观：“除非出现灾难性的变化，我认为中国在相当长的时间内还会是全世界增长最重要的引擎。即便中国的增长率从过去的连续11%、10%下降到8%、7%，未来甚至还会更低，但在突破了大家的心理红线8%之后，并没有出现影响稳定、就业的糟糕现象。改革开放40年来，为什么每每在大多数分析都认为中国要硬着陆了、泡沫要破裂了时，中国的经济却始终能够维持这样一个向上的趋势？我们以量化的工具做系统性分析。中国当然存在很多问题，但基本面其实并非像大家讨论的那么差劲，我们的资产负债表不存在严重的问题，归根结底，在全球化的开放宏观经济背景下，掌握能动性的中国至少还拥有选择权，并且已经站在了增长的核心位置——只要愿意印发货币就一定会起来，即使是现在也如此，但这当然不是什么好事情，GDP虚高，污染也会加剧。社会各界对强刺激诟病呼吁已久。”

其实，以牺牲某些长久利益为代价的增长一向是被热烈讨论的话题，并且已然成为影响社会稳定和民生发展的问题。以日益严重的环境问题为例，尽管人类历史上同样出现过雾都伦敦这样的先例，但长达百年的治理是以几代人的健康为代价的。就此而言，产能确实需要治理，方向当然是更高效、更先进的技术，但现实生活中又是通过宏观调控这样一种行政工具而非经济政策实践的，这也恰恰是铁本事件这朵有内容、有质量的浪花蕴含的意义之一。

再来看美国。全球最大的高素质人才流入地、健全又灵活的企业制度、纵深度很高的资本市场，甚至民族性，都使得美国可引领全球最前沿的技术和经济发展，这就是美国本身的要素禀赋决定的增长模式，它善于把研究成果转化成可赢利的商业模式。20 世纪 90 年代的互联网革命当时被称作泡沫，但现在看来，那场互联网泡沫给整个人类社会带来了巨大的改变，从经济到人文，原先存在的信息不平等产生的种种空间被填平，而这种趋势又打破了全球各个经济体之间的藩篱，使得开放成为发展的前提。

2011 年美国乔治梅森大学经济学教授泰勒·考恩所著《大停滞？——科技高原下的经济困境：美国的难题与中国的机遇》一书曾在出版市场引起较大的反响。作者在书中分析美国经济为什么在 2008 年全球金融危机之后停滞时做了一个形象的比喻：至少在目前，一马平川的科技平原上再难看到伸手就可以摘到的果实，20 世纪 90 年代的互联网革命之所以能够在那个时点爆发，是因为早在 60 年代即已开始相关技术的探索，30 年来始终不断进步，直至 90 年代，“果实饱满得低垂下来、触手可及”，这才有了 21 世纪初波澜壮阔的互联网浪潮。但下一个科技革命的前景，或者至少是现实突破点，现在还观察不到任何迹象。

2012 年 3 月 20 日，媒体用“苹果终于‘红’了”来形容自 1995 年以来首次分红的苹果公司：2012 年 3 月 19 日，苹果公司首席执行官蒂姆·库克通过电话会议宣布，苹果定于 2012 年 7 月 1 日起每股每季度派息 2.65 美元，年化分红额为 10.60 美元，相当于苹果当前股价的 1.8%，预计第一年分红总额为 100 亿美元。同时，苹果决定自下一财政年度起回购股票，计划持续 3 年，回购股票总价值为 100 亿美元。苹果公司首席财务官奥本海默说，在实施分红和回购计划的前 3 年，苹果预计总共将动用约 450 亿美元现金。苹果上次分红还是在 1995 年，企业已故创始人史蒂夫·乔布斯 1997 年重新执掌苹果后一直拒绝分红，他认为对股东更加负责的做法是用好钱，而不是将钱用于分红。至 2011 年年底，苹果积累的资金已达近 980 亿美元。苹果宣布分红之后，谷歌成为美国唯一一家市值超过 1 000 亿美元但不分红的科技公司。任何一家公司账上时刻留存几百亿美元的现金，这当然是件好事，但是否意味着连苹果这样最具创新力的公司都找不到值得投资的方向？既然投资始终乏善可陈，就只能仰仗消费来拉动。

2013 年 6 月，国际投资银行发布报告称，美国经济已经走出 2008 年金融危机的低谷，即将迎来新一轮繁荣高增长。理由一是制造业回流，理由二是企业的资产负债表成功去杠杆化。卢锋教授对这类观点持保留态度，他认为，美国私营部门的去杠杆化是通过把资产负债表上的问题转移到公共部门实现的，而公共部门承受了更大的压力。至于制造业回流，到底是现实，还是设想？

仔细研究美国究竟新增了多少个制造业岗位就会有答案。卢锋教授说："投行经济学家的话语权比较大，尽管发一个预测的时候，这些经济学家并非是有意的，但客观上到了广大普通受众那里就成了普遍认知。"

1995 年从英国回国后，卢锋教授已经在朗润园里度过近 20 个春秋，办公室门口的石榴树每年都会在初夏绽放、仲夏结果、盈盈秋意中硕果累累，似乎寓意着院子里一年的成果。身处变革期的中国，各种崭新的现象甚至理论层出不穷，每种观点自有其价值和道理。朗润园里聚集着中国最多的、最高水平的经济学家，从传统的经典经济学研究到如今研究领域遍布关系国家发展的更多专业领域。各个研究难免会有视角不同甚至观点相左的地方，就特定学术观点展开辩论甚至“交火”也并非罕见，不过总体上大家能够相互尊重和理解，能长期合作共事，并使这个规模不大的机构释放出很高的效能，在国内外高校都有过研究教学经历的卢锋教授直言“这很不容易”。

卢锋教授不认为自己是乐观主义者：“我是客观主义者。中国的问题很多，最不缺的就是问题，但这些问题在本质上是有解的。问题的存在恰恰为经济学研究提供了素材。在这个时代，有机会观察研究有意义的现实问题，并通过自己的工作为社会贡献一点具有认识增加值的分析产品，这对一个职业经济学者来说是一种幸运。”

黄益平

第六章 金融改革攻坚战

2018 年 7 月 6 日中午，一艘满载着美国大豆的货船成为中国社交媒体上的明星。此前，美国方面宣布，7 月 6 日开始对 340 亿美元的中国产品加征 25% 的关税，中国商务部新闻发言人则回应称：中方承诺不打第一枪，但为了捍卫国家核心利益和人民群众利益，不得不做出必要反击。

这艘名为“飞马峰号”（Peak Pagasus）的货船原本预计于 7 月 6 日抵达大连港，中国恰于同一天开始对美国产品采取关税行动。若按原定计划抵达目的地，则可赶在关税生效前清关。于是，“飞马峰号”开足马力，全速驶向大连港。

贸易摩擦与金融稳定

按照船讯网的信息，此轮船在 7 月 6 日上午 9 时就能到港，但截至 7 月 6 日 13 时，还在冲向大连的路上。据悉，该船载有的大豆价值超过 1.5 亿元，如果不幸被加征额外关税，损失将超过千万元。至于是买家损失还是卖家损失，要依据付款方式确定。

引自网易新闻（2018年7月6日）

2018年6月15日，美国政府宣布，将对从中国进口的约500亿美元商品加征25%的关税，其中对约340亿美元商品自2018年7月6日起实施加征关税措施。中国政府表示，将针对美国的大豆、汽车、飞机等340亿美元美国商品加征关税，政策实施时间也是对等的。

很遗憾，“飞马峰号”终究未能在北京时间6日12时前赶到目的地海关，但这“夺命惊魂”的几十海里已经把贸易摩擦真实地带到了民众面前。关于中美贸易摩擦的分析几乎已经覆盖了方方面面。北京大学国家发展研究院教授、前任央行货币政策委员会委员黄益平则强调：无论中美贸易摩擦的后续发展如何，当前都应高度关注金融风险，影响金融稳定的最重要因素是投资者信心。“中美贸易摩擦可能从三条渠道影响投资者信心。一是政策不确定性增加。多数投资者可能会转向保守、观望的立场，甚至直接采取避险策略。近期中美股市发生波动，就表明投资者信心已经开始动摇。二是经济增速放缓。贸易摩擦首先会减少出口和直接投资，减缓经济增速，这势必会影响金融资产（包括银行信贷）的质量和资产价格。2014年下半年起人民币面对贬值的压力，其中一个重要的因素就是经济增速持续下滑。三是国际收支恶化。一旦经济增长在减速的同时伴随国际收支逆差，新一波资金外逃、货币贬值的压力就会抬头。”

实际上，2018年伊始，人民币兑美元汇率先扬后抑，进入4月后持续贬值，年中以来贬值明显加速。据说中信银行研究报告数据显示，5—6月期间人民币汇率下跌幅度为2 817个基点，其中跳空低开的贬值幅度为1 220个基点，占比达43%。7月以来，人民币汇率单日波动幅度在400个基点以上，较以往月份明显增加。

汇率波动、人民币贬值当然并不仅仅是贸易摩擦这一单一因素引起的，就像金融风险也不止货币贬值这一个后果一样。近几年，中国金融市场得到了长足发展，尤其是在互联网等科技工具的助力下，金融市场的深度、广度都与以往不可同日而语。与此同时，金融风险持续在股票、债券、理财产品、房地产、外汇和互联网金融等市场与行业游走，引发了对爆发系统性金融危机的担忧。监管部门相继出台多份金融监管文件，整治金融乱象。

实际上，自1978年改革开放以来，中国经历了1997年亚洲金融危机、2000年互联网泡沫破裂、2008年全球金融危机，尽管其间也发生了中国香港政府下场阻击国际炒家、中国第一代互联网创业公司哀鸿遍野、中国政府4万亿元救市等情况，但总体而言，中国还是做到了长期金融稳定，是少数没有发生过严重金融危机的主要新兴市场经济体之一，这为经济建设争取了巨大的空间。那么，这种长期金融稳定是怎么做到的？近年来系统性金融风险上升，主要原因是什么？防范系统性金融风险的关键是什么，又应该采取什么样的应对措施？金融本身牵一发而动全身的放大效应使得这些问题的答案尤为重要，尤其是在当前的时点，其影响早已超出金融、经济的范畴，触及社会稳定的层面。

黄益平教授分析认为："过去的金融稳定主要是得到两大因素的支持：一是持续高速增长，在发展中解决了不少风险因素；二是政府隐性担保，支持了市场信心的稳定。现在这两个因素都已难以为继，经济增长率已经从2010年的10%以上回落到2017年的7%以下，这一变化令一些微观层面的资产负债表恶化，金融风险上升。与此同时，宏观经济出现了'风险性三角'，即杠杆率上升、生产率下降和政府政策空间收缩同时并存，道德风险问题也令政府的隐性担保变得更加不可持续。"

历经改革开放40年发展，中国当下的金融系统也远非当初可比，"分散作业，监管跟在市场后面救火"的旧有路径已经难以为继，而是应该以"防范"为主、"化解"为辅。黄益平教授编制的中国系统性金融风险指数表明，自2008年以来，中国的系统性金融风险水平一直在持续攀升，在2015年下半年达到几次高峰值。之后开始缓步下降，2017年的平均水平已经明显低于2016年，不过2017年下半年又出现了明显的反弹。总体看来，尽管目前系统性金融风险较之前的高峰值已显著下降，但仍处于值得时刻关注和警惕的高位，防范和化解系统性风险的任务依然艰巨。

中国系统性金融风险的形成，是三大因素交互作用的结果：经济增长减速，流动性相对充裕导致杠杆率上升，管制过严和监管不足同时并存。

很长一段时间内，8%是一个从中央到地方都严防死守的增长红线，这一方面与就业率相关，另一方面更是因为高速的经济增长会令看似无解的问题在发展过程中不再成为问题。然而，中国经济的增长率自2012年的7.65%首次破8，至2015年又以6.90%首次破7。持续减速背景下，市场需求和企业投资回报减少，导致微观企业资产负债表恶化，银行贷款不良率和企业债务违约风险上升。

流动性充裕这一现象则源于中国特殊的金融结构：银行主导。银行主导意味着占金融交易大部分的是债务。此外，缺乏市场纪律约束也是“中国特色”的一个重要原因：失败的企业不能退出，只能通过进一步放宽货币政策稳定市场、支持增长。

中国改革开放40年的历史上，尤其是最近几年，“高杠杆”成为出现频率越来越高的一个词语。杠杆体现了金融的价值与魅力，但非理性的高杠杆率则容易因期限错配和基础资产收益波动而引发金融不稳定。在中国并不长的金融史上，高杠杆积累的巨大风险往往被一个看似偶发的事件引爆，紧接着发生集体恐慌、出逃踩踏，随后形成对金融体系本身稳定性的冲击。

2015年夏，A股市场的股灾固然有其深层次的原因，但此前市场一路高涨，引发大批投资者（不仅是散户，而且包括以理性著称的机构）跑步入场，配资机构成为重要的助推力之一。当市场发生断崖式下跌之时，爆仓、强行平仓、恐慌式出逃又进一步加剧了下跌，及至令人叹为观止的“千股跌停”。

金融体系管制过严带来的影响是，在经济下行期和不确定增加的环境中，更多的信贷资源被错配到了效率较低的国企，同时也直接催生了影子银行和互联网金融等既增加金融的有效供给又引发新的金融风险的业务形态。“但分业监管的做法又造成了很多监管的空白地带。在混业经营日益流行的趋势下，分业监管很难有效防控风险。特别是在宏观审慎监管加强的情况下，出于同业竞争和营利性的动机，金融机构更倾向于利用分业监管模式下的监管空白进行监管套利，从事高风险溢价的金融业务，从而使宏观审慎政策难以实现逆周期监管的效果。”黄益平教授认为，应对系统性金融风险需要系统性的策略，并遵循顺应市场、支持创新和统筹政策的原则。

首先，开放市场固然会带来一些波动，但目前的很多风险反而是管制过度造成的。所以，防控金融风险的有效措施之一就是进一步推动市场化改革，让市场机制真正在金融资源的配置中发挥决定性作用。试图继续通过管制资金的价格与配置稳定金融的努力，不但会降低效率，而且会增加风险。

其次，金融创新是经济进步的重要动力之一，不能因为混业经营有风险就想回到分业经营的模式，当然也不能因为互联网金融出了一些问题就一刀切地扼杀整个部门。应该支持能够提高金融效率、增加金融有效供给的创新，并积极推动监管创新。要尽量让监管体制适应金融业务形态，而不是反过来。

最后，系统性金融风险的特征之一是牵一发而动全身，分散式“各自为政”的监管行动很难真正见效，政策统筹至关重要，比如整治金融风险因素，既要协调行动，不留死角，又要防止共振，避免触发新的系统性问题。“为实现系统协调，我们建立了金融稳定发展委员会，但这只是实现有效政策统筹的第一步，还需要统一监管标准，构建合理的监管框架，在给定的法律政策下，各监管部门应互相协调但独立执法。”

经济增速减缓带来了潜在的金融系统风险，追本溯源，改变中国经济增长模式就是规避金融风险必要的一步。黄益平教授分析，过去高速增长与结构失衡并存的增长模式的根源在于政府在改革期间所采取的不对称的市场化策略：一方面产品市场已经完全放开，另一方面要素市场依然严重扭曲。这些扭曲压低了要素成本，其实质是持续地将收入从居民再分配到企业。

中国的经济模式将从过去的“经济奇迹”转向常规发展，这已经是共识。过去依赖 8% 的增长率才能存活的一批“温室企业”将随着经济增速减缓和改革深化被市场淘汰。更重要的是，经济模式的转变不仅会适度放缓增长速度、改变经济结构，而且可能导致更加动荡的经济周期。未来中国不但可能变成加剧全球通货膨胀的因素，世界经济甚至可能陷入第一次由中国增长放缓引发的衰退。“我想特别说明，试图稳定宏观经济的宏观政策在任何经济体都是必需的，在中国也一样。所以，不刺激不等于政府不再采取措施稳增长，改革开放 40 年，中国经济增长率达到了年均 9.8%，这一增长甚至已经成为全球经济增长的重要贡献力量。中国也已经成为亚太区大多数国家最大的出口市场。如果我们的增长速度在短期内回落过快，就有可能冲击其他经济体的信心。中国政府的任何一个表态，都会被视作一个风向标、温度计。过去因中国的高增长、高需求而景气的澳大利亚铁矿、日本大型机械、南非金矿等行业，自然都十分担心中国经济波动甚至是长期趋势变化可能产生的后果。”

中国过去保增长的做法也导致了许多结构性的矛盾，比如结构失衡、分配不公和效率低下。中国最终要走向市场经济，就要接受市场经济的规律，包括经济周期。经济有上行，就必然有下行，政府不能人为地扭转经济规律。经济下行恰恰是挤出低效项目、提高经济质量的重要步骤。正因如此，黄益平教授认为经济增长显著减速不是“会不会”的问题，而是“早或晚”的问题。中国或许会在不久的将来第一次以主角的身份引发全球衰退，也是同样的道理。

从破除统购统销开始

改革开放40年，中国主流的改革方法还是“摸着石头过河”。黄益平教授回忆20世纪80年代中期自己在河南参与的粮食购销政策改革试点，以及开启农村改革的包产到户，都是先从地方、基层试过了再向全国推广的。“所谓攻坚克难，我们过去摸着石头过河，现在已经无石头可摸。像金融改革这样系统性很强的改革，特别是利率市场化和资本项目下人民币可兑换，无法再延续过去那种自下而上的做法。所以，顶层设计就变得更为重要，从1978年党的十一届三中全会开始的农村改革，从1993年党的十四届三中全会开始提出建立社会主义市场经济，一直在推进市场化，现在是临门一脚的关键时刻。周其仁教授说我们过去40年的工作是‘半拉子工程’，只走了一半，我把它称作‘不对称的市场化改革’，具体而言就是产品市场已经放开，但生产要素市场的扭曲依旧很严重，不仅包括石油、天然气、水等资源，而且包括劳动力、资本、土地等投入品。”

黄益平教授对“摸着石头过河”的改革和“半拉子工程”的改革有切身体会，早在30年前，还只是一个23岁青年学生的他即已奔波在广袤的中原大地——中国农业第一大省河南。当时黄益平是中国人民大学农业经济系的硕士研究生。1986 年下半年，有一次他去系里办事，遇见系党总支办公室的谢红老师。谢老师问他毕业后的工作打算，黄益平说希望能去一个政策分析部门，做一些实实在在的工作。谢老师就说“那我介绍你去陈锡文那里看看吧”。当时两块牌子、一套班子的中共中央书记处农村政策研究室和国务院农村发展研究中心刚刚成立了发展研究所，新任副所长陈锡文正是 4 年前从中国人民大学农业经济系毕业的学生，谢红老师做过他的班主任。

在那个年代，学生的工作都是由国家分配的，自己联系工作单位的做法十分罕见。现在回想起来，黄益平仍觉得这是一个非常奇特的经历。更重要的是，当时在许多青年学子的心中，发展研究所就是一块圣地。发展研究所的前身发展组最初是由来自北京大学和中国人民大学等高校的一批关心农村问题的在校生发起成立的，这批年轻人在被誉为“中国农村改革之父”的杜润生先生的指导下深入全国各地农村做调研、写报告、拟文件，对于在全国推广农业生产包产到户的政策发挥了关键性的作用。那些学生毕业时又在邓力群和杜润生等老先生的支持下将发展组变成了一个有组织建制的单位。后来，发展组的一部分成员整体迁到了国务院农村发展研究中心，成立了发展研究所，王岐山被任命为所长，陈锡文和中国“第一个留美经济学博士”林毅夫任副所长。尽管这些后来在各自领域熠熠生辉的学者在当时还未展现出其全部才华，但在 20 世纪 80 年代，这些刚刚 30 岁出头的年轻人已经是经济思想界冉冉升起的新星，在青年学生中拥有极强的影响力和号召力。能加入这样一个领风气之先的团队，对还未毕业的青年黄益平来说，之前是连想都不敢想的。

当时，发展研究所借位于海淀区万寿路的解放军后勤学院办公，占了一层楼的半个楼道，黄益平第一次去那里找陈锡文，最深刻的印象是出来的每个人都身披一件绿色的军大衣。几个月之后，他自己也分得了一件这样的大衣，对经常出差坐火车、跑农村的发展研究所的研究人员来说，一件军大衣就相当于半条棉被，非常实用。和发展研究所接上头之后，黄益平接受的第一项工作是随所里的两位前辈邓英淘和高小蒙去河南省新乡市调研粮食购销政策问题，其实当时两位所谓的前辈也只是三十几岁的年轻人，不过都已经是赫赫有名的人物了。几天紧张的调研结束，在回京的晚班火车上，两位前辈边吞云吐雾边海阔天空地勾画改革粮食购销体制的思路，之后对黄益平说："这个报告就由你来执笔吧。"第一次参加调研就担此大任，黄益平感到压力巨大，回到宿舍反复打磨，最后写完报告，拿回发展研究所。他回忆道："他们修改了一番之后就递上去了，结果很快得到领导的反馈：'方案设计不错，你们就到那里去试点吧。'于是新乡市就变成了粮食购销体制改革试验区。新乡市成立了试验区办公室，中央和省里分别成立了指导小组。我刚 23 岁，还没有毕业，就成了中央三人指导小组的成员之一。高小蒙担任组长，另一位成员向宁是一位女士，年龄比我稍长一些。我们在从新乡回北京的路上还发生了一个小插曲。在接受了邓英淘和高小蒙指派的任务之后，我在沿途的一个停靠站下车到站台上溜达，结果我还没上车，火车就开走了，于是我只好深夜一个人在车站等下一班火车回北京。

到现在偶尔还会有以前发展研究所的同事当笑话提起这件事情，不过说实话我真的一点儿印象都没有，但他们每次都振振有词，不像在编故事，我也就逐渐把它当成事实来对待了。可惜的是，当时和我一起出差的另两位当事人现在都已经不在人世了。”

1987 年 7 月初，发展研究所派了一辆小面包车将黄益平从大学宿舍拉到了后勤学院的宿舍，黄益平算是正式成了发展研究所市场分析室的一员，当时的市场分析室主任是卢迈，几个月之后卢迈被调到农研室本部接替王岐山担任联络室和试验区办公室主任，王岐山成了专职的发展研究所所长，而高小蒙则由隔壁的宏观经济分析室主任变成了市场分析室主任。上班之后的一天，黄益平去所里的资料室看期刊，当时正好还有另一个人也在资料室，黄益平就自我介绍说是新来的，对方说他也是刚刚报到，并问黄益平在哪个室。黄益平说在市场分析室，同时也礼貌性地回问对方，对方回答说他是副所长。这是黄益平第一次见到刚从美国回来的林毅夫教授。

加入发展研究所之后的几年间，黄益平的主要工作就是参与新乡试验区改革方案的设计与实施。如今回想起来，黄益平教授对 80 后、90 后的年轻人有没有听说过“统购统销”这个词都不是那么确定，然而在农业改革如火如荼的 20 世纪 80 年代，统购统销却是中华人民共和国成立后政府控制粮食资源、维系城乡供给关系最重要的制度。

简言之，统购即政府按国家收购价直接从农村收购粮食（后来继续扩大到棉花、纱布和食用油等物资），统销则是政府按国家销售价直接把这些物资卖给城市企业与居民。统购统销作为中央计划的一部分，彻底取代了原有的农产品自由市场。中共中央为什么会在1953年10月16日通过《关于实行粮食的计划收购与计划供应的决议》？学界一直有各种各样的解释，但29年后，另一位刚刚20岁出头、来自陕北农村的北京大学本科生竟然“神奇”地提出了与众不同的答案，这便是后来享有“中国宏观经济预测第一人”之称并受聘于中国人民银行货币政策委员会的宋国青教授，当然这个精彩的故事是另一个篇章。

黄益平教授说：“当初为什么要实行统购统销呢？开始介入这项工作之后，高小蒙要求我看了许多文献，了解统购统销体制的目的与机理。学者们的说法也是各不相同，有的认为是因为政府不相信市场，尤其在粮食这样的战略问题上，市场机制是不可靠的，应该由政府建立一个粮食部门，从农村收购后再直接供应给城市的工厂和居民，这是中央计划的一部分。在20世纪80年代初，当时还是北京大学本科生的宋国青则提出统购统销的实质就是农业税。中华人民共和国成立初期，政府要学习英国、美国依靠重工业化发展经济，投资必须有钱，但当时的政府手里哪儿还有一点儿余钱？统购统销就是通过压低粮食价格变相补贴城市工业，尽管没有直接从农民那里征税，实际是扭曲价格，支持政府要扶植的目标——这和我们后来关于不对称改革的分析有类似之处。”

初出茅庐的青年黄益平所在的这个“中央指导小组”的工作目的就是研究如何把统购统销制度改革掉，但在当时这是一项极其艰难的工作。高小蒙曾经感慨，如果能在自己退休前完成这项使命，便会感到心满意足。1978年开始农村改革之后，一是通过包产到户把土地分给农民管理，二是不断提高粮食收购价格，这两个举措直接调动了农民的生产积极性。1982—1984 年，粮食产量增加了 50%。这一做法也为政府制造了新的难题：在统购端的收购价格不断提升、产量不断增加的同时，统销端的城市销售价格却提不上来，因为城市改革尚未启动，居民收入还在原地踏步，每家每户的粮本还和户口本一样重要，粮票还是硬通货。这就造成了价格倒挂的局面：每在农村收购一斤粮食、在城市销售一斤粮食，当地政府都要进行相应的补贴。也就是说，收得越多，地方政府亏得越多，长期下去，即便是广东、福建这样财政富裕的省份都吃不消，更不用说内陆和西部地区了。

这便是“摸着石头过河”的例证，先从一个村、一个乡开始试点包产到户，效果还不错就推广到全国，紧接着下一块统购统销的“石头”出现了，再选取新乡市这个点继续“摸”。发展研究所派出的三人小组提出的方案是：政府以市场价向农民收购粮食，但同时向农民征收一笔农业税；城市居民也以市场价购买粮食，但政府根据农业税的差价给城市居民适当补贴。比如，原本的统购价是每斤 1 元，市场价是每斤 1.2 元，新政策下，政府以每斤 1.2 元的市场价收购，同时再收一笔农业税。城市里的粮食在统销制度下的价格是每斤 0.5 元，新政策下，市场价改为每斤 1.2 元，多出来的每斤 0.7 元由政府补贴给居民，原来由政府负担的每斤 0.5 元仍然由政府负担，新增加的每斤 0.2 元的补贴则由新政的农业税款支付。这个方案的核心是在改革初期不改变各方（包括农民、居民和政府之间）的利益分配，农民卖粮多收入部分通过新增农业税的方式被征走了，居民买粮多支出部分也以新的补贴形式补回来了。改革开始之后，粮价就要随行就市，政府不再调整税收与补贴，也就是将粮价与政府补贴彻底脱钩。当初的预期是粮价可能出现趋势性上涨，这样长期来看农民还是会获益，而居民虽然买粮支出会增加，但因为粮食开支在其总支出中所占的比重不断下降，所以不至于影响他们的生活。

黄益平教授说："虽然这个思路获得了从中央到河南省到新乡市各级领导的赞同，但具体方案的设计与实施依然是一个十分艰难的过程。那段时间，我们小组的三个成员大部分时间都待在新乡市渝北宾馆，和试验区办公室的同事一起调研、讨论、设计方案，协调新乡市的计划、财贸、粮食、供销、农业等诸多部门，历时数月终于拿出了一个可供实施的方案。"

等到一切准备就绪，试验区办公室决定于 1988 年 5 月 20 日上午 8 点同时在一市八县召开动员大会，公布改革方案，布置具体任务。正在千钧一发之际，19 日晚上，高小蒙接到了杜润生先生委托罗小鹏打来的电话。当时由于南方部分省份水稻减产，全国粮价发生波动。19 日当天国务院常务会议讨论粮价问题，李鹏总理想起河南新乡的试验，就问参加会议的杜润生先生能否先缓一缓。高小蒙等三人接到电话顿时呆若木鸡，他们判断制定改革方案本来已经顶着地方许多部门极大的压力，此时因为国务院的要求暂停，再重新启动的难度就会更大。当时三人共同的判断是新乡的粮食政策改革不至于进一步引起粮价波动，最后高小蒙对向宁和黄益平说："明天全市的动员大会按计划如期举行，未来一旦出现问题，由我承担全部责任。”两位组员当即表示一定要共进退。好在后来改革试验推开之后市场相对稳定，没有衍生出其他问题。应该说这一试验起码为1992年彻底废除统购统销政策提供了有用的经验和教训。

25年过去了，黄益平教授回忆自己从教室到乡野的经历，最大的感受就是对20世纪80年代中国社会的了解：“那时，陈锡文、林毅夫、周其仁、高小蒙和卢迈等同事也不过30多岁，但他们大都在中国社会底层摸爬滚打过多年，而且有深厚的理想主义情怀，以天下为己任，在我们20多岁的年轻人心目中都是偶像级的人物。当时的感觉就是在和他们一起做很重要的事情，想起来就很兴奋。硕士研究生毕业时根本没有考虑出国学习的可能性，那两三年，我有1/3的时间待在新乡。设计改革方案不容易，但最难的是协调、处理部门之间的关系，甚至是当地领导之间的关系。有的领导支持，有的领导不积极，有的领导中间改变了态度，这都是需要琢磨的。当然处理问题的主要是我们组长高小蒙，我就是跟着学习。遇到实在棘手的问题，我们就回京搬救兵，在立项初期，王岐山所长和我们一起去郑州参加了省长召集的各部门协调会。试验区办公室主任卢迈也为我们提供了许多具体的支持，比如新乡改革出现资金缺口，我们又没有钱，就是卢迈主任帮我们邀请农研室副主任张根生去新乡视察。张副主任曾经在吉林、广东当过省长，做事情很有魄力，当场就答应为新乡搞计划内化肥，以差价补资金缺口。结果张副主任前脚一回京，市里的书记、市长就催我带着新乡市的供销社主任到北京落实化肥。我们到西皇城根9号院找到张副主任的办公室，才知道他其实并没有化肥。不过他写了两张纸条，一张给国务院化肥分配小组组长、国务院秘书长陈俊生，另一张给化肥分配小组副组长、农业部副部长陈耀邦。我们来回跑了两天，总算兑现了张副主任的承诺。”

经济增长的终极目标

2009年6月1日，黄益平教授正式到北京大学国家发展研究院上班，上班的第一天就碰上当时美国财政部部长盖特纳到朗润园做报告。6月底他约朋友一起去了一趟西藏，回来之后在财经网上写了一篇专栏文章，题为《经济增长的终极目标》。他从在西藏的所见所闻谈起，提出了一个重要的政策问题，既然收入越来越高并不意味着人们越来越幸福，为什么许多国家的政府都在追求GDP至上的政策，甚至不惜破坏自然环境、损害个人健康？

其实在2008年10月的4万亿元经济刺激计划出台之后，当时还是花旗集团亚太区首席经济学家的黄益平就为财经网写了一篇专栏文章，题为《增长低于8%，天不会塌下来》，其实是对政府一味地保增长的做法提出了质疑。中国政府的“保八”政策最初是在1998年亚洲金融危机期间提出来的，当时市场风声鹤唳，出口急速下滑，不良资产迅速膨胀，经济走入了通货紧缩。“保八”政策不仅稳住了国内的金融、经济与就业，而且对支持亚洲经济复苏做出了巨大的贡献。中国政府的经济政策第一次获得了普遍的国际赞誉。

“保八”的经济学逻辑很简单，当时中国刚刚开始改革社会福利体系，旧的制度已经瓦解，新的体系尚未建立，多数老百姓没有任何社会保障。在这样的形势下，一旦出现全面性的失业问题，很难避免经济、社会与政治的动荡。因此，“保八”其实是为了保充分就业、保社会稳定。当时每年有大约 800 万新增劳动人口进入劳动力市场，再加上农民进城和国企员工下岗，总体估计，每年需要创造大约 1 200 万个新增就业机会，才有可能保障充分就业。以历史经验粗略估计，这意味着 GDP 年增长率必须达到 8%。应该说，当时实施这一政策是合理的，也是必要的，但 8% 逐渐变成了一种颇具宗教意味的概念，在各级政府甚至全社会看来，只要当年 GDP 增长率没有达到 8%，中国马上就要乱。4 万亿元经济刺激计划就是在这样的背景下出台的。

这样的观念显然不是与时俱进的。现实情况是，中国的劳动力市场状况已经发生巨大的改变，随着人口红利的消失，从 1998 年的每年新增劳动人口 800 万已经变成现在每年减少劳动人口 350 万：有能力和有意愿进城的农村人口几乎已经全部进城，城市内的企业转轨改制也已完成，最重要的是，每年退休劳动人口数量还在不断增加，2012 年就有 700 万名城市职工退休。黄益平教授指出：“每年劳动人口从增加 800 万到净减少 350 万，每年需要的新增就业机会从 1 200 万个减少到 200 万个，过去要求 8% 增长对应的劳动力供求基本面已经发生根本性的变化。过去几年，GDP 年增长率几次跌到 7.5% 以下，中国并没有出现大规模失业的现象，工资还在持续上涨。”

早在 2004 年，黄益平教授就在《华尔街日报》发表了一篇文章，题为《中国的劳动力短缺》。当初大家都觉得匪夷所思，在一个拥有 13 亿人口的大国，劳动力短缺似乎是最不可能出现的情况。黄益平教授说："我是经济学家，我看供求关系，它和国家大小、人口多少无关。一方面，过去 GDP 每年以 10% 的增长率增长，对劳动力的需求一直在快速膨胀；另一方面，计划生育政策使得供给增长速度持续放缓。这就意味着劳动力市场从过剩转向短缺只是一个时间问题。经济学家把这个转折点称为刘易斯拐点。"

2006 年以来，黄益平教授一直和中国社会科学院的蔡昉教授合作，研究中国经济中的刘易斯拐点问题。大部分时间他们都是少数派，绝大多数的经济学家和官员都不认为中国已经出现劳动力短缺的现象。最近几年，支持中国已经跨越刘易斯拐点这一观点的学者越来越多，一个非常直观的原因是，经济增长持续减速，但劳动力短缺的现象没有得到缓解，更重要的是，2004 年以来农民工的工资一直保持 15%~20% 的增长率。

保增长产生的一个副作用就是影响了调结构。过去十几年，虽然 GDP 年增长率保持在 10%，调结构却没有取得实质性的进展。可以说，保增长是导致结构失衡的一个重要原因。中国经济为什么会增长得如此之快？这与过去的改革方式分不开，非对称的市场化改革使要素市场的价格严重扭曲，从劳动力到资本、土地、能源甚至是水，这些要素的价格通过政府管制的方式被人为压低，相当于生产企业一直在享受变相补贴。另外，居民生活所需的消费品市场价格完全开放、充分市场化，并通过向居民征税、压低存款利率等方式使得企业使用资金的成本极为低廉。至此，结构失衡的问题越来越突出——劳动密集型的出口占比越来越高、投资占比越来越高，而消费占比却越来越低。

“调结构不是这几年才开始说的，早在 2008 年全球金融危机之前，调结构就已经是一个全社会都关注的热点。每年年初，政府都会提出宏观经济政策的三大目标——保增长、防通货膨胀、调结构，只是这三者之间的次序时有变化。问题是，似乎存在一个中国宏观经济政策的不可能三角，也就是说，三大目标最多只能同时达到两个。这样，一旦增长目标和通货膨胀目标出现风险，政府总是选择放弃调结构的目标，几乎每年都是如此。那么，究竟该如何调整经济结构呢？核心问题就是把过去没有走完的市场化道路走完。”黄益平教授认为，户籍制度改革、金融市场改革、要素价格改革、打破国企垄断等是理顺市场机制、平衡经济结构的过程。

中国目前的金融市场从规模上来看已经非常庞大。从改革初期的单一银行体系发展到今天，中国已经拥有相当完善的金融体系，囊括中央银行、国有商业银行、股份制商业银行、城乡商业银行、保险公司、证券公司以及一系列的货币与资本市场。与此同时，决策层还大力推进了一系列金融市场与改革开放。金融体系的发展与改革对支持中国经济发挥了非常重要的作用。

但中国金融改革还明显滞后于多数发展中国家。如果按照麦金农的理论，中国金融抑制的现象既普遍又严重，包括对利率的管制、对资金配置的干预、对存款准备金的频繁变动和对跨国资本流动的限制。中国现行的货币政策实际上很大程度上还是用传统的行政手段，而不是一般的市场利率手段或流动性手段。实际上，从最重要的利率市场化到灵活的汇率机制、国有商业金融机构改善治理结构、完善全方位的多层次资本市场体系，及至放开资本项目，这一任务单其实在很久之前就已经是业内共识。

中国的现实是法制内无法满足的需求就会在法制外创造出一个地下世界，用周其仁教授的话说，小到早上一睁眼吃早餐、出门上班打出租车，大到地下钱庄，只要你想得到的，应有尽有。令金融监管者谈虎色变的影子银行就是一种变相的利率市场化，当制度忽视市场的切实需求时，用脚投票的参与者就会选择另一块阵地。黄益平教授尽管并不认为由市场决定利率水平的影子银行就意味着风险，但他坦承，包括影子银行在内的民间借贷没有建立在一个完善的监管框架内，投资者与筹款人之间的信息不对称的确会产生很多风险，而这样的“法外世界”自然更不会有一个最终的偿付机构承担最终风险。无论是国有商业银行、股份制商业银行还是过去的农村信用社，都会由国家全面隐性担保、承担最终偿付责任，中央银行天然的稳定市场功能也避免了金融市场过度震荡。金融市场的魔鬼之处恰恰在于它牵一发而动全身的蝴蝶效应，谁也无法预言哪阵风吹动的蝴蝶翅膀震动就会引发 1987 年纽约证券交易所的黑色星期一、1997 年的亚洲金融风暴或者 2008 年的全球金融危机。过去几年间，温州民间借贷崩盘导致的若干起自杀、跑路事件以及鄂尔多斯的“鬼城”名头莫不显示出民间影子金融最根本的问题——缺乏最终的稳定机制。十几年前，银行信贷占社会融资总量的比重还在 80% 左右，到 2013 年已经不到 50%，这意味着市场决定利率的融资额已经占到总融资的一半以上。蓬勃发展的市场自然是无可辩驳的未来方向，但唯有在法律保障的框架下才会给各个参与方带来最公平的机会。

但对市场的恐惧是实实在在的。中国已经多次被西方世界视作“汇率操纵国”，这也成为国际谈判中对中国“市场化经济”地位的最大质疑。中国官方的理由也很充分：每每发生重大的国际市场危机，中国面向海外的出口型企业就哀鸿遍野，如果汇率真的由市场决定，巨大的波动会不会引发出口型企业大面积倒闭的现象？黄益平教授反问：“这个恐惧到底是企业的还是政府的？”对汇率开放之所以有如此强烈的恐惧，恰恰是因为对市场机制缺乏信心、对自己的企业缺乏信心。黄益平教授说：“监管层总是‘觉得’汇率升值一旦超过 3%，中国企业就垮了，但真实情况是，从 2005 年开始实行浮动汇率制到现在的 8 年间，很多年份的汇率升值幅度都超过了 3%，但是实体经济既没有出现大面积倒闭的现象，更没有出现大规模的失业问题。”

归根结底，市场化机制与企业能力是互相依存的关系。在实地调查中，面对“是否有任何应对汇率波动的机制”这样的问题时，很多企业主的回答是，汇率本身不波动，我们为什么要去做对冲，还白白浪费大量资金。客观地说，2005 年 7 月 21 日开始实行的“以市场供求为基础、参考一篮子货币进行调节、有管理的浮动汇率制度”保证了人民币汇率在适宜弹性下的安全性，但必须认识到的是，在市场中摸爬滚打出来的企业天生就有应对市场的能力，而只有在这种环境中锻造出来的企业才真正具有竞争力。

2008 年全球金融危机之后，周其仁教授回答听众提出的关于汇率最终水平的问题时，面对大家 1∶5、1∶4 的猜测，周其仁教授直言："不用到 4，到了 5，我自己就去买了。"换言之，多年来对于汇率开放的恐惧主要就是对人民币升值的担忧，但这种升值压力是建立在经常项目占 GDP 比重非常大，即中国的出口远远超过进口的背景下的，而随着经济结构的调整，目前出口与进口比已经改善了很多。

如此，再提中国汇率改革，其制度价值就远远大于行为本身了。一个以市场为基准的、灵活的汇率机制的价值在于它之于中国金融体系建设的深远意义。当然，短期的阵痛自然不可避免：灵活的资本项目下可能会出现批量的资本外流，既往资本项目管制和开放遵从"宽进严出"的策略，宽长期紧短期、宽股权投资紧证券投资。这也直接导致了"进来容易出去难"的现实操作处境。一旦放开，中国企业和公民个体赴海外投资的热情不可低估，外流的结果就是"短期内人民币贬值也并非不可能"。

中国模式的转型

随着经济发展水平的提高，增长速度会不断放慢，这是一个世界性的规律，但中国在世界经济中所占的比重以及发挥的作用与今天亦不可同日而语，原先相对平衡的力量格局被打破。国际分工的改变、价值链重构即是调整的一个明例。改革开放至今，中国在国际分工中的地位基本上就是劳动力密集型的低端制造业，但这个局面改变的速度越来越快，劳动力成本上升、土建成本和环境成本上升，凡此种种，中国自身首先就在经历痛苦的产业升级。向下，中国在产业链下游留出的空间将为劳动力成本还比较低的非洲、南亚诸国提供低附加值制造业的新机会；向上，中国的突破力量自然也会“挤”出一些原来在这个区间的经济体，比如原先与中国有一步、半步之遥的日本和韩国就会感受到比其他经济体更大的压力。换言之，升级并非仅对中国而言，全球各个经济体也必然将在这一进程中重新定位自己。

客观的规律回头来看总可以用冷静、严谨的学术语言表达，但对每个身处洪流中的个体来说，任何一个变化莫不暗扣着时代。20 世纪 80 年代的中国还是一个农业大国，城市改革尚未启动，改革的主战场也在农村，因此才有硕士研究生尚未毕业的青年黄益平扎根农业第一大省河南做粮食统购统销制度改革项目的故事，而在当时，“中国有名的经济学家没有不做粮食的”。从发展研究所走出来的林毅夫教授早期的文章全部聚焦于农村、农业和农民问题，周其仁教授至今依然是研究农村土地与中国二元化社会的翘楚，宋国青教授早在北京大学读大二时即发表论文剖析统购统销之根源实乃“农村补贴城市”并引起巨大轰动，姚洋教授在北京大学的硕士毕业论文、在威斯康星大学的博士毕业论文都和中国农业相关，自下而上的农村改革为改革实践和理论发展提供了沃土。

时任驻华大使、现任澳大利亚国立大学教授的郜若素回忆起当时自己在人民大会堂与杜润生先生的一次会面，对杜润生这位中国农村改革的精神领袖赞叹有加：20 世纪 80 年代是一个每个人都可以发挥自己聪明才智和创造力的年代，杜润生先生领导的这个组织又恰恰明白，在当时的中国，把事情做成很重要，但如何把事情做成的学问很大。我想这正是他领导的发展研究所后来出现如此之多在各个领域都颇有建树的年轻人的原因。

当时，那次会面的核心是中国的粮食问题，由林毅夫担任翻译。也正是因为这次会面，才有了 1994 年的北京大学中国经济研究中心，以及黄益平教授赴澳大利亚的留学。黄益平教授回忆道："有一次我从新乡出差回到发展研究所，林毅夫老师问我有没有意愿到澳大利亚国立大学学习，我的第一反应是这个学校是在悉尼还是墨尔本，林老师说在堪培拉。当时和我在一个办公室办公的同事余保平的百科知识非常好，马上向我介绍堪培拉的情况，至今我还记得他说的一条是，堪培拉人均绿地面积全球第二。决定去澳大利亚之后，我去找高小蒙主任请示，能否放我三个月的假到外国语学院强化训练英语口语，这在当时是很常见的做法，因为大多数人虽然学了英语，但口语不行。高小蒙说，工作这么忙，你既然要去澳大利亚，就直接到那里强化训练英语口语吧。"

1994 年，在澳大利亚国立大学取得博士学位后，黄益平教授又与郜若素教授一起成立了"中国经济项目"并担任首任主任，继续关注中国经济改革。该项目被誉为中国本土之外研究力量最强大的关于中国经济的研究中心。这种状态直到 2000 年发生了改变。2000 年年初，结束了在国内的假期，黄益平教授和家人飞回堪培拉，在悉尼机场转机时，他收到了一封来自所罗门美邦香港办公室的邮件，问他是否愿意到香港的所罗门美邦工作。

尽管今天的国际一线大型投资银行里已经没有了所罗门美邦的名号，但 10 年前，这家刚刚被出售给花旗集团的投资银行在市场上保持着相当强的影响力。当时，亚洲金融危机之后，互联网泡沫刚刚破裂，对钱的嗅觉最灵敏的投资银行已经隐约闻到了未来的味道，正如高盛两位分析师那个简短的报告首次提出“金砖四国”的概念一样，一直专注于零售银行的花旗集团也开始扩张在大中华地区的布局。给黄益平教授发来这封邮件的正是刚刚被花旗从高盛挖走的亚洲经济联席主管。

一上任，这位联席主管的首要任务就是找一位中国经济问题专家。当时，既具备国际视野又真正了解中国的学者屈指可数，一直专注于中国研究的黄益平很快引起所罗门美邦的注意。一天的面试下来，在还不完全清楚所罗门美邦是谁，甚至连投资银行业务内容都不甚了解的黄益平就接到了电话：“能不能到香港来加入我们？”从学术研究到投身一线实务，改变不可谓不大，真正推动他接受这个职位的其实是“七年之痒”。黄益平教授说：“1994 年刚毕业时，我还是很兴奋的，因为有压力啊。刚到澳大利亚时，英语口语根本不行，我记得第一次到郜若素教授的办公室和他聊天，我几乎没听懂他说了些什么，一开始很惨，英语几乎不会，但既然做学问，就要发表论文、要给学生上课，那段时间，几乎每天都在挑战自我。直到后来，发表了不少文章，教学也能驾轻就熟了，挑战没有了，未来的生活是什么样也很清楚了，我就开始考虑我以后到底应该做什么。人总是这样，你翻过了一座山，前面必定有新的山峰在等着你。所罗门美邦这个机会来得正是时候，在香港，一手信息、对市场的感觉更准确。”

当时，黄益平教授对花旗这个职位的想法是“拿着花旗的工资去花旗学习”，但 2001 年之后的世界经济和中国发展不仅是众多国际大型投资银行的黄金 10 年，也是中国经济在国际版图里真正开始发挥举足轻重作用的起点。花旗设立“中国经济问题专家”这一职位，最初只是因为所有人都明白中国开始“变得很重要”，但中国也仅被定义为一个重要的新兴市场国家，国际上讨论重大决策时，中国的话语权还是很有限。

黄益平教授回忆道：“ 2009 年年初我离开的时候，世界刚刚从金融危机的一波又一波冲击中平静下来。我们有个简单的说法：了解国际经济形势有两个指标——美国和中国。2001 年，我刚到花旗时出去见客户，对接的一般是一个大基金里管理新兴市场的基金经理，这些基金绝大部分都没有直接投资中国，中国只是作为其新兴市场组合里的一个配置。到 2009 年我离开之前的两三年，接待我的是这些基金的首席投资官、首席执行官以及董事长，这时，你会感觉到会议的质量完全不一样了。他们和中国经济问题专家谈的原因一方面是要考虑基金的配置，另一方面是他们要建立对全球经济形势的判断就必须了解中国正在发生什么。从一定意义上来说，中国的确有很多独特之处，必须对这个经济体有深刻的理解：它既不是典型的市场经济，也不是典型的计划经济，不是西方思维里壁垒分明的‘1’和‘0’的世界，这是国际投资者最头疼的问题。”

2008 年全球金融危机则成为中国国际地位改变的标志性事件，同样，很多人的命运由此改变。这次，黄益平教授选择回归学者身份。从投资银行经济问题专家到教授，名片上的头衔改变了，但不变的是直击人心的犀利风格。

回到国内工作之后，黄益平教授主要专注于研究中国的宏观经济与国际金融问题，并积极参与国际政界、商界、学界的交流。当时国际上批评人民币汇率政策的声音非常大，黄益平教授认同中国央行干预外汇市场过多，造成汇率扭曲，引起严重的效率损失的看法，但他反对国外政客和学者把一切国际经济问题都归因于人民币汇率的说法，比如当初诺贝尔经济学奖获得者、普林斯顿大学教授克鲁格曼写了一系列文章，要求美国政府向中国政府施压，迫使人民币升值，他甚至提出人民币汇率的扭曲不仅让美国失去了 180 万个就业岗位，而且令世界经济增长率至少降低了一个百分点。黄益平教授写了一篇题为《克鲁格曼的人民币谬论》的文章，这篇文章发表在英文国际媒体上，反驳这些夸大其词的论断。后来黄益平再撰文《美国赢不了跟中国的货币战争》，指出货币战争只有输家，没有赢家。后来，美国彼得森国际经济研究所所长伯格斯坦在看到这些文章之后专门撰文与黄益平教授辩论。

2010 年和 2011 年夏，黄益平教授与中国外交部副部长傅莹一起应邀出席了比尔德堡会议，该会议的主要参与者是欧洲和美国的顶尖政客与大公司董事长，每次闭门会议为期三天，所有参会者包括总统、部长和董事长都不能带随行人员，会议的目的是充分交流，不下结论，也不试图达成共识。第一次去参加在瑞士召开的会议，黄益平教授并不了解会议的背景，邀请函是经美国前财政部部长鲁宾发来的，因为鲁宾在花旗时曾经是黄益平教授的老板。黄益平教授应邀前往，结果还闹了一个尴尬的笑话。

会议开始的第一天是酒会，接着大家吃自助餐，自己取食品，自己找位置坐。黄益平教授取完食品，看到一张圆桌的一位女士身边还有一个空位，征得允许之后就坐了下来，就餐期间他跟那位女士一直在聊天，话题十分广泛，从中国经济到欧洲政治。晚餐结束时，女士问黄益平教授的职业和单位，黄教授回答之后也礼貌地询问对方，对方说：噢，我是西班牙王后。

在北京大学期间，黄益平教授的另一项重要研究是分析中国经济模式的形成以及转型。在《告别“中国奇迹”》一书中，黄益平教授指出，从经济奇迹到常规发展意味着相对放缓的经济增长、相对增大的通货膨胀压力、不断改善的收入分配、更加平衡的经济结构、不断加速的产业升级以及更加动荡的经济周期。他还提出了几个问题：未来几年会不会看到中国引起的第一次全球衰退？中国会不会从引发全球低通货膨胀的因素变为引发全球高通货膨胀的因素？

其中，“更加动荡的经济周期”无疑是最吸引眼球的一个预言。当然，对于上述关于中国引发全球衰退和全球高通货膨胀这两个问题，黄益平教授的回答也是确定无疑的。他坦言，这也是从投资银行到商界、政府层面都对“硬着陆”之说很警惕的主要原因。黄益平教授说：“我是这样理解所谓的‘硬着陆’的：第一，随着时间的推移，‘硬着陆’或者像‘硬着陆’这样的增长减速很难完全避免；第二，要接受经济周期本身的自然规律，市场经济都是有周期的。所谓‘中国奇迹’是建立在压低投入品价格的基础之上的，在改革开放的特定时期，这种做法有其道理，但长期来看，原先被人为压低的投入品价格一定会上涨，这就使得那些本来依赖生产要素低价生存的企业日子不再好过，比如能源密集型、资本密集型产业，它们很快就会发现现有的资源配置是不当的，以后成本上升了，还能否活下去，这是一个问题。”

2013 年年底，与笼罩全国的雾霾一样引起广泛关注的还有产能过剩，从钢铁到煤炭，从水泥到电解铝，与 2003 年宏观调控不同的是，此次产能过剩表现出的不只是产能本身，为制造这些产品产生和长期累积的问题集中爆发出来。

世界钢铁协会公布 2012 年全球钢产量排名依次是中国、中国河北省、日本、美国……这并非戏谑，仅河北一省的年钢产量就比紧随其后的日本多出 5 000 万吨，是美国的 1.8 倍。经济增速减缓是无法改变的趋势，随之而来的就是被黄益平教授称为“温室企业”的相当一部分企业无法生存，尤以产能普遍过剩、行政垄断严重的行业为甚。依赖大量政府投资膨胀起来的温室企业“去财政化”的过程是不可避免的，这是改革无法逾越的必经之役，扭曲的投入品价格体系下的很多投资建设活动没有经过市场历练，在市场完全开放的竞争体系中，这些没有竞争力的产能如果不能适应新的价格水平，被淘汰将是必然的。

根据黄益平教授的估算，2008 年全球金融危机时，中国温室企业的比重约为 18%。那些只有实现 8% 以上的增长时才能有微利的企业本来就处于价值链的底端，随着中国比较优势的改变，这类企业在中国已经失去竞争力。一旦“保八”这个恒温箱消失，处于全球产业分工的环境中，温室企业要么寻找劳动力成本更低的替代区，要么更新技术。

自 1978 年农村改革伊始直至今时今日，中国改革矢志不渝的方向是市场化。市场化意味着什么？黄益平教授回答：“我想，市场化意味着政府干预经济的能力越来越小，所以过去政府凭借行政措施还可以‘保增长’，以后就越来越难了。因为所谓的‘保’都是通过国企粗放式增加产能、地方政府巨额投资、国有银行放开信贷实现的。这三方都偏离了其在一个健全的市场经济中应该承担的责任，而是服务于‘举国体制’。在市场化发展到极致时，各归其位，比如国务院国有资产监督管理委员会对于大型国企的监管从管人、管事、管资产过渡到管资本、追求资本的保值增值和回报；金融市场化放开后，国有银行也要为自己的利润操心，政府还能指挥企业做各种明显没有效益的活动吗？政府真正应该做的是用宏观政策、财政政策、货币政策削峰填谷，保障经济平稳运行，要克制住挥动‘看得见的手’直接下场的冲动。”

从告别中国经济奇迹到常规发展，中国经济正在经历很重要的转型。和其他新兴市场国家一样，随之而来的相对动荡的经济周期并非中国的特殊现象。黄益平教授认为，经济周期是健康的表现，并且这只是一个短期性的减速，增长率依旧保持在 6%~8%。他更愿意用感冒能令人体更强健来类比。经济周期处于上行通道时，投资火热、扩张火热，质量难免良莠不齐；一旦进入下行通道，那些质量低、没有效率的企业自然就会被向上运动的离心机甩出去，这是无人可以左右的规律。不经历这样的过程，累积的问题只会越来越大。

通货膨胀的压力同样是一个无法回避的话题。成本价格被压低的局面一定会得到改变，面对成本上升，企业会通过三个途径消化普遍的成本上升，即挤压企业利润空间、技术升级换代、转移成本压力到最终销售价格。最终会不会形成通货膨胀？通货膨胀的压力会有多大？决策层需要在通货膨胀与增长之间做出取舍：选择增长，就要容忍高通货膨胀；恐惧通货膨胀，就要容忍低增长。换言之，政府必须在货币政策与财政政策的从宽或从紧之间做出取舍。黄益平教授说："我始终认为这是常规发展。什么叫'奇迹'？奇迹是正常情形下不太容易理解的东西。既然是奇迹，当然也不会是长期可持续的。未来，中国进入常规发展阶段、开始完全的市场经济以后，面临的挑战、遭遇的问题和其他新兴市场国家没有什么两样。"

在《告别"中国奇迹"》一书中，黄益平教授在后记中写道：到北京大学两年，主业自然是研究与教学，做得不亦乐乎。朗润园是我的学术家园。从国际投资银行回归学界，这样的经历在朗润园也是孤例。

其实，从毕业之后在相当于政府智库的发展研究所的第一份工作开始，变换的是地点，不变的始终是对中国改革的关注。黄益平教授说："在政府的智库，调研分析之后，提的政策建议要能够帮助改革落实，必须在基层推广下去；在投资银行里，做完了还要告诉投资者怎样才能赚钱；在学校里，可以做政策建议，也可以建议别人怎么赚钱，更重要的是把重要的知识和能力传授给学生。经济学归根结底还是要扎根于经济实践，你看我们院子里的这些老师哪位不是在工厂、田地甚至在深山老林插队出来的。讨论学术问题的目的还是要作用于实际生活，让人们能生活得更好。2008 年，我和林毅夫老师打电话说我觉得差不多可以离开投资银行了。他当时已经到了世界银行，正好回北京参加国家发展研究院的成立仪式。就这样，我回来了。”

其实，早在 1994 年，黄益平教授就在北京大学参加了中国经济研究中心的成立大会。1996 年，当时的中国经济研究中心还在北京大学老地学楼的两间半办公室办公时，黄益平教授就在这里访问过 3 个月，当时中心只有 6 位教授。多年之后，黄益平教授与海闻副校长聊天时提到像他这样“新来”中国经济研究中心工作的人的体会，海闻副校长当时就打断道，你不是新来的，你是中心的老人了。虽然没有一直在这里工作，但是黄益平教授实际上目睹了中国经济研究中心的成立与成长。20 世纪 90 年代，在北京大学这样一个完全“体制内”的环境中筹办经济研究中心，这一行为本身对原有体制就已经具有巨大的改革意义。无论是中国经济研究中心的组织建构、教学方式，还是教授们之间彼此独立的研究工作，从最初设计到一步步发展至今，其科研和智库方面的成就都已经在中国的经济学界与中国社会形成了极大的影响和极强的示范效应。

黄益平教授说：“气象使然，从两间半办公室到古色古香的朗润园，没有人会觉得这是一个不可思议的结果。只不过我相信，成就这项事业的过程不是一个很轻松的过程。”

杨壮

第七章
中国式创造：从中国制造到硬创新

2018年9月12日，李斌创办的新能源汽车公司蔚来汽车在纽约证券交易所上市，此时距蔚来汽车成立不过3年多的时间。就是在这1 000多个日夜里，以加速度奔跑的蔚来汽车成为全球新能源汽车产业中仅有的两家具备电机、电控、电池包，以及车上数字娱乐系统自主研发能力的厂商之一。这种基于底层的进化能力殊为不易。

2010年11月18日，创办人同样是李斌，同样是在纽约证券交易所，上市的则是汽车交易资讯平台——易车。

从围绕汽车产业的服务商到汽车产业价值链条上真正的核心——整车厂商，这8年时间不仅见证了李斌事业的进阶，更折射出中国创新创业的大趋势。“在汽车产业的价值链中，传统大牌车厂的地位坚如磐石，中国品牌其实没有什么优势。新能源+智能化推动汽车产业来到了拐点，应该说，蔚来汽车做了很有开创性的事情。不止于此，中国创新整体上也呈现出了这种态势：从制造、服务、应用向真正的核心科技和硬科技进化。”蔚来汽车和易车的共同投资人、愉悦资本创始及执行合伙人刘二海这样评价。

中国人适合创新吗

杨壮教授曾经带领10多位北京大学国家发展研究院BiMBA商学院的校友远赴以色列，探究这个创新国度的魅力所在。这些校友中有在俄罗斯扎根近20年从事国际贸易的，有从事环保产业的，也有专职做风险投资的。同样作为文明古国，中国的传统文化与以色列的犹太文化一样，源远流长、博大精深，但由于社会环境、历史沿革不同，两个民族发展的路径大相径庭。以色列之行令大家感触最深的是，在以色列家长眼里，孩子提出问题比解决问题更重要。

在向来以钟表制造和金融闻名于世的瑞士，洛桑联邦理工学院同样给杨壮教授留下了深刻的印象。这所坐落在皑皑雪山间的学校竟然有一片厂房一样的建筑，专门用来孵化创业公司，从制药公司到IT（信息技术）公司，不一而足。这里的创业公司创立伊始都会有三个核心人物：一个专攻产品的技术负责人，一个负责公司资金和融资的财务人员，一个负责公司内外所有大小事务的综合管理人员。由这三个人构成的三角形架构小团队成为创业公司日后扩张发展的基石。杨壮教授认为，这种创业模式与硅谷有异曲同工之处：完善的外部环境为创业者准备好了创业所需的从技术研发到融资安排的硬件条件。

中华民族究竟是不是一个适宜创新的民族？

做了15年投资的刘二海对中国创业者最深刻的感受就是，创业者越来越多、覆盖面越来越广，创业者从最早的以海归为主到现在英雄不问出处。互联网的普及大大降低了创业的门槛。传统上被认为讲求中庸之道的中国人其实颇具冒险精神，也比较“能折腾”。这也就不难解释为什么中国白手起家的企业家如此之多：面对恶劣的自然环境、几乎赤贫的经济现状，些许经济回报就能激发中国人的忍耐力、吃苦精神、钻研能力。

大众之所以对中国人的创造能力存在颇多质疑，是因为中国的发展史上缺失了西方发展史上的“科学”这一课，因此才有了20世纪初堪称中国新文化启蒙的“德先生”和“赛先生”。现代科学的研究工具是“数理化”，这种基于数理逻辑的量化分析方法构建起了西方现有的科学和科技架构。对于习惯形象思维的中国人来说，需要的不仅是学习知识、掌握工具，更是思维模式的改变，这也是对中国的教育体制诟病越来越盛的原因之一。

高科技产业无疑是最具创新性的产业，它需要的不只是巨额的资金投入，还有扎实的基础研究、无法逾越的研发周期，完备的产业链更是那张“看不到的大网”。对于产业本身而言，行动远比情绪重要。以2018年备受关注的中兴芯片事件为例，中国的芯片产业存在巨大的提升空间，国内企业在基础研发上的投入甚至还不及国际巨头的一个零头，这些都是不争的事实。然而，即使中兴甚至包括中兴在内的中国本土高科技企业齐心协力攻克了一款芯片，围绕这些企业的上下游产业链还需要几倍、几十倍于研发和生产芯片的资本才能基本建设起来。

一款具备最基础功能的手机需要的零件有数百个之多，这就意味着手机生产商不仅要有研发、生产芯片的实力，同时也要对产业链上其他数百个零件的生产商具备足够的影响力，这样才能吸引这些生产商围绕这枚芯片从事开发和生产。毋庸置疑，原本处于价值链底端的经济体在向价值链顶端升级的过程中，必然伴随着对自己的改造和对世界的影响。

刘二海认为："单纯质疑中国人的创造力是不太负责任的，现阶段西方建立的这套科学架构在中国的普及程度还不够，而且中国整个国家的体制、管理运行方式还在转型过程中，创新需要的外部环境并不完备，在这种情况下，中国的创新能力和最先进的国家相比当然落后。所以，过去一段时期你看到的中国的创新都是单点突破，以'微创新'或者应用层面的创新为主。但是，和过去的中国比比，你就会看到中国创业者的进步。"

刘二海迄今为止做过的最有创意的事发生在差不多40年前。当时，他还在故乡河北农村享受自己的童年时光，家里的亲戚从新疆带回来一些哈密瓜干。在物资极度匮乏的20世纪70年代，新疆特产到了河北绝对属于奢侈品。因为放学回家晚了，刘二海没吃着，非常难受。后来千辛万苦终于得到一些哈密瓜籽，他小心翼翼地在自家院子里种下，还不忘经常给它们浇水松土，后来真结出来几个小小的哈密瓜。"这种心血之作哪里舍得吃！这几个小瓜，我保存了好久。等自己有了经济能力，我吃了不少哈密瓜干和新鲜的哈密瓜，直到后来再也不想吃了——这里面有补偿心理。改革开放40年，中国发生了很大的变化，老百姓手里有钱了，能去干自己想干的事了。"

如今的刘二海已经是知名投资人，曾入选《福布斯》年度全球最佳百名科技投资人，他于2015年创办的愉悦资本在成立之后的短短三年之内，即投出了已经在纽约证券交易所上市的蔚来汽车、开创了共享单车模式的摩拜单车，以及颠覆传统连锁咖啡店模式的瑞幸咖啡。回顾儿时的经历，他最大的感受就是，人这一生发展的历程就像我们身处的这个国家一样，假以时日，以前想都不敢想的事最终都会一一实现。

杨壮教授同样认为，中国创新蕴藏着巨大的潜力，一旦完成了对基础设施的建设，中国人就会爆发出更强的创造力。尽管中国的经济实力在改革开放 40 年间大大提高，但就文化影响力而言，西方文化无疑是强势文化，即使好莱坞拍摄了《花木兰》《功夫熊猫》等富含中国元素的电影，但这些文化产品的内核无不是美国文化的逻辑。强势文化本身就具有极强的压制性和吸引力。全球各地的孔子学院反映了官方传播中国文化的努力，而民间兴起的新儒学热和对古典文化的追溯反映了中国人重构精神内核的努力。

杨壮教授说："关于中国和德国的一组对比数据比较有意思：德国公司里的高管在一家公司服务的平均年限超过 20 年，而中国公司的高管只有 10 年。当然，转型期的中国企业平均寿命相对较短是宏观背景，具体到企业，伴随着中国文化的重建，中国企业如果能够在产品和流程上进一步提升，未来发展的空间会有多大？"

创新所需的体制

2014 年春节期间，微信"抢红包"和两家打车软件公司白热化的竞争给所有传统企业都上了一课。"抢红包"功能使腾讯公司在短短 7 天假期里轻轻松松就获得了几千万名用户的银行卡信息；滴滴打车和快的打车的近身拼抢不仅赚足了用户，而且获得了全社会的高关注度。如果说金融行业是中国垄断程度最高、进入壁垒最森严、管制最严格的行业，相信没有人会反对，但两家成立不过十余年的公司在片刻之间便威胁到了传统金融公司花费大量人力、财力和时间才建立起来的客户基础和销售渠道。

2014 年 3 月 5 日，李克强总理在《政府工作报告》中提出：促进互联网金融健康发展。时任中国人民银行行长周小川也明言“不会取缔余额宝”。未来，相信被这股摧枯拉朽的力量震慑的将不仅仅是金融行业。

为什么互联网行业能够对传统垄断行业产生巨大冲击？为什么发展起步最晚的互联网行业能够在如此短的时间内改变社会及其运行方式？杨壮教授认为，企业家自身的创新精神永远是最强的推动力，只要与之配套的市场机制、开放的宏观环境、自由流动的资本齐备，企业家的能量就能被充分激发出来。而无论是牌照制度、准入制度还是证券市场的发行制度，这些行政化措施带来的结果就是创新行为遭遇各种掣肘：没有牌照，企业开展不了业务；未获准入审批，产品服务无法进入市场；拿不到路条上不了市，公司扩展受到限制。杨壮教授说：“对外开放的成果有目共睹，为什么对内反倒要设置重重障碍？美国的里根总统、英国的撒切尔夫人之所以赢得了广泛的尊重，很重要的原因是他们冲破重重阻碍，开放市场，引入竞争，他们的政治遗产泽被至今。”垄断与反垄断的争议并非中国独有，美国电话电报公司即以地域或者业务为界分裂出 7 家子公司，日本电报电话公司则被拆分成两家公司。

回溯中国历史，电信、石油和航空行业均经历了分拆的过程，从国有一家独大到几大国有寡头垄断，尽管依旧是国有垄断寡头的游戏，但只要有竞争，市场机制的效果就会立刻显现。20 世纪 90 年代末，北京市市民申请一部固定电话要交 5 000 元“初装费”，移动电话资费高得离谱的手机甚至有“大哥大”的名头。几经政府敦促，中国电信把固定电话的初装费降到了 1 250 元。时任国家总理朱镕基在 1999 年两会期间谈及电信价格时明言：“降得还不够，还要几倍地降！”此时，隶属铁道部的铁通登场，一亮相就把初装费降到了 600 元。紧接着，在没有任何行政指令、未经任何经济学家分析论证的情况下，中国电信于 2001 年 7 月 1 日干脆取消了固定电话初装费和移动电话入网费。

当时，刘二海还就职于新兴的基础电信运营商——中国吉通。尽管中国吉通今天已经销声匿迹，但在当时，率先出售 IP 卡的中国吉通是一块坚冰般的电信市场里的弄潮儿。从那时起，创新一直是刘二海事业的主旋律。

刘二海说：“改革开放 40 年，尤其是中国加入 WTO 之后，外资的进入推动中国发生了很大变化。但我们是不是需要有一点儿长期心态，支持中国自己的民族工业发展起来？40 年来，企业家在相对艰难的环境中创造了这么多财富，发展了这么多创新的模式、产品和服务，我们要相信企业家的创新精神和事业心。从最初在外企做首席代表到后来去国企做高管，再到现在做投资行业，我对于创新型企业组织有越来越深刻的认识：一定要赋予战斗在第一线的基层员工、干部更多权力。要让听得到炮火的人做决定。”

创新究竟从何而来？一定是工作在一线的淘宝店小二和天天与用户打交道的微信产品经理最有发言权。正因如此，谷歌才会设计给予每个员工一定的时间，用于钻研自己感兴趣的问题。马化腾透露，微信这个产品全公司有近 10 个团队在分头独立开发。杨壮教授说：“挖掘用户的潜在需求，你就要天天琢磨这件事，高层尽管有很宏观的视野，但在每时每刻都在变化的高科技行业里，一天不学习就会被甩出去。创新思维意味着一个创新型组织还要建立鼓励创新的组织构架。在程序性较强的传统行业，管理者相对容易做出正确的判断和指令。但最理想的状态还是让员工具备自主能力，自己跑起来，这和让政府管市场、管企业必定不成功的道理一样。曾经有句话说‘人人都是企业的主人’，不赋予员工相应的权力，激发每个员工身上的创新因子，企业自身又怎么可能产生创新的基因？创新离不开体制的创新。”

那么以色列是如何做到保持全球最高的创业率和成功率呢？海法大学的所罗门教授向杨壮教授介绍：自 1948 年以色列建国以来，其狭长的国土四周发生过多次全阵线开战的中东战争。传统的军事方法、军事理论无法解决以色列面临的问题，他们必须寻求新的解决路径。因此，在军队中，上级往往把新兵分成创新小组，每个小组都要寻找保家卫国的创新方法。由于所有以色列公民都必须服兵役，离开军队之后，这一独特的创新文化就被带入了高等教育阶段和工作领域，这也是为什么以色列的很多创新者都有军事经验。除了四面楚歌的政治环境，以色列的自然地理环境也很严苛——国土面积小、水资源极度匮乏，但以色列人没有被客观条件束缚，而是发明并推广了农业滴灌技术。今天，高科技控制的滴灌技术已经成为以色列创新的标志。

自1998年北京大学国家发展研究院BiMBA商学院成立，杨壮教授就开始监测MBA和北京大学本科毕业生的毕业去向。当时，跨国公司还是年轻人心中最好的选择。21世纪的第一个10年，央企和公务员取代跨国公司成为首选，这个趋势与过去10年央企实力大增的势头相一致。谈到毕业生的工作意向时，杨壮教授说："首先是公务员和央企，因为这些岗位稳定性很强，收入的性价比也不低；其次是跨国公司中的投资银行、私募股权投资机构；再次是国有商业银行、大型商业银行、股份制商业银行以及跨国公司中品牌知名度高的企业。这些都排完了才是创业，创业永远都不是主流。为什么创业不是主流？我认为创业环境不好对年轻人创业来说是一个很大的制约因素。国企和民企之间的关系还没有被理顺，大央企的垄断地位根深蒂固，民营企业家要承担繁重的税负。应该说，创业企业在创业的同时，还要承担国家转型期的巨大成本。"

尽管如此，杨壮教授还是感受到了一些变化。大批留学生回国后很难融入国内企业现有的机制，而对西方的了解使他们拥有更多创新的想法、更勇于尝试。随着中国经济发展和中国本土企业的成长，在华跨国公司的黄金时代已经过去，这批离开跨国公司的人也成为潜在的创业人群。但真正的创业主力还是那些根植于中国，有想法、有毅力的创业者。在这个过程中，你能看到，虽然外部环境还有各种各样的问题，但越来越多的创业机会、越来越庞大的创业群体鼓励着更多的人有勇气创业。

在哥伦比亚大学攻读博士学位期间，杨壮教授调研了近200家日本企业，试图探索这些日本企业成功的原因。在他看来，尽管中国与日本同处东亚文化圈，但中国企业的发展有其独特之处，这集中表现为：在受“官本位”思想影响的中国，“资源”成为办企业的核心要素，尤以是那些需要行政审批的行业。杨壮教授指出：“掌握土地资源、政府资源、人脉资源的那批人很快就能在市场上找到位置，迅速做大企业，这个现象对于真正在市场上拼杀的创业者，甚至对全社会的信心都会有很大影响。”

张黎教授认为，企业家的社会资源决定了企业能走多远，但它未必能够保证这家企业基业长青。他更认同那些拥有自有技术的企业或者是开创了独特的商业模式、凭借自己的能力在市场上拼杀出来的“真企业”。张黎教授说：“非常规的个人关系能够撬动的资源会逐渐减少。随着政治和商业的关系越来越透明，市场化的程度会越来越高。那些处于上升通道、具备有机成长能力的企业家，尽管他们的公司现在还很小，日子也会过得比较苦，但它们代表未来。这些企业家的活力和能力会给他们所在的群体带来价值。”

张黎教授曾经面试了两位从事医疗行业的申请人：“其中一位是从事医疗器械销售的，其企业的核心竞争力很大程度上建立在资源和关系上。未来5年或10年，这家企业还能发展吗？如果大客户的领导换了，这家企业还能生存下去吗？另外一位也是从事医疗器械生产和销售的，但他从国外聘请了掌握最先进技术的工程师，自己研发核心技术，他的整个团队完全按照所在的细分行业的最高技术水准搭建。为了留住这些‘核心竞争力’，他把股份分给了团队，自己只拿很少一部分。创业公司的日子都苦，这位创业者原先是一位在手术台上身经百战的外科医生，他目睹了太多的意外和永别，深知生命究竟意味着什么。人生短短几十年，难得真正有机会做自己热爱的事业，做成了比任何事都重要。”

中国创新的特征

刘二海直言，创新是和技术相关度比较高的一件事，但中国是一个发展中国家，创新往往是以革新而非革命的形式进行，技术创新与商业模式创新都可以找到机会。在已经完成了工业革命的西方，传统产业发展比较完善，高科技产业是在此基础上发展起来的，高科技产业与传统产业有比较清晰的边界。而在中国，传统产业不发达，高科技产业也同时发展，结果是高科技产业和传统产业互相交融，新技术对传统产业的渗透成为中国创新的主线。

总结下来，中国创新可以分为5类。第一类，具有较高技术含量的纯科技类创新，比如互联网企业中的通信、社区和媒体方向，像蔚来汽车、摩拜单车等。第二类，基于某些传统行业的科技类项目，比如优信和易车。第三类，运用高科技改造了企业价值链的传统产品公司，以电子商务为例，电子商务实现了从生产端直接到消费端，彻底重构了价值链上的利益分配格局，未来理想的状态则是从消费端反向影响生产端，使生产真正做到随需而动。第四类，传统服务产业通过高科技改变内部运作方式，比如，神州租车通过内部信息技术及企业资源计划系统的构建，极大地提高了企业运作效率。如果说曾经风靡一时的企业资源计划系统规范和提升的是企业自身的运转，那么对于类似神州租车这种运作模式的企业来说，技术创新直接作用于利润中心，为企业创造了更大的利润空间。第五类，商业模式创新，比如共享短租平台小猪短租和网约车平台神州优车。

观察以上 5 类创新，我们不得不承认，所谓原创的“颠覆式创新”在中国确实不多。从事创业投资 15 年的刘二海，在亲身经历了创业的潮起潮落后，提出了“魔鬼通道”这个概念。具体来说，很多创业公司所在的领域竞争非常激烈。以近两年发展轰轰烈烈的共享单车为例，该领域的融资额非常大，企业以超高速成长，两年便走过了其他领域的公司十几年才能走完的路，可以说，共享单车完全颠覆了惯常的创业公司成长路径。作为摩拜单车 A 轮唯一投资人，刘二海点评：“在这个过程中，企业面临的不仅仅是业务和运营的竞争，还有渠道、公共关系、政府关系，以及融资的全方位竞争，我们把这种现象称作‘魔鬼通道’。网约车、团购、直播、单车，都经历了这样的‘魔鬼通道’。”

刘二海认为，自 40 年前国家开始实施改革开放，“把企业家请回来”至今，中国的创业可以划分为三个阶段，即启蒙时代、网络时代和硬创新时代。在启蒙时代，联想的柳传志、华为的任正非等敢于尝试和探索，把西方的管理经验和方法与中国的具体现实结合在一起，开创了事业，成为一代启蒙企业家。随后的网络时代，互联网思维开始影响和改变企业运营与管理，即便当时互联网思维并不能被所有人接受，但大众对网络效应还是很认同的。此时，VC（风险投资）开始兴起，“烧钱时代”来临。因此，这期间涌现出了一大批企业。

目前正是从网络时代过渡到硬创新时代的节点。如果企业依旧停留在简单创新上，停留在自己的舒适区，那就会不可避免地落入“魔鬼通道”继续拼杀。创新都是逼出来的，当企业没有那么多资源的时候，只有进行更大胆的创新，包括技术、商业模式的创新。中国的一个特殊情况是，基础设施也会改变很多东西。以移动支付为例，它在便利了交易的同时，还深刻地改变了竞争状态。当市场上只有支付宝这一种移动支付工具时，阿里巴巴具有支付的绝对优势，没有支付宝连网店都开不了，微信直接瓦解了阿里巴巴在这方面的优势。物流领域也一样。支付工具有了，物流有了，电子商务就简单多了。

那么，什么是基础设施？传统意义上，水、电、煤气、公路、铁路都是无可争议的基础设施，支付宝在诞生初期未必是基础设施，但是发展到一定阶段后就成了整个社会的基础设施。微信最初也只是一个社交软件，但10多亿活跃用户让它变成了社会通信和沟通的基础设施。显然，基础设施这个概念是不断演进、长期存在的。其实，被认为是传统产业的中国制造也是基础设施——成本很低、水平很高。2015年夏，摩拜单车的创始团队有了做单车的想法，这个时候，必须得有工厂能把这辆不同于传统自行车的单车制造出来，而中国很早就有这个工业基础。同样，网上购物发展得如火如荼，这背后的基础还是庞大的中国制造，如果中国货的质量不够好，价格没有竞争力，怎么可能卖得出去？

2018年刚刚面市的瑞幸咖啡，背后依托的依旧是社会基础设施的变革。物流配送和支付方式发生变化之后，咖啡这个原来一成不变的行业被瑞幸咖啡搅动起来了——更具价格弹性、易获取性、外延性的瑞幸咖啡拓展了“咖啡”的边界。咖啡是一个什么样的产业呢？仅星巴克一家咖啡企业的市值就是900亿美元。如此一个规模巨大的行业，在美国全部是采用线下连锁店的业态，而瑞幸咖啡做的是线上+供应链与线下结合，这种技术推动产业的变化在中国依旧存在令人瞩目的发展空间。

杨壮教授说：“过去几十年，中国完全原创型的机会的确偏少一点儿，中国的创新往往是偏应用类的，而且还有一类是商业模式的创新。这种局面离不开我们现在所处的阶段。林毅夫教授总结过去40年‘中国奇迹’能够实现的原因是我们善用比较优势。对于创新来说，道理亦然。什么情况下人们才有创新的动力？如果这个企业家不用动什么脑筋就能轻轻松松挣大钱，他怎么可能绞尽脑汁为难自己去创新呢？不管是行政垄断，还是自然垄断的环境，从来不会鼓励创新，因为处于那种环境下，好日子是现成的。归根结底，讨论创新不能离开基本规律：创新只是手段，不是目的，创新的目的是获得竞争优势。当然，在过去甚至现在的中国，靠关系依旧能获得很不错的优势。但我认为，这种通过关系获得优势的手段不可持续。这也是我对中国创业创新始终信心十足的原因。而且，中国的外部环境要求中国未来必须以创新作为国家发展的持久动力。”

基础性学科的前沿探索和高精尖技术的创新是中国发展之路无

法绕过的。非常时期的举国体制使中国具备了研制“两弹一星”的实力。改革开放之后，以市场换技术的方式使中国实业得到了巨大的发展，但计算机操作系统和芯片这两个信息社会的基础构架在中国至今难见突破。杨壮教授说：“全球这么多家 IT 公司，谁都明白做芯片、做操作系统的企业处于食物链的最顶端，舒舒服服就能把钱赚了，但英特尔和微软并不是那么容易就获得了现在的地位——巨大的资本投入和产业链的成熟度给后来者架起了非常高的竞争壁垒。中国的民营企业发展了 30 多年，到现在还没有几家企业真正能够在全世界范围内处于领先地位，单纯指责企业没有创造力起不到任何作用，企业的发展脱离不了国家发展这个宏观背景，要根据国家所处的阶段分析自己的比较优势。改革开放初期，中国只能出口衬衫，40 年后的今天，中国也能制造计算机、高铁了，这是规律。”

发展的过程就是企业通过创新逐渐向食物链顶端靠近的过程。值得注意的是，中国的互联网产业显示了创新路径上的另一种可能。那些领先的互联网企业依托巨大的国内市场、通过跳跃式发展积累了雄厚的财力，这使得这些企业从事基础性研究、成就颠覆性产品成为可能。相对于那些传统产业，互联网产业的历史不过区区几十年，这意味着中国的互联网企业并没有被最先进的国际互联网企业甩下太远。而这些从成立第一天起就注定了市场化基因的企业，其运行机制保证了它们能够完全以市场为导向配置资源。

投资到海外

进入21世纪，中国企业赴海外收购的新闻频频见诸报端。正如卢锋教授对2003年之后国际经济的定义——“开放宏观”，2000年中国加入WTO改变了全球产业链，更迫使中国企业迅速成长。在WTO框架下，制定规则的不是上级领导，也不是党委组织部，而是你的贸易伙伴。更重要的是，中国由此融入世界大循环，并且成为全球最大的商品进口国和最大的产成品输出国，只有在这样一个更广阔的平台上，企业才有机会实现技术和规模的升级，中国的企业从做家门口的生意变成了做全球的生意。

杨壮教授说：“我相信中国企业的跨境收购会越来越多。去巴西买矿、去智利买地种蓝莓，这些都是推动中国创新的途径，为什么呢？因为海外直接投资的过程其实是把中国的商业实践应用到一个新环境中。只要有实践，就会有创新。中国的互联网公司模仿美国的新模式，最后出来的模式都和美国的原型大相径庭，把中国原汁原味的东西拿到美国肯定也做不下去。”

回溯过往几十年的全球创新发展史，美国或者说硅谷，几乎等同于创新。美国是公认的创新意识和创新能力最强的国家之一，20世纪90年代互联网革命的基础是60年代就开始研究的美国国防部高级研究计划局网络。什么样的机制保障了硅谷能连续不断地产生新的颠覆？下一个突破性创新又在哪里？全世界都在等，因为这种级别的创新总能带动全球经济进入一个较长的景气周期。这就是创新的魅力所在，永远在不经意的时点出现，带来巨大的改变，创造极大的社会价值和经济价值。但这种表面上看来的‘偶然’总是以大量的‘必然’为基础的。”

苹果之所以成为苹果，谷歌之所以成为谷歌，其前世今生均有迹可循。早年的苹果既有芯片又有操作系统，还有自己的硬件，只是在后期才逐渐外包给代工厂商。这就保证苹果拥有完整的关于手机生产的基础构架。苹果的故事说明，实现大的成就离不开基础性的积累，以及从这些积累中总结出的创新经验。

杨壮教授进一步认为，这种“走出去”的前提是中国内部的不断改革，从健全相关体制到设立市场机制，创造一个公平竞争的环境是政府的职责所在：“雾霾肆虐时，所有人都呼唤一个宜居的环境，创业同样需要适宜的环境。以现在的房地产为例，高高在上的房价令年轻人感到绝望，眼睁睁看着身边的人因为有了一两套房子就能衣食无忧，一套房子就打消了年轻人所有追求梦想的勇气，这对于整个社会和几代人来说都是很可悲的，也是国家的损失。房地产的价值是怎么产生的？或者说，它到底有没有创造价值？中国要讲可持续发展，要迎接老龄化的巨大挑战，要调整经济结构，就必须以创新立国、着眼长期。我们的创新现状和美国、以色列相比，当然是落后的。落后国家追赶发达国家，在国家层面上必须要创新机制和管理方式，按部就班、没有跳跃式发展就只能跟在别人后面吃人家扬起的灰。在商业史上，那些成功挑战巨头的小公司都是通过颠覆式创新实现的。对于国家来说，同样如此。”

陈春花

第八章

『行业先锋』企业做对了什么

中国改革开放40年取得了巨大的经济成功，国家的开放政策、观念的改变和政策的调整是十分重要的因素，除此之外，还有一个重要的因素，就是出现了“中国新人群”——企业家人群。正是因为改革开放后出现了中国新人群，才有了改革开放40年来经济的飞速发展，这奠定了我们今天在全球的市场格局中的地位，我们开始引领这个世界。

陈春花

2017年11月28日于《财经》年会

1992年，在开始自己的专业研究时，陈春花教授筛选出5家有代表性的企业：海尔、华为、TCL、联想和宝钢。24年后回头再看，尽管它们经历了各种磨砺，但也分别在中国改革开放40年进程中的某些时点表现亮眼——最重要的是，直到现在它们都还活着，在一个飞速发展变化的经济体里，任何一家企业的生存都是奇迹。过去的40年是中国把企业家请回来的40年。乡镇企业家、万元户、科学家下海、官员下海、“92 派”、互联网创业者……这些符号化的词语往往标志着某个历史片段的热点。当时，他们是明星；现在，他们是历史的刻痕。

时代的 5 个明星

自 1978 年改革开放至今，陈春花教授为这 40 年划分了 1984 年、1992 年、2000 年、2010 年几个时间节点，每个阶段主流的企业家都呈现出鲜明的共性，这些共性莫不是国家宏观政策、产业发展周期，以及企业家自身无穷的创造力交汇的结果。

时至今日,20 世纪 80 年代都是几代人记忆最为深刻的一段时光，这其中，1984 年成为中国企业家阶层发端的元年。

1984 年 11 月，中科院干部柳传志怀揣着中科院给的 20 万元，在由中科院计算所的一间自行车棚改造的不到 20 平方米的平房里创办了联想。此时的柳传志年近不惑，在只有十几个人的第一次员工大会上，他信誓旦旦地保证“将来我们要成为一家年产值 200 万元的大公司”，但从公司成立的第一天起，他就开始担心月底的工资怎么发。2017 年初春，在联想控股旗下联想之星举办的创业者训练营里，柳传志对陈春花教授说：“我挨过饿，所以我知道红烧肉有多美好。”

就是这样，这些后来被称作“企业家教父”“福布斯富豪”的创业企业家怀着“怎么发出来工资”的忐忑心情，迈出了勇敢又冒险的一步，他们不过是有一个朴素的愿望——敞开吃红烧肉。

1978年，安徽小岗村18户农民在饥寒交迫中，在“大包干”的“生死文书”上按下了自己的手印，家庭联产承包责任制将中国农民被压抑已久的生产力彻底解放出来。1984年开始，农村改革的经验被复制到城市。

1982年，由当时的物资部提出的价格“双轨制”的物价改革后来被视作全面经济改革的发端。在生产资料与终端产品价格扭曲的客观现实下，双轨制试图通过对两者的调控牵住改革的“牛鼻子”，尽管由此带来了权力寻租、倒买倒卖等问题，但也为体制外的民营企业获得原先被牢牢制约于体制内的宝贵的生产资料打开了一扇窄门。

这些力量终于在1984年汇聚在一起。

1984年1月22日—2月17日期间，邓小平视察深圳、珠海、厦门经济特区和上海，写下“珠海经济特区好”的题词和“深圳的发展和经验证明，我们建立经济特区的政策是正确的”这样的评语。2月9日在厦门视察时，邓小平指出，改革开放后，侨务工作很重要。尽管他早已提出“改革”和“开放”，并将之作为国家经济政策，但此次论断是他首次公开提出和使用“改革开放”一词。自此，媒体报道开始出现“改革开放”这个词汇。至1987年，“改革开放”一词先后写入党的基本路线、党章和宪法，在今天依然是中国的重大国策。

被陈春花教授列入研究对象的5家企业中的3家都成立于1984年，她说：“1984年在中国是很特殊的一个年份，联想、海尔、TCL甚至更多企业都是从1984年开始创业的。为什么是1984年？因为

1978—1984年，我们已经走了一段市场化的路，这是1949年之后，大家重新发现、认识市场的一个过程，‘有计划的商品经济’这个提法的内核实际上是要有国家力量持续推进的。‘个体户’和‘万元户’这些词是在80年代初流行起来的。那么，收入达到万元之后的下一个台阶是什么？雇用7人以下的个体工商户是被国家允许的，你一个个体户想要扩大再生产，招7个以上的员工，这就变成了私营企业主，是不是违法？这些问题都是在动态发展中被逐渐克服的，有些甚至是在法无定论的情况下，先做了再说。就这样，自1984年开始，规范的企业形式开始正式走上历史舞台，很多今天很知名的品牌都诞生于1984年。”

1984年，当时35岁的张瑞敏来到了青岛市电冰箱厂。这之前，他还是青岛市二轻局的一名科级干部，因为受到排挤，被下放到安静却荒芜的这个“破落工厂”，“8点钟上班来，9点钟下班走，10点钟随便在院子里扔一个手榴弹都炸不死人”。也就是在这里，一年后发生了载入中国企业史史册的“张瑞敏怒砸冰箱”事件。和张瑞敏“大锤砸冰箱”类似的是，柳传志和创业伙伴最初在挂着自家科技公司招牌的门口摆摊倒卖冰箱、电子表、旱冰鞋甚至运动短裤。

后来的故事成为大众眼中的“传奇”：海尔成了全球白电老大，联想在个人计算机、投资、农业多条“战线”突击。这一批诞生的企业家在1984年时大都40岁左右，正值壮年，经历了“文革”。这样的经历为他们积累了对中国的深刻理解。1978年改革开放伊始，他们真正理解了中国的市场化，真正理解了中国的改革开放，真正理解了什么叫商品经济。

“这一批企业家最核心的做法是：以一个实在的成本提供产品，‘效用优先’，换言之，把‘红烧肉’提供给消费者、提供给员工，所以他们就起来了。”陈春花教授认为，这批极具冒险精神的“中国第一代企业家”无论后来的商业帝国扩展到多大，甚至去收购自己曾经的师傅的企业，最初起步时都在很大程度上立足于制造业、加工业，都是基于成本去努力和竞争的。之所以如此，是因为“成本”恰恰是当时的中国比较强的方面。

这批拓荒企业家是时代的幸运儿，也正是他们在一片混沌中的“冒险”为后来的企业——包括民营企业和国有企业，闯出了“华山一条道”。

接下来就到 1992 年。1992 年也是一个非常特殊的时期，这一年邓小平南行。1984—1992 年前后，历经 6 年的争论与试探，这个时期中国的市场化之路已经很明确了。“有计划的商品经济”已经得到非常明确的肯定，被称作“市场经济”。

和 1984 年首提“改革开放”一样，1992 年的南行中，邓小平提出了“改革开放的胆子要大一些，经济发展要快一些”，再次打破了沉寂。以“92 派”为代表的企业家成为这个时代结点的代名词。

泰康人寿董事长兼 CEO（首席执行官）陈东升发明了“92 派”这个词。转战商海之前，陈东升是国务院发展研究中心《管理世界》杂志社的常务副总编，是一位享受副局级待遇的国家干部。与他一样，弃“仕”从“商”的“92 派”还包括田源、冯仑、王功权。这些人普遍的经历是在 1977 年恢复高考后参加了高考，大学毕业之后进入国家机关，这就为他们后来的创业提供了更宏观的视野、更大开大合的际遇，以及与第一批依靠成本制胜的“84 代”完全不同的“基于知识”的能力。

因此，“92 派”创业的第一步就涉足需要撬动更多社会资源及政府核心监管范围的保险业、房地产业、期货等金融或者围绕金融衍生的产业。著名宏观经济学家胡释之评价，官员下海对于整个社会的示范效应更大：从一个分配别人的财富的人变成一个给自己和他人创造财富的人，从一个维护体制的人变成一个瓦解体制的人。这就使得这批企业家的做法具有了双重意义。一方面是和其他企业家一起成为经济发展的动力，真正支撑了中国 40 年的经济增长，另一方面是成为改革的动力，助推旧体制的瓦解和新体制的建立。

陈春花教授则从时代的需要（外因）和企业家（内因）两方面来解释“84 代”和“92 派”的差异：“对每个个体和企业来说，道理都是相通的，你所能干的事情都是基于宏观背景下，客观现实提供了什么样的条件，企业家往往能在这个基础上再向前多走半步。1984 年基于成本优势的一批制造业企业家能够脱颖而出、把企业做起来，最根本的原因是当时中国的政策导向和要素禀赋对这个类型的企业都是友好的；‘92 派’这批企业家身处的时代背景是，历经 14 年的改革开放，我们的资本积累有了基础，中国经济已经开始从劳动力密集型的制造业向对资本和智力要求更高的产业发展，而且政策层面本身也有这样的诉求。于是，知识结构更完备、掌握更多社会资源的‘92 派’集体走上了舞台。”

在向来信奉“学而优则仕”、几千年来“重农抑商”的中国，在邓小平南行讲话的鼓舞下，这批人辞官下海，对于更广泛范围的中国人的影响、对于整个社会风气转变的影响十分深远。自此，创业成为潮流，企业家成为社会的主角，一些年轻人不再将大国企和国家部委作为未来人生的首选，开始真正探索人生的更多可能性。这对整个中国社会而言，都是更具有深远革命意义的。

继“84代”和“92派”之后，陈春花教授将2000年前后出现的民族产业集群定义为产业化的过程。此时，已经开始出现我们称之为“龙头企业”“领袖级企业”的集团型公司了。珠江三角洲、长江三角洲，以及整个胶东半岛都分别形成了大的产业集群，每个大的产业集群里又冒出了很多大型企业。上述三个地区比其他地区强大的原因就是它们的产业能力形成了，每个产业至少有一位产业领袖，这些产业领袖不仅创造了经济财富，还成为整个社会追逐的榜样和标杆，对产业、对地区乃至全国都形成了很好的辐射示范作用。这些产业集群的领袖已经具备了在世界市场一争高下的潜力。

以TCL所在的珠三角为例，据华南师范大学增城学院钱淑芳女士研究表明，珠三角产业集群包括珠江东岸的电子信息产业集群、珠江西岸的家电产业集群、珠三角纺织服装产业集群、珠三角汽车产业集群，以及珠三角装备制造产业集群。至2000年前后，这些产业集群已经跨越了增长和趋同阶段，开始走向成熟，形成了以轻型化为主，重化工业产业集群逐渐形成的特色。尤其宝贵的是产业集群内部的创新体系逐渐完善了。就更广泛层面而言，产业集群的发展推动了当地企业及区域品牌的建设，进一步推动了集群内企业的发展。

2004—2005年，中国企业开启了又一征程——国际化，标志事件是联想收购 IBM 的个人计算机业务、TCL 收购汤姆逊。1984—2004 年，在这国际化的 20 年间，历经的四个阶段都有鲜明的时代烙印：改革开放带来的商品经济里长出来的第一批“84 代”企业家，有计划的市场经济里成长起来的“92 派”企业家，规模产业化孕育出来的实业企业家以及开始登上国际舞台的企业家。

“2004 年和 2005 年中国企业国际化的宏观环境远不像今天。一方面是客观来讲，其规模和专业能力与世界水平的确存在着差距，另一方面就是整个国际市场对中国越来越明显的崛起心存疑虑，对中国文化存疑等。这之后不久爆发了 2008 年的金融危机，推行了几十年的外向型经济模式受到很大影响，实际上伤得比较重。”近十年过去，站在 2018 年的节点回望 2008 年的金融危机，陈春花教授认为，那次席卷全球的危机不仅成为中国企业开始“向内”的缘起，也是中国企业群体出海的一次预演。

不仅是联想、TCL 这样的民营企业，很多大型国企也在这一时期开始进入更多国家的本地市场。引领了这一波风潮的企业家群体的能力与素养与之前的完全不同：他们对国际政治和商业规则更了解，拥有更强大的腾挪空间来整合世界资源，也有更丰富的储备来开拓国际市场。

到 2010 年，永远在奔跑的中国企业家发现，之前 20 多年都可以跟随学习的模板消失了，前方没有可以供你参考、思考、学习的对象，路要自己走了。“这一天终究会到来，因为一个全新的机会出现了——互联网。到 2010 年，互联网已经成为商业社会里的水电煤气，原先的商业规则或许要重构。在这个打碎与建立的过程里，中国企业其实是和国际企业同时起步的，这时候已经不存在谁领先谁的问题了。我不是特别认同‘弯道超车’这个提法——互联网时代其实是没有弯道的，现在大家不像以前相差得那么悬殊了。”

分析《财富》杂志数十年来的500强榜单，可以明显看到中国企业的上榜数量呈逐年增加的趋势。为什么会有如此高速的增长？陈春花教授认为中国企业有两个特殊的优势。

首先，中国处在上升势头中，在这样的环境里，只要你愿意做，你总能进步。40年来，不仅GDP规模这样可被数字化的指标在增长，商业软环境、整个国家的视野与纵深等方面都在发展。仅以中国改革开放40年来在基础设施上的大规模投入为例，这些基础设施所产生的复合优势是今日之中国可以在很多新兴领域异军突起、引领世界创新的重要因素。包括高速公路、高铁网络、网络建设，都分别从物流、信息流这些层面使得整个社会的运转效率大大提高，进而促进了社会各个层面的流通。

2018年2月25日的平昌第23届冬奥会闭幕式上，第24届冬奥会承办国——中国带来的精彩的8分钟演出惊艳了世界。其中，已经进入全球200多个城市的小橙车再次引起了广泛关注。创新、环保、便捷、普适这些优势让摩拜单车每天实现3 000万骑行人次，成为全球每日服务最多的出行平台。做到这一切，摩拜只用了短短不到3年的时间。

2015年夏天，愉悦资本创始及执行合伙人刘二海在清华大学附近的一个创业园区和摩拜创业团队见面时，第一辆摩拜单车依旧处于测试阶段。骑上这辆测试版单车，还没骑出去多远，脚踏板竟然掉了，刘二海心里还在打鼓：这事能成吗？但深耕出行市场 10 多年的刘二海还是作为 A 轮唯一投资人投资了摩拜。

后面的故事就是一路做到 D 轮融资的摩拜成为用户生活中不可或缺的一部分。“很多人问我为什么投摩拜，摩拜为什么能发展得这么快？在我看来这是顺理成章的。设计一辆看似简单的单车，不仅需要有先进的生产制造能力，还需要成熟的移动互联网氛围、强大的云存储和计算能力，更需要活跃的创新创业和投融资环境。这些制胜的因素里不仅包含硬件基础设置，崇尚创造、拥抱变化的社会软环境其实更重要。这也是包括摩拜在内的越来越多的创新诞生在中国的原因。”刘二海分析道。

其次，中国有庞大的市场、非常优秀的产业从业者，以及足够耐心的消费者。无论是生产线工人还是研发人员，抑或是管理者，人们很难在世界其他地方找到素质如此高、规模还如此庞大的从业者群体。“同时，中国的消费者还用了极大的耐心陪同中国企业成长。在其他市场，错一次立刻就被淘汰，这就是残酷的基本法则。但是中国消费者的包容度还是很高的，这也是中国企业的幸运。但消费者在成长，竞争激烈了，如果企业不能把消费者价值放在首位，生存空间会越来越小的。”始终坚持消费者价值导向的陈春花教授这样总结。

回溯商业史，每个黄金时代必定有熠熠生辉的明星企业家群体与大时代相伴相生。中国改革开放 40 年，企业家和这个国家一样用只争朝夕的步伐不停歇地奔跑。每一阶段，当时代对他们提出新要求时，纵使百转千回，他们总能接住招，继续向前。

逆水行舟，一苇以航。

只有拼命奔跑才可以留在原地，只有不断产生更大影响力，企业和企业家才有可能跨越时代。陈春花教授认为，三种情形下的企业家会成为“被记住”的那一类：获得全球领先的地位；创造全球创新的东西；贡献具有普适性的管理方法。

全球领先的地位，以华为为例。实业界的检验标尺就是时间，最早起家于打孔机的 IBM 如果没有大型商用机器、个人计算机、咨询或者云服务这些在每个不同时代分别引领了趋势的产品，它也仅仅属于某个时代。华为在中国企业群体中的不同之处在于，从 20 世纪 80 年代做交换机开始，涉足传输、无线、数据领域，华为一步步从面向运营商的企业端设备与服务商突进到面向消费者的品牌企业、从事基础研发的平台企业，并且不断为商业社会输出思想。

20 世纪 80 年代与华为一同兴起的通信业国产四巨头被称作“巨大中华”，分别指巨龙、大唐、中兴、华为，30 多年过后，只有华为真正从国产品牌做到了占据世界领先位置的品牌。任正非信奉的是，企业要想生存就要逆向做功，把能量从低到高抽上来，增加势能，这样才能发展。

在与任正非的《围炉日话》中，陈春花教授引用了引起巨大反响的华为广告：上帝粒子研究的最新发展，那是厚积薄发；跌倒了的乔伊娜，依然抬起头来冲锋拿冠军，那也是厚积薄发。“我非常喜欢华为的这两幅广告。如我喜欢‘芭蕾脚’与‘布鞋院士’的广告一样，理想、奉献、艰苦、奋斗，这是华为崇尚的‘人’。”

领先全球的创新，以中国的移动支付为例。世界上没有哪个国家可以像中国这样，人们轻轻一扫便可完成支付。移动支付的便利对整个中国经济的推动意义是创造出了更多创新的商业模式。由于移动支付，出行、零售，这些以万亿计的市场正在重构。

“微信支付和支付宝这样的创新源自中国，腾讯和阿里巴巴也都是全球互联网产业界举足轻重的代表性公司。2000 年前后，中国互联网的第一波浪潮起来的时候，我们很难想象一直处于跟随和模仿地位的中国互联网公司在如此之短的时间内就能拥有领先全球的技术和应用。应该说，中国高速发展的经济、庞大的市场规模是创新的沃土。”陈春花教授认为，在万物互联的时代，运用创新的技术与模式，一批中国企业将成为世界级的公司。

贡献领先的管理方法，以海尔为例。海尔一直致力于提供自己独到的管理解决方案。

2005 年，在海尔全球经理人年会上，海尔集团董事局主席、首席执行官张瑞敏提出并命名了一套新的商业模式——人单合一。与一般意义上的竞争方式和组织方式不同，也不同于传统的业务模式和赢利模式的范畴，“人单合一”是海尔顺应互联网时代“零距离”“去中心化”“去中介化”等时代特征，从企业、员工和用户三个维度，在战略定位、组织结构、流程运营和资源配置这些领域进行的颠覆性、系统性的持续动态变革，在探索实践过程中，不断形成并迭代演进的互联网企业创新模式。自 2005 年，海尔开始了对“人单合一”长达 10 多年的探索。

陈春花教授认为：“他想创造一套新的模式，张瑞敏的这个梦想有点像学者的梦想。如果海尔借助‘人单合一’真正能够做到全球第一，又顺利完成对通用电气公司家电业务的收购，这套模式就有可能像丰田的‘精益制造’一样，成为中国企业界对国际商业界和管理学界的贡献。”

敢于革自己的命，是张瑞敏进化史的思想原点。《上海证券报》对他的描述如下：张瑞敏，这位中国企业家中的管理教父，内心依然焦虑，他对于新成功的渴望，还是那么强烈。在海尔集团的办公大楼前，有一组雕塑，图形来自《周易》。周易共有六十四卦，最后一卦叫“未济”（未成功）。张瑞敏说，这组雕像天天在提醒着他，一定要不断追求更高的目标。“当一个人站上冠军领奖台的一瞬间，他已经不再是冠军，而是必须要为下一个冠军努力。”

自 1978 年开始至今，从乡镇企业家和万元户开始，中国企业家重新回到经济社会，与中国的国际地位、中国的经济体量一样，中国企业家群体必然也会在国际社会扮演越来越重要的角色。“但你一定要先走到全球领先的位置。5G（第 5 代移动通信网络）时代来了，华为一定会全面爆发出来；互联网在重构全球的人与社会，起源于中国的创新一定会在其中扮演重要的角色；（这些创新）贡献出新的管理方法和模式，技术手段在变化，产业本身在变化，与之相应，会出现对创新的管理模式的需求。中国企业家群体在国际层级的突破可以在这些方面实现。”

转型之路

跟随者从来不会被记住。尤其对越来越多已经在各自领域成为冠军的中国企业和企业家来说，过往40年经历了向欧美学、向硅谷学的过程，今时今日，自己成为探路者的时候，挑战才真正开始。

2017年以来，越来越多的产业感受到来自新技术的冲击。原先被认为铁板一块的产业壁垒纷纷土崩瓦解。新技术的大革命袭来，没有人还可以偏安一隅，巨浪之下，“边界”被重新定义，所有人都必须重新思考自己的生存空间。

2018年元旦，在《新年寄语：这个时代没有旁观者》中，陈春花教授讲了一个发生在自己身上的故事：对于手机，我并不愿意换它，可是我不得不换，因为我的学生说老师你落后了，证明你落后的地方就是你拿的手机。为什么会是这样的？原因就在于手机的内涵变了，它变成了一个人看世界的窗口，如果你仅仅依赖一部传统的手机，就意味着你看世界的能力已经变得落后于时代。在这个工具已经成为知识权力的一部分的时代，时间轴变短导致稳态几近消失，新范式的颠覆性变化变得越来越快。围绕人工智能究竟是否可以达到人类智能的水准的争论已经超越了技术本身，上升到哲学乃至伦理层面。

头条新闻如此评价阿尔法围棋与李世石对弈中阿尔法围棋历史性的那一手棋：“这一手展示出了如此深刻的人类特性——即兴创作、创造性，甚至是某种优雅和魅力。我们由此得知，这台机器拥有灵魂。”

“我不断琢磨，假设阿尔法围棋没有做出这一手不同寻常的选择，因为它计算得到的结论是‘人类下这一步棋的概率是万分之一’，但是它选择了下这一步，正是这一步，让阿尔法围棋拥有了

'灵魂'。这是这场世纪大对决带给我的真正的震撼，如果我们不迈出一步，不去展示人类的特性，淘汰的也只能是人类自身。"

未来已来。

陈春花教授认为，对大部分企业来说，两个要素的变化至关重要。第一，新技术进步和普及的速度远超出以往的任何一次；第二，新生代成长的速度，对技术、知识乃至价值观的理解，也与以前迥异。

这两个"与过往完全不一样"带来的冲击就是对自身的不自信，这是中国现阶段的企业家焦虑的重要原因。这次大变革之前，"老一代"面对"下一代"始终"还是有一定的自信"，但技术本身与获取技术方式的快速变革几乎彻底摧毁了这种自信——这是大部分企业，包括那些已经获取了领先位置的成功企业共同面临的问题。

"技术更迭的速度令人应接不暇，新生代成长的速度使得几代人之间无法顺畅地对话。企业家必须学会做出自己的价值选择——因为没有参照系了。以前的企业家之所以比较笃定，是因为当时的参照系还是比较权威的。现在的局面是，大家被这两个变化迅速推入无人区。在这个全新的领域中，排在第一位的是你要非常清楚，你要做什么选择，而且这种选择是你自己要承受后果的选择，不是你有前车之鉴的选择。如果说企业界乃至整个社会存在焦虑的话，这会是很重要的原因——改革开放40年，中国企业家和中国的经济一样，埋头狂追40年，创造了人类历史上从来没有过的持续增长速度。但目前的这个局面，我们从来没有遇到过。以古看今，中国文化的宗旨即是'以古为镜'，从历史中寻求依据。恰恰就是这个时代，你没有办法从过去找到面向未来的正确选择，真正的难题就在这里——没了自信。所以，我第一个建议就是确信你自己的选择，并且做好为自己的选择承受一些东西的准备。”

由内及外的下一步就是向外求：更大范围地合作和协同。人类学习的速度再快，也无法追赶技术发展的速度。万物互联的大趋势下，边界变得越来越模糊，问题的解决路径不再是唯一的从A到B。陈春花教授指出，能够在目前这个时代活得还不错的企业都在大面积、大规模地延展自己力所能及的边界、寻求尽可能多的连接与协同。

“世界是无法穷尽的，你了解得越多，其实也就意味着不了解的更多，所谓‘知亦无涯’。在未知的世界里，各种风险当然更多，同样的道理，各种机会也更多。如果你能成为一个更大网络里的连接节点，那么这个网络上的价值点就都可以为你所用。如果说40年前到现在是一个阶段，那么下一个阶段里，打开边界与学会协同是一定要做的事情，唯有如此，你才可以在不确定和剧变的环境中发现自己的空间。这种空间不是你自己创造出来的，是你与更多人合作激荡出来的。”

商业社会里，现实的情况是，原先被企业家奉作圭臬的“护城河”正在一步步被瓦解。“凡是别人可以进入的，都不叫边界”，而且，这种瓦解的速度在每一场新战役中都以加速度的方式呈现。

2012年9月9日，一款打车软件在北京上线；同期，几乎功能相同的另外一款软件也在杭州开始运营。6年后的今天，我们已经知道前者是如今估值已经达到560亿美元的滴滴出行，后者是被滴滴在 2015 年 2 月 14 日收购的快的，此时距两家公司成立不过两年半的时间。此后，收购的战车速度明显加快：2016 年 8 月 1 日，滴滴收购优步中国全部资产，此时距离滴滴收购快的不过一年半。

就在观察者普遍认为出行大战已然结束，打车软件作为腾讯的微信支付、阿里巴巴支付宝争夺移动支付入口及场景的工具性使命已经完成的时候，战火再次燃起。

2015 年，摩拜单车出现。

随后的单车故事天下知。

历史总是惊人的相似，与滴滴、快的、优步中国的桥段几乎一模一样，单车领域也有 ofo 小黄车。不同的是，网约车领域在两年半内实现了双寡头的局面，单车领域从摩拜开始研究第一辆测试车，到摩拜和 ofo 小黄车分别在 2016 年 10 月拿到 C 轮融资一举奠定了单车领域“双寡头”格局，只用了一年半的时间——战役以“歼灭战”的形式上演着，只是威力没有丝毫削减。

当观察者甚至一些投资人都认为单车版的合并故事将要再次上演，甚至开始筹划单车领域的合并的时候，剧本再次不同了。每日高达数千万人次骑行创造的巨大流量入口成为市面上最为稀缺的资源；与此同时，无人驾驶和绿色能源的发展无限扩大了“出行”的边界；网约车巨头也都认为单车是自身业务天然的延伸，计划再次上演收购桥段，但单车巨头希望由自身巨大的流量入口向上拓展，进入网约车的市场。

2018 年 4 月 4 日，美团网“突然”宣布收购摩拜，这宗收购一举打破了单车、外卖与网约车领域之间的胶着，“边界”也再次被拓宽，外卖平台美团宣布进军网约车市场，又一家有资本和流量双重加持的入局者进场。对此，滴滴的回应是“尔要战，便战”。

外卖平台不仅在搅动着本已陷入混战的出行市场，同时，在“传统得不能再传统”的方便面市场，它作为闯入者终结了统一和康师傅之间旷日持久的战争。

以上只是关于边界以及速度的一个片段。企业史上，这样的故事并非孤例。被誉为“大象也会跳舞”的IBM在每次技术发生大变革时的作为，放在今天依旧有其可借鉴之处。

IBM这样一家“老牌”企业为什么可以不断突破边界、跨越时代？陈春花教授认为IBM的企业基因由三个核心要素构成，这三个要素恰恰是不受时代约束的：永远追求卓越；贴近顾客；尊重员工。

“在大部分中国企业的基因里，拥有跨越时代属性的其实并不多。举例来讲，非常多的中国企业把‘成为世界一流企业’作为自己的目标，这个目标就包含时代基因了。因为在我们所处的这个时代，企业杰出与否的标准已经不再是‘一流’和‘二流’了。再比如‘要成为强者’这个目标，所谓‘强者’是相对于资源稀缺而言的一个概念，在如今这样一个广泛竞争和充分变化的环境中，企业首先要明确的认知就是没有人会成为永久的强者——强与弱不是胜出的关键，变化得快与慢才是。”

当一个企业的基因里有了“时代”的边界时，再想“跨越时代”就几乎不可能了。但并非家家都像IBM这么“幸运”，即便之前99步都走对了，只要有一次失误，就会前功尽弃。倡导“科技以人为本”的诺基亚曾经是通信领域无可辩驳的王者，但在陈春花教授看来，当企业太在意自身的技术能力时，客观的结果就是对那些真正决定变化的因素视而不见。所以，当乔布斯带领着苹果公司"像保护宗教般保护客户体验"的时候，诺基亚的衰落就成为必然。

商业社会和自然世界一样，残酷的竞争使得每一家存活下来的企业成为奇迹。回溯40年来的中国企业史，那些幸存者首先具备了直面变化的能力，因为只有变化才是唯一的不变：1984年前后的第一代企业家必须具备的能力是降低成本、做大规模；1992年前后的第二代企业家必须有能力做研发、有知识做战略选择；2000年前后的第三代企业家要具备推动整个产业的势能；在第四个阶段，企业家要有运用全球资源的能力；在第五个阶段，企业家要反思，你的企业是否可以理解新技术、新商业模式、新生活方式对商业的重新定义？

"为什么我认为现在到了一个重新设定起跑线的时刻？因为商业社会里的所有要素都在被重新定义。奔驰、宝马足够强大吧？但电动汽车出现了，这意味着对'车'的重新定义。在这样一个范畴里，原先在燃油车领域上百年的积累所占的权重就没那么大了，只有几年历史的电动汽车与老牌燃油车站在了同一起跑线上。你的竞争对手不再是原先处在同一维度的对手，而是一个你不知道会从哪里冒出来的'闯入者'。"

即便是闯入者也不能高枕无忧地安睡。外卖平台固然冲击了方便面的市场，但加入了外卖平台的餐厅也必须根据外卖这一新业务做出相应调整，因为堂食的门店消费量大大减少，而且并非把食物装进打包盒、交给快递就可以了。这期间，餐厅业务流程、采购成本、费用核算以及客户交互界面都发生了天翻地覆的变化。重新站在起跑线上的这次革命，对任何一方都是一个最好的机会，当然淘汰的速度也更快。想要在每一个阶段向下一阶段迭代的时候都能存活下来，唯一的途径就是不断变化。

30年之约

“2002年年底，我问自己，在将要过去的一年里，为什么自己心中梦想的东西还是停留在梦想中？在这个时候，恰好看到《从优秀到卓越》和《追求卓越的激情》两本书，我知道这正是我想看的书，也是我想做的事。于是我决定放下教学，专心把近10年的梦想变为现实。”在《领先之路》这本书的自序里，陈春花教授这样写道。

这个梦想在管理学教授看来，不可谓不大胆。2002年，陈春花教授出任山东六和集团总裁，以学者身份直接下场操盘，这在中国学界十分罕见。之所以做出这个勇气十足的决定，与管理学的特殊之处有关：管理学是实践属性非常明确的一个学科。学者首先认为管理学是一门科学，同时又是一门艺术。就普遍意义而言，管理学又有极强的实践性和创新性。

“对管理学者或者管理研究者来讲，挑战最大的就是让我们的理论跟实践完全融合，而且这个挑战不仅仅存在于学术界，其实也存在于企业界，接受了相关管理培训的企业家总会思考，学到的这些理论究竟是不是有用？企业投入大量的时间成本和资金成本送管理层接受管理知识的培训究竟是不是有用？中国商学院的专业教育是在 2000 年前后兴起的，专业学科教育产生的基础源于实践——2000 年的时候，中国的企业家群体和职业经理人群体已经初具规模。在我自己从事工商管理教育的过程中，我一直能观察到大家对这个问题的纠结。学者的观点是，我有完备的知识框架、严谨的论证，我还研究了足够多的案例，那么，我谈的东西应该可以解决企业的实际问题。但业界会认为，学者的研究对企业家的帮助其实并不明显，企业的成功大部分都来自企业家的实战经验。立场决定观点，甚至不少相当知名的企业家直接评论说，商学院的教授没用，MBA 没价值。我认为理论和实践是可以融合得很好的，但是你光说没用，只有通过实践来验证才会有说服力，这也是我的朴实初衷。”

把出任六和集团总裁的这个“大胆”决定放置在陈春花教授自 1992 年开始的研究计划中，一切就都顺理成章了。1992 年，当时只做了 6 年管理学科研究的陈教授给自己设定了为期 30 年的长周期研究课题：中国本土企业的成长模式。从 1992 年立题到 1994 年这个想法被最终确定下来，其间两年的时间，她都在反复推敲研究的具体框架、设计路径方法、筛选研究的目标企业。经过一套方法论的筛选，1994 年最终确定的 5 家企业是：海尔、华为、TCL、联想和宝钢。这 5 家企业覆盖了上市及非上市公司、企业端和客户端等各种类型。

“我们曾经试图用这样的名词定义我们要探讨的公司，比如‘优秀的公司’‘接触的公司’‘卓越的企业’‘成功的企业’，最终我们选择了‘行业先锋’。比较已有百年历史的跨国企业和始终走在技术前沿的国际科技技术公司，我们认为目前以‘优秀’‘杰出’‘卓越’‘成功’来形容这些中国企业为时过早。”

“行业先锋企业是在中国推行制度化管理和现代化管理的典范，它们对同行、对中国经济发展都带来了深远的影响。以这两点为基础，我们列出了一系列标准。”

- 在同行业中受到推崇和认可的机构
- 注重组织完善和管理提升
- 在中国经济发展中具有不可或缺的地位
- 企业存在非常明显的规模化发展
- 存在自主经营的产品、品牌（或服务）
- 在中国社会经济中具有活力，受到关注
- 企业持续成长 15 年以上，其间是作为独立的公司发展
- 年销售额超过 200 亿元
- 行业处于非国家垄断地位

从 1994 年开始的第一个 10 年里，陈春花教授聚焦于对 5 家先锋企业的跟踪研究。当时的中国，在文化、经营乃至意识形态领域都还存在不小的争论，甚至悬而未决。包括先锋企业在内的中国企业在持续达到高利润发展的同时，还不断地将其经营效率和利润翻番，并且实现了许多改革和创新。

为什么这些企业更善于发挥优势呢？那是因为在大部分企业沉迷于机会主义时，它们却率先在中国掀起了管理革命。刚刚进行了 20 年的中国改革尚不足发展出一个成熟的商业社会，企业与政府和

社会之间仍不可避免地存在复杂关系。然而它们集聚企业的内部动力和外部动力，不断形成和完善企业的管理方式和发展战略。

陈春花教授得出了先锋企业的4个导入因素和4类产出，这些极具中国特色的因素不但揭示了中国行业先锋企业的成长本质，更演示了绝大多数中国成长企业“从起飞到领航”的成长轨迹。也是在这10年间，她初步建立起了把一个企业从比较落后的位置带到行业领先位置需要做哪些事的框架。

第一个导入的因素：英雄领袖（企业的内部动力）

“善弈者谋势，不善弈者谋子。”优秀的企业领导者首先要是战略家，这要求领导者一方面对形势的发展和趋向有超前的眼光和判断力；另一方面对自己是否具备造势与任势的条件和实力（主要是拥有推行战略的人才）有清醒的认识和完备的考虑。

第二个导入因素：中国理念、西方标准（企业的管理方法）

中国先锋企业之所以能够不断成长，尤其重要的原因是它们以西方标准为准则，更重要的一点是它们善于以中国理念来概括和执行这些西方标准。这是先锋企业规划和执行管理方法的重要方式。

第三个导入因素：渠道驱动（企业的外部动力）

先锋企业的成长时间往往非常有限，初创阶段还无法掌控自己的品牌引擎：既没有社会的正面评价，也无法无中生有地创造出一个被客户认可的品牌。这些先锋企业首先将渠道作为第一层客户群，其次也将其作为对公司品牌和产品最直接的市场推广武器，以渠道驱动终端市场。

第四个导入因素：利益共同体（企业的发展战略）

不仅包含上下游的利益、资源分享，利益共同体还包含企业与企业员工、企业与政府、企业与相关的知识机构、企业与分销网络等共同利益关系。

产出一：企业文化

一旦确定了企业的领导人、形成了企业的管理战略，这个企业的企业文化就应运而生了。客观来说，企业文化的可塑造性非常弱。原因是，企业的领导人和企业的管理战略已经影响甚至决定了这个企业的文化，企业文化的源起首先是被动的产出。

产出二：核心竞争力

“核心竞争力”是“核心价值观”“核心技术”“人才机制”“核心产品”等概念的核心，是一个企业的差异化竞争优势，它立足于企业在追求客户价值实现的过程中，向客户提供优于竞争对手并且不易被竞争对手模仿的、为客户所看重的消费者剩余价值的能力。

产出三：快速反应

快速反应是20世纪90年代以来随着信息、网络的发展而逐步流行的管理理论。它不但同信息和网络有关，与供应链管理、全面质量管理、准时制、客户关系、客户服务等理论也有着密切的关系，甚至将这些理论涵盖在内。

产出四：远景使命

一方面，深谋远虑、善于任势的企业领导者扮演着积极主动的角色，他非常清楚企业的劣势并主动谋求可以“造势”的利益共同体；另一方面，利益共同体自然且有效地弥补了企业（或者是创业者个人）自身劣势，相互的“共同”关系有力地辅助企业首先摆脱初创阶段的困境或推动企业迈向更高阶段，这两点是“站得高”的条件。积极推动先锋企业持续成长的远大使命由此而来。

有了研究结论之后，如何进行实证？大部分研究学者的做法是把这些结论发到各家企业做问卷调研、收集数据，然后进行数据匹配，完成实证。陈春花教授决定做些与众不同的事：“我决定通过实际操作来做实证，我想验证我做了10年的这个东西到底行不行。做了这个决定之后，我又给自己提了几条标准。为了验证普适性，不能在我熟悉的领域进行验证，因为我在研究阶段阅读的大量案例都在珠江三角洲，而且都是消费类电子企业；同时，我还要求自己必须跨区域、跨行业。这样，我就选择了我从来没有去过的山东，选择了被称作‘靠天吃饭’、极难规律化的农业领域。”

这家公司就是饲料行业的山东六和集团。创建于1992年的山东六和是一家以饲料生产为主要业务的民营畜牧业集团。2002年，它的年销售额为28亿元，饲料销量116万吨；2003年，年销售额42亿元，销量145万吨；据当时估计，2004年的年销售额将超过60亿元，销量超过200万吨（2004年最终实现销售额74亿元）。

陈春花教授自2003年开始担任山东六和集团总裁。那时，SARS（重症急性呼吸综合征）肆虐；一年之后，禽流感再次冲击尚未缓过劲儿的畜牧养殖业；同一时期，交通管制还带来了运输成本增加；原料（农产品）成本大幅涨价。正是在这样的行业宏观背景下，陈春花教授上任1年8个月之后，这家名不见经传的地方性饲料公司的营收就从28亿元冲到了74亿元，成为行业第一。饲料行业的“门外汉”创造了轰动行业的“神话”。

“我曾经给六和集团担任过顾问，对这家企业比较了解、也认同它‘让用户赚钱，倾向于领先，学习型’的理念，这是我当时敢于冒那么大风险的基础。在六和期间，我有机会把我的研究成果付诸实践。比如说，在中国经营企业，人们面临的一个关键问题就是‘品牌驱动还是渠道驱动’，我认为是渠道。渠道就是要设计通过什么样的路径把产品送到用户手中。”

没有哪个企业不希望建立起强大的品牌，品牌的重要性毋庸置疑。但在陈春花教授看来，品牌只是结果。在她经营过的企业里，她把渠道总结为“近距离密集开发”，这也正是六和的三大经营理念之一。一个点覆盖50公里，直接把饲料销售给农民。

“我刚到六和的时候，有些经理人喜欢隔山隔水去卖饲料，我说不用，就50公里，你退到50公里内。我们现在的考核指标是‘核心区的市场占有率’，在一些核心区，我们的市场占有率是100%。”后来，六和又以同样的模式进入河南省，很快就做到了河南的行业第三。

所谓模型，应该具备系统性的普遍价值。在1年8个月之后，陈春花教授卸下总裁身份，准备回归讲台的时候，她叮嘱公司“保持这套体系”，在这个框架下，保持企业正常运转，每年还会增长100亿元。后来的事实证明，5年之后，山东六和的销售收入达到了560亿元。

这个时候，这位此前没有在企业工作过一天的管理学教授已经名扬四方了——不仅管理学界，希望邀请她执掌公司的企业纷至沓来。对陈春花教授来说，理论模型被证实有效、10年研究成果可行带来的欣喜其实更大，她志在研究。于是，她离开六和回到学校开始了第二个10年的研究。第二个10年是2002—2012年，研究对象还是联想、海尔、华为、TCL和宝钢，陈教授想研究它们在第二个10年做了什么，发生了什么变化。

这10年的中国和世界的确波澜壮阔，这5家先锋企业的命运也跌宕起伏。

任何人都无法回避的一个变化就是互联网。2000年，最初以简单信息流的形式、从媒体行业出发，互联网开始了对中国社会和中国商业猛烈的冲击。新技术不仅重构了企业本身的生产运营，同时还飞速地改变着企业的上下游产业链、各个层面的客户与利益相关方。当科技赋能传统产业的表述方式从“互联网+”演进到“+互联网”，这个过程已经淘汰了无数曾经声名显赫、历史久远的大公司。

2001年12月11日，中国加入WTO，自此，中国真正成为世界经济生态圈的一员，“世界工厂”这个角色定位是中国商业社会形成数百年以来从未面临过的。我们从小规模、作坊式的半封闭、自循环生产方式向高度分工、高度协作的全球一体化体系转变。此时不仅是产供销组织形式的变化，还包括劳动者素质提高、资本匹配、产业升级等。因此，这一阶段是那些如今把触角伸向全球的中国企业发展最迅猛的10年。

2008年全球金融危机来袭，全球经济迅速坠至冰点，作为中国经济重要支柱之一的出口额大幅下降，从钢铁、水泥到电视、冰箱，销量全面大幅下滑，“世界工厂”的经济增长模式无法继续下去，“硬着陆”“启动内需”成为那时被最多提及的词语。

回头来看，无论是互联网、国际化还是金融危机，给企业带来的变化归根结底还是把自己纳入一个开放系统中去，中国企业已经被深深地嵌入全球经济运行的生态系统中了，这与同时期宏观层面不断深化的改革开放紧密扣合。

从（2005年）三季报来看，彩电厂商有长虹等实现盈利，亦有厂商不幸“挂彩”。资料显示……康佳净利润持续下滑，前三季度为3 485万元，同比下降38%。TCL集团更不妙：上半年首亏6.9亿元，前三季度亏损11.39亿元，预计全年亏损。

季报显示，TCL和康佳在彩电业务不振的情况下，手机业务巨亏是整体亏损的主因之一。手机业务一度是TCL的“赚钱机器”，TCL移动2002年贡献利润12亿元，2003年也贡献了8亿元利润，但2004年出现下滑。康佳也表示，手机业务同比下降56%，公司盈利下降主要是受累于手机业务的巨额亏损。

部分厂商的海外业务非但不像预期中财源滚滚，反而把整体利润拉下马。就TCL而言，去年该公司在国际并购方面有两个大手笔：手机业务与阿尔卡特合作，彩电业务与汤姆逊合作。但它的欧洲业务亏损3.4亿元，北美业务也严重亏损，国际化面临艰难时刻。

引自《证券日报》（2005年11月12日）

第二个10年里，被陈春花教授列为研究对象的5家先锋企业中，受冲击最大的是TCL，TCL历史上最严重的亏损也发生在这个阶段。20年后回头再看，缺乏长期战略设计、技术储备不足、管理体系不完备，这些因素叠加在一起，使得以TCL为代表的一批中国本土家电厂商在2005年前后遭遇了创立以来最大的危机。改革开放伊始，中国人压抑已久的消费需求被释放出来，这造就了中国本土家电厂商的集体崛起。但消费者很快有了对更高端产品的需求，国际领先技术的发展开始淘汰落后产能，供需矛盾越来越突出；同时，在尚未对国际化有深刻理解的时候，TCL就开始了国际化收购之路，引发了文化、管理制度乃至交易本身的一系列问题。用“内忧外患”形容当时的TCL并不为过。

不仅TCL，在这个10年间的竞争中，新希望集团处于劣势，2013年，新希望出现了首次业绩下滑。陈春花在《共识》的前言《每个人都希望公司越来越好》中写道：

在第一封信发出的时候，坦白讲与我的预期有很大距离，这封信并未引发多少关注，信发出去后，得到的反馈很少。但是当我发出第二封信的时候，引发了热烈的反响……甚至一些经理人把这封信转给员工看，一些员工也把阅读此信的感受写邮件告诉我……这封信呈现出上下沟通的效能，更让我欢喜的是，同事开始采用这封信的语言进行沟通，采用这封信的视角看待问题与看待自己，采用这封信的立场来调整自己，采用这封信的方式与自己对话。

10年前的山东六和一役，学者出身的陈春花教授在20个月内，将一家行业内名不见经传的公司打磨成行业第一，销售额在6年内增长6倍。10年后，已经与六和重组的行业老大——新希望遭遇困境。

新希望邀请陈春花教授再次出山。此时，她刚刚完成第二个10年的研究，无论是宏观层面的中国与世界，技术与用户，还是企业与企业家都与10年之前有了很大的不同，而新希望处于一个如此“传统”且“夕阳”的行业里。对学者来说，充满挑战性的任务总是那么有吸引力。恰当的时机，她再次出手了，自2013年5月再次出山到2016年5月卸任，她完成了新希望六和这样一家上市联席董事长兼CEO的3年任期。3年间，新希望六和从对赌协议带来的压力重重到恢复增长，从面向饲养户的饲料企业转型为面向消费者的新兴企业，实现了面向互联网的业务模式的转型，经营走上正轨，团队再次焕发出了战斗力。3年战绩再次震惊企业界与学术界。

“我的兴趣点始终在研究与教学上。先后两次直接到企业里实践，一方面，我要用实际的结论来验证我的研究成果；另一方面，我希望用这些来自一线的事实证明，管理实际上还是需要理论指导的，当这些专业知识与实践相结合的时候，管理产出、绩效产出和成长性会变得更好。我希望告诉大家，管理研究和管理实践之间是没有鸿沟的，而且我更希望中国的企业家能够尊重知识、尊重理论的价值，这样做事才会事半功倍，企业成长的速度才能更快，人的作用才能真正发挥出来。”因此，在新希望六和的3年间，陈春花教授给管理层写了9封信，她更希望，在自己离开新希望之后，这些管理体系中真正具备最大能量的个体能够理解变化与管理，这也是她在1992年启动自己为期30年的研究时的初衷——从优秀到卓越。

从山东六和到新希望，中间相隔10年，但陈春花教授更愿意用共同点来比较它们。创始人都有非常宏大的事业心，这是最为重要的；对自己所在的产业有非常高的专注度，这就保证了他们事业的长期性；对企业健康、有序的成长有很好的理念和认知。10年之间，两家企业所处的经营环境又是完全不同的。10年之前，企业只要聚焦做好服务和产品，经营绩效还是比较容易实现的；10年之后，市场环境的要素已经完全改变了，尤其是面对互联网，一个传统的农业企业该怎么转型？

2013年陈春花教授加入新希望六和后，第一次面向管理层讲话时，阐述了自己对于行业的思考。

- 评价体系改变了，以前是农民评价你的饲料好不好，现在是消费者在评价你的产品可不可靠，这就要求我们必须关注整个养殖过程的安全。

• 以前我们很在意规模的增长，现在要在意有效的增长、有价值的增长。

• 以前只提供产品就可以了，现在一定要提供可靠性。

“我们做了用‘福达计划’来面对互联网的变化。养殖业首先要实现全程可追溯，这是产品安全的根基，覆盖全国的预警系统可以防控各种牲畜流行病。其次，要通过整个养殖过程可追溯的‘动态养殖’系统来保证产品品质。我们还有整体的知识系统，上线了1 000多套养猪、养鸡、养鸭的课程，有40万养殖户在这个系统里，我们把农民变成产业工人，这样，他们才能真正参与时代的进步。个体农户没有这样的能力，只有大企业可以帮助他们做到。”除了养殖数据端的数据化，还有食品端的数据化和消费者的数据化，这些面向互联网的举措进而引领了整个饲料养殖业的互联网转型之路。

分配财富

陈春花教授如此关注企业及企业家群体，源于她曾经读到的彼得·德鲁克的一本书《创新与企业家精神》。彼得·德鲁克在书中写了这样一段话：20世纪70年代，历经了“二战”后10多年的飞速发展，很多经济学家预测，美国的经济将要进入衰退期，因为历史上的若干次先例都证明了这样一个规律，即一个经济体在经济繁荣的长周期与下一个繁荣的短周期之间会跌入低谷，最长的周期有15年左右。当时的美国处于“二战”后连续的繁荣期已经超过15年，因此，经济学家普遍预测美国经济将进入衰退期，但所有人都没有预测到的是，美国的繁荣不仅贯穿了整个70年代，而且那之后还保持了繁荣的趋势。这引发了德鲁克的思考，并且进行了深入的研究。他发现，美国之所以可以保持持续繁荣，不仅仅因为这个国家有世界上最前沿的技术、最完备的市场经济，更重要的是美国经济的根基是“企业家经济”。

几千年来，中国文化被认为有“重农抑商”的传统。明朝中后期至清前期，中国出现了商品经济萌芽，它最终还是未能发展起来，而同期的欧洲工业革命开启了辉煌的“蒸汽机文明时代”，中国自此脱离了历史的聚光灯。

从改革开放时倡导的“把企业家请回来”到现在的40年间，尽管历经千回百转，但黄河九曲终东流，中国企业家群体和这个国家一样已经成长起来，他们通过提供产品和服务创造了财富。对一个商业体来说，这些都是企业本身必须实现的目标和必须完成的工作。但做到这些是不是就意味着企业完成了自己的使命？是不是就可以被称作伟大的企业？

2017年10月18日，中共十九大召开。习近平总书记在十九大报告中指出：“经济体制改革必须以完善产权制度和要素市场化配置为重点，实现产权有效激励、要素自由流动、价格反应灵活、竞争公平有序、企业优胜劣汰。”他还指出：“激发和保护企业家精神，鼓励更多社会主体投身创新创业，建设知识型、技能型、创新型劳动者大军，弘扬劳模精神和工匠精神。”

“其实，发展到这个阶段的中国企业有能力、也有义务做得更多。衡量伟大企业的标准并不简单是企业提供了什么产品，赚了多少钱，规模有多大，最核心的应该是要看在更广阔的范围里，企业帮助了多少人。”1992 年，在开始为期 30 年的中国企业研究之初，陈春花教授的初衷是寻找优秀公司：“按照我们设定的标准，在那个时候竟然没找到，于是，我们退一步去寻找‘先锋企业’。但这 20 多年来，我花了很长时间和中国的企业与企业家待在一起，研究甚至参与那些最顶尖的企业的发展进程，我内心还是希望看到越来越多的优秀企业、伟大的企业。”

在陈春花教授的研究中，领先企业是指在行业里保持领先位置的企业；这之上是优秀企业，在诸如治理结构、产品与品质、员工成长、上下游价值链等方面都做到了顶尖，并且有能力创造一些新东西出来。但优秀企业并非是企业的终极状态。

“再向上一个层次就是伟大的企业。我个人认为这是更加鼓舞人心、更加有价值的一个境界。那么，什么才称得上‘伟大’呢？这个问题的核心就是如何分配财富——创造财富只是基础，如何分配财富对企业家提出的要求更高。对民营企业家来讲，提供好的产品和服务、提供就业的机会、有盈利、能够实现社会对你的期望价值，做到这四点，就算是完成了任务。这四件事情做好之后，企业家还要做的一件事情，就是符合规定，符合对社会规范的要求，这是很重要的一件事。40 年来，围绕‘企业的边界’出现了很多影响深远的讨论——即使在世界范围内，这也是一个永恒的主题。我认为，‘边界’中很重要的就是法律的框架。有的人说，法律没有明显的制止即可为。我不太同意这个提法，法律明确规定不可为的事情，一定不可为。但这个世界很多时候没有那么多‘明显’和‘明确’，尤其是企业管理在很大程度上是基于对人性深刻洞察与理解的艺术，当‘边界’不明显的时候，企业家的内心就更重要，当你树立了‘心中法’和公众意识时，企业的可持续性和可延展性就被保护了。”

中国社会语境下，企业家这个角色被赋予了多重意义，因此，也就被给予更高的期待。2004 年 3 月，联想集团裁员，一篇《公司不是家》的文章迅速火遍网络，并烧至线下，引发了企业界对于公司与员工关系的大讨论。被誉为“中国企业教父”的柳传志在文章中做出回应。

> 我在想，一个企业应该遵循的最根本原则就是发展，只有发展才能做到为股东、为员工、为社会几个方面负责；而从发展的角度出发，企业就必须上进，内部就必须引进竞争机制。员工在联想既要有感到温馨的一面，更要有奋勇争先和感到压力的另一面，因此不能把企业当成一个真正意义上的家是必然的。在家里，子女可以有各种缺点，犯各种错误，父母最终都是包容的。企业则不可能是这样。

“企业家，尤其是具有一定影响力、话语权的企业家往往要承担更多社会角色——帮助每个人过得更好，照顾到每一个员工，同时还被期待为社会公平做出努力。很多企业家在宏观的社会层面付出了不少努力，包括扶贫、慈善，推动社会进步等。我们应该给予这些非常优秀的企业和企业家更多的鼓励和欣赏。同时，在这个过程中，也有很多企业家出了问题。出了问题的企业家，在法律框架下是不是还有机会再做一次尝试和探索？”

在一个企业的生命周期中，企业家究竟发挥着怎样的作用？就理论而言，创造财富的过程是企业家、经理人，以及团队共同完成的，但分配财富往往是企业家决定的——以所有权为基础的分配机制意味着财富一旦被创造出来，决策权就掌握在企业家手上，所有者缺位的国有企业如此，民营企业更是这样。

中国企业的创富能力在过往40年改革开放中体现得淋漓尽致，但在财富分配层面给陈春花教授留下印象的只有两家：华为科技和温氏股份。

华为已经是中国企业的标杆、国际市场里令人恐惧的对手，能够实现连续多年的超高增长率，并且掌握了一系列通信技术专利，陈春花教授认为这与任正非能够正确对待财富有很大的关系。“华为的体系其实就是一个非常强大的共赢机制，任正非自己所持的股份不到2%，员工持股则超过98%。温氏股份来自传统得不能再传统的养殖行业，它早在20多年前创业之初就开始实行员工持股——这比互联网浪潮袭来之后才流行开的互联网公司期权出现得还要早。和畜牧养殖相关的行业都被视作不好做的生意，但就是这样一家民营的养殖企业做到了史上全球农牧业市值最高的公司。分配财富的方式成就了这两家企业，但实事求是地说，分配财富的挑战其实还是很大的。”

中国经济走过改革开放40年，中国的企业和企业家群体也在国际商业社会中扮演着越来越重要的角色。就像中国经济正在行进中的“调结构，促发展”一样，在历经了财富创造的第一阶段之后，探索商业组织本质以及企业家精神是向下一阶段进阶的必然一步。

管理究竟是什么？在接受《哈佛商业评论》团队采访时，陈春花教授说，管理本质上是对人性的理解和释放，只有真正尊重人性，才可能释放价值。当越来越多中国企业站到了第一排，前方不再有可以模仿的对象时，企业家该如何“冒险”、如何担当、如何持续创新、如何把创新的行为与结果组合在一起？这些固然重要，但只有真正把“人”放在第一位，才是实现这一切的根基。

怎么样提升市场份额、怎么样扩大规模、怎么样赚更多的钱？这几乎是所有企业都会反复讨论的焦点。销售额、利润率、KPI（关键绩效指标）是呈现出来的结果，那么，结果背后的原因是什么？

“这背后的东西就是为客户创造的价值。似乎所有企业都在提‘重视客户价值’，但实际上大部分企业并没有真正关注背后的东西。这个时候，企业可能增长得很快，也赚了不少钱，但是因为没有真正理解增长背后的逻辑，‘不知其所以然’的结果就是增长慢下来、盈利降下来。无论是在学校里做研究教学还是在企业里做实操，我始终强调顾客是最重要的，创造顾客价值才是商业组织的核心。须知，顾客是唯一可以解雇我们所有人的人，包括老板。”

“让前方听得见炮火的人做决定”，这是华为为企业界创造的又一金句，最关键的是，华为的确做到了。公司谁说了算？肯定是老板说了算，但是老板接触顾客的机会是有限的，为了解决决策时的信息不对称，把权力释放给一线是唯一的途径。

在《经营的本质》这本书里，陈春花教授指出，经营的核心是顾客价值、成本、规模和盈利这四个要素：顾客价值一定要以客户为导向，这是企业一切经营活动最重要的出发点；成本必须是合理的而不是最低的；规模一定是有效的而不是最大的；盈利则要具备人性关怀。她的确是这么做的。两次亲自下场进入企业实操，每个月和管理层、员工开会时，她从来不谈指标，也不谈预算，讨论得最热烈的是，市场又有什么新趋势？顾客有哪些变化？我们应该做什么调整？真正把这些问题钻研透彻是一个很艰苦的过程，然而，一旦完成了这种工作方式的转变，效果就会是长期且有效的。

什么是企业家？

企业家从来都不是引起变化的那一个，但又是从来都对变化异常敏感、能够利用变化的人。变化是永远的主题，有一种人总能够把变化转化为商业价值和社会财富，这种人被定义为企业家。当全社会都在讨论大众创业、万众创新的时候，请别忘记，过往40年间，这批企业家身上的企业家精神是跨越时间的财富：创新、冒险、艰苦奋斗，以及持续学习的能力。

“中国是一个后发经济国家，尽管差距还很明显，但中国的企业家用 40 年的时间在很多领域和那些有 100 多年历史的国际巨头站在了同一层次的竞技场里。其实，咱们的企业同样也是用了 100 多年，因为这些企业家的工作时间都超过了 18 个小时甚至达到 20 个小时，我们的 40 年是要乘以 3 的。”陈春花教授认为，企业家对社会、对责任的担当，成为中国改革开放40年巨大成就的重要基石。现在，中国的企业和企业家群体迎来了最好的时代机遇，把企业家精神与创新融合在一起、与国家大势融合在一起，中国企业将比前40年爆发出更大的创造与创新活力。

张维迎

第九章 改革就是释放人的力量

20 世纪 80 年代风靡全国的一本小说《人生》中，描写了在陕北的一个农村，回村的高考落榜生高加林在不干净的井水里加入漂白粉，但村民们都不敢喝，后来还是村书记带头喝井水，才把这个基本的卫生习惯推广开来。

这就是 20 世纪 80 年代，中国广袤的农村土地上每天都在发生的事情。《人生》的作者路遥后来凭借描写同一时代陕北农村生活的《平凡的世界》摘得茅盾文学奖。近 40 年过去，路遥的家乡——位于陕北黄土高原上的陕西榆林，通过煤炭这个特殊资源一跃成为全国百强城市，2017 年榆林的 GDP 超过 3 000 亿元，与西安并称陕西“二强”城市。

同样是榆林人的北京大学国家发展研究院张维迎教授，在为纪念改革开放 40 周年而创作的《我所经历的三次工业革命》一文中，描述了煤炭以及与煤炭相关的资源带给家乡的变化。

煤炭在工业革命中发挥了重要作用，不仅炼铁需要大量的煤，蒸汽机也要烧大量的煤。中国和英国都是煤炭资源丰富的国家，但英国的煤炭助燃了工业革命，中国的煤炭则长期躲藏在人们看不见的地方。经济史学家彭慕兰用煤炭资源的丰富性解释英国工业革命的起源，看来说服力不是很大。我的老家榆林市现在已成为中国的煤都，其煤炭产量占到全国的 1/10。但在我小的时候，村民做饭、取暖用的燃料主要是柴草、树梢和秸秆，大部分庄户人家用不起煤，尽管那时候每百斤煤的价格只有 4 毛钱（现在的价格是 20 元左右）。今天，政府已经开始禁止老百姓烧煤取暖了，但那个时候是烧不起煤的。

发展不是计划出来的

在张维迎教授看来，改革开放 40 周年，中国最大的成就体现在物质方面的显著改善，无论是从大部分人的生活水平，还是从整个国家的 GDP 总量，或者从中国经济在国际的地位来看，中国都取得了很大的成就。尤其是以 GDP 总量来衡量，中国这 40 年取得的成就比改革开放之初的预期要好得多，国家各个层面的很多变化更是始料未及的。

1979 年年初，美国《时代周刊》把邓小平列为年度人物，在对其的一次采访中问道："为什么这样一个人口众多的国家能够在极短时间内来了个 180 度的大转弯？这就如同让航空母舰在一角钱硬币上转圈……西方人可能会觉得费解。"

邓小平说："前不久一位外宾同我会谈，他问，你们那个四个现代化究竟意味着什么？我跟他讲，到本世纪末，争取国民生产总值每人平均达到 1 000 美元，算个小康水平。"也就是在这次讲话中，邓小平开始筹划两个 10 年翻两番的战略。

1982 年 9 月 1 日，中共第十二次全国代表大会开幕式上，邓小平提出："把马克思主义的普遍真理同我国的具体实际结合起来，走自己的道路，建设有中国特色的社会主义，这就是我们总结长期历史经验得出的基本结论。"据此，这次大会制定了全面开创社会主义现代化建设新局面的纲领和方针政策，确定了从 1981 年到 20 世纪末的 20 年，争取工农业总产值翻两番的战略目标和具体步骤。

1984 年 3 月 25 日，邓小平会见日本首相中曾根康弘时，提出了"小康社会"。邓小平说："中国现在的情况总的是好的。这几年一直摆在我们脑子里的问题是，我们提出的到本世纪末翻两番的目标能不能实现，会不会落空？从提出到现在，5 年过去了。从这 5 年看起来，这个目标不会落空。翻两番，国民生产总值人均达到 800 美元，就是到本世纪末在中国建立一个小康社会。这个小康社会，叫作中国式的现代化。翻两番、小康社会、中国式的现代化，这些都是我们的新概念。"

引自中国青年网（2017 年 11 月 23 日）

1980 年，中国的 GDP 总量是 4 587.60 亿元，翻两番意味着在不考虑物价等因素的情况下，中国的 GDP 绝对值在 2000 年要增长到 18 352 亿元。这在当时看来，完全是无法想象的天文数字，认为翻两番的目标有点儿冒进的人不在少数。真实数字是，2000 年，中国的 GDP 达到了 10.03 万亿元，远远超过了翻两番的目标。为什么在 20 世纪 80 年代初，GDP 翻两番的目标被首次提出的时候会被认为是冒进的？把“20 年内翻两番”的目标拆解到每年，就是 7% 的年增长率。中国在 1978 年的 GDP 只有 3 678.70 亿元，人均则只有 385 元，远远低于联合国制定的贫困线。

“大家觉得这完全是不可能的，因为还在计划经济的思维体系里，好像什么东西都是计算出来的。其实，真正的好东西又哪里是可以计划出来的？人的状态、人的主观能动性、人的创造力是最不好量化的。拿粮食来举例子，改革开放之前，农民是吃不饱饭的，城里是定量供应的。但到了 1984 年就变成了粮食过剩、农民卖粮难，为了保护农民种粮的积极性，要通过‘收购保护价’来对农民进行补贴。同样的农民，同样都是每天下地干活，为什么差别如此之大？包产到户之前，磨洋工、出工不出力、出力不出活、到点儿收工回家，就这么混日子，所以农民自己都吃不饱饭。包产到户以后，不用生产队大喇叭招呼吆喝，农民自己就下地忙活去了，这就是计划经济的时候根本计算不到的。”统计数据也佐证了张维迎教授的判断：1978 年，中国的粮食总产量为 30 477 万吨，1984 年达到了 40 731 万吨。从 1978 年粮食不够吃到 1984 年粮食过剩，就在这短短的六七年里，中国的人口从 1978 年的 9.6 亿增加到了 1984 年 10.6 亿，但耕地数量并没有显著增加，这是因为最重要的变量——人的力量被释放出来了。自此以后，国家开始逐步废除粮站。

整个20世纪80年代，经济增长速度一旦达到7%~8%，社会舆论就会释放出“危险”的信号。其时，可被接受的目标是不超过6%，否则就会被认为是冒进的，是会出问题的。当时，令整个中国付出沉重代价的“大跃进”仅过去了20年，殷鉴不远。因此，超过预先计划的数字就被认为是“危险的”，会有无以为继、进而崩溃的可能。但经济增速连续数年维持在7%甚至8%，并未出现什么问题，其实即可视作真实的经济生活对计划的回应。官方层面，这种“对过高增长的担心”直到1992年中共十四大才被扭转过来。党的十四大报告指出：“90年代我国经济的发展速度，原定为国民生产总值平均每年增长6%，现在从国际国内形势的发展情况来看，可以更快一点。根据初步测算，增长8%~9%是可能的，我们应该向这个目标前进。”

回过头来看，当时的国家计划委员会做的一些规划，现在看来非常保守，比如对钢铁产能的宏观调控，严格控制从国外引进电视机生产线。但这些来自政府的高压严控并未能遏制旺盛的需求，处于市场一线的企业家最了解经济究竟是不是“过热”。“我记得，中央政府真正鼓励地方投资是在2008年之后，2008年之前中央政府从来没有鼓励地方进行投资。这之前的30年间，地方一直有一种投资的冲动，中央政府总是因担心经济过热而对其不断施压，即使是在1997年亚洲金融危机期间，政府最大的担心也是对中国的金融系统，而非实业。”张维迎教授认为，就效果而言，1997年的亚洲金融危机客观上推动了中国的国有企业及金融系统的改革。

1997年，亚洲金融危机爆发，国有企业困难明显，为应对危机，中央政府推出了以基础设施建设为主的经济刺激计划，财政部门和金融部门都要配合这方面工作。当时政府的首要任务就是帮助国有企业脱困，因为国有企业涉及大多数人的就业问题，直接关乎社会稳定。其实，当时银行业也相当困难，不良资产率达到 25%~45%，已经被称作“技术性破产”。

1999 年，中央金融工作会议决定将工、农、中、建四大银行的 1.4 万亿元的巨款坏账剥离，对口设立华融、长城、东方和信达四大资产管理公司（简称 AMC），以求换得金融业和整体经济的轻装改革。财政部作为唯一股东向每家公司注资 100 亿元，并担保四大资产管理公司从央行共获得 6 041 亿元再贷款，再向四大国有银行及国家开发银行共发行 8 110 亿元金融债券，以此按 1：1 的对价购买不良资产。

在华尔街，处置不良资产的公司往往被称为“秃鹫”，他们以吞食那些“腐肉”为生，也替整个经济体清理垃圾。这批中国金融“秃鹫”的设立也是为了在 10 年存续期内“最大限度保全资产和减少损失”。央行行长周小川曾说，首次剥离的 1.4 万亿元不良资产中“50% 是各级政府行政干预导致的，30% 是为了支持国有企业，剩下的 20% 才是银行自身经营造成的”。正是这 4 家“坏银行”的存在让四大国有银行有了成为“好银行”的可能性。

尽管对于四大资产管理公司 10 年的成绩还无法形成定论，但四大国有银行中的工商银行、建设银行雄踞全球银行业赚钱能力前两位的成绩也部分表明当初“扔下沉重包袱”“以时间换空间”决策的正确性。1997 年亚洲金融危机推动了中国的经济改革，推动了金融系统改革，推动了国有企业改革。运用市场化、国际化的机制形成约束机制。自那之后，很多国企“巨无霸”先后登陆海外资本市场，由此给中国经济带来的裨益除去经济效益之外，更加宝贵的是使其置于阳光之下，接受外部投资者的监督——中国的金融体系、国有企业开始引入现代企业管理制度。

“1997 年亚洲金融危机给中国带来的改变是体制层面的。为什么那个时候东南亚会发生危机？因为东南亚存在着深厚的裙带关系基础。以韩国为例，包括三星在内的几个巨型综合财团几乎已经成为韩国国家基础设施的一部分，又因为这些财团业务庞杂、覆盖了方方面面，它们的很多呆坏账短期内不会表现出来，对于金融机构来说，这样的企业借钱越多越好。但是，最后都会因为一个看似偶然的黑天鹅事件引发总体危机，这对中国有很强的示范效应。而 2008 年的世界金融危机给中国带来的影响恰恰相反。因为觉得这场危机会影响中国的增长，所以我们就拼命保增长，实施了各种刺激政策，这些刺激政策带来了一系列后果，到今天我们仍然能感受到。为了保增长我们还加大了投资力度，投资在中国经济的‘三驾马车’中占的比重越来越大，且效率尚待讨论。有数据显示，中国在 2010 年的市场化程度反倒降低了。”对比 40 年里经历的两场“外部危机”，张维迎教授回忆，改革开放之初，几乎没有人会想到经济领域的一场改革需要如此之长的时间——大家一般认为只需 10 年或者最多 20 年就可以完成。此时，在纪念改革开放 40 周年的时点上，改革仍然在进行中，而且在这一进程当中会有反复，有时候还会有一些迂回。

中国究竟做对了什么？

回溯40年前，这场遍及城乡、关乎10亿人命运的改革开放的初衷其实十分简单：让每个人都能吃上饭、吃饱饭。为实现这一目标，让中国更快发展、改变落后局面成为首要任务。1949年以来的“以阶级斗争为纲”变成了1978年开启的“以经济建设为中心”。因为市场是最高效的经济组织方式，于是，引入了市场；因为个体化能充分调动每个个体的积极性，于是，从农村的乡镇企业到城市里的个体户，私有和民营机制重新回到中国的经济生活中来。

其实，即使在1978年开始在全国范围内实施全面包产到户之前、人民公社运动最高潮的时候，在中国广袤的农村土地上，农民都还能最低限度地保持独立耕作。秋收时，生产队会包干，指定这亩黄豆谁来收、那亩玉米谁来收，每一亩地根据劳作的工作量计算计件工分。“如果是计时工分，那谁都没有积极性干了；再比如搬砖，不是搬一天砖记多少工分，而是搬一块砖记多少工分。有大量研究证明，中国从来就没有彻底消灭农民的个体经济。不止农业劳作以个体来结算，被算作‘资本主义尾巴’的小本买卖也是割了又长、长了又割。弹棉花算是一门小小的手艺，能赚点儿小钱，我父亲从他的四舅那里学到了这门手艺。‘文革’初期，他们合伙买了一台梳棉机，存放在离我们村25华里[a]的镇上，逢集的时候就提前一天去镇上弹棉花。梳棉机比梳棉弓的效率要高好多，每次干两天活，

---

a　1华里=500米。——编者注

他们每人可以赚到三四块钱，这在当时算是一笔不小的收入。后来政府搞‘割资本主义尾巴’运动，他们的生意就做不成了。1979年，村里搞起了‘包产到户’。父亲把那台梳棉机从镇上搬回家，以为又可以弹棉花赚钱了。但父亲的预测完全错了。没过多久，村里人都开始买机织布了，连棉花也没有人种了，他的那点儿小手艺也就废了。”

张维迎教授认为，正是因为中国保留了这样的“星星火种”，使中国得以采取渐进式改革的方式，而非俄罗斯那样的休克式疗法。从1917年苏联成立到1991年苏联解体，中间历经了好几代人，长达74年的计划经济彻底消灭了个体化种地，导致没有农民还记得怎么独立经营一块田地。相反，中国开始搞包产到户的时候，农民中的绝大部分都是曾经的个体农民，他们原来耕种自家土地，人民公社时期进行集体化劳作，包产到户之后又重新回归个体化。历史对每个国家在后来发展转型中的路径选择影响非常大，既往印记越深，改革就会越艰难。

1978年，安徽小岗村，18位农民以“托孤”的方式，冒着极大的风险，立下生死状，在土地承包责任书上按下了红手印，拉开了中国改革开放的序幕。截至2018年，小岗村发展成为拥有辖23个村民组的村落，共有村民940户、4 173人，村域面积15平方千米，其中可耕土地面积1.45万亩。早在2014年，小岗村的工农业总产值就达7.38亿元；2017年，小岗村人均可支配收入达到18 106元。

40年前，一部分中国人觉醒了。尽管中国农村也搞了集体化，但中国农民依旧保有对土地经营与劳作的鲜活记忆，懂得怎么种地、怎么当个体农民。“处在国民经济崩溃的边缘”经常被用来形容中国1978年启动改革时的宏观环境，如果中国不是在那个时点进行改革，而是在40年后的今天，将会是完全不同的历史——历史的客观性也意味着必然性，很多时候并非是真的“选择”，而是只有唯一选项，看起来千万条道路并不都走得了。

张维迎教授曾在《我所经历的三次工业革命》一文中这样写道：

> 人类过去250年的经济增长，是三次工业革命的结果。第一次工业革命大约从1760年开始持续到1840年，其标志是蒸汽动力的发明、纺织业的机械化和冶金工业的变革；第二次工业革命大约从1860年开始持续至第二次世界大战之前，其标志是电力和内燃机的发明和应用，还有石油化学工业、家用电器等新产业的出现；第三次工业革命大约从20世纪50年代开始直到现在，其标志是计算机的发明、信息化和通信产业的变革。
>
> 西方发达国家像我这样年龄的人，当他们出生的时候，前两次工业革命早已完成，只能经历第三次工业革命，但作为中国人，我有缘享受“后发优势”，用短短的40年经历了三次工业革命，走过了西方世界10代人走过的路！

绝大多数中国人都和张维迎教授一样，与中国一起在短短40年间走过了人类经济与创造集中增长近400年所走过的历程。也正是因为改革开放，20世纪70年代还在用纺车织布的陕北主妇彻底告别了祖辈延续千年的弹棉花捻线、织布裁衣的生活，用上了缝纫机，给家人穿上了用大型织布机织的布料做成的衣帽鞋袜。

启动改革开放，是中国自身在政策方面做的准备，加入 WTO 则推动中国打开了大门，引进先进技术与现代制度。中国实现连续 40 年年均近 10% 的高增长率，依靠的正是中国人坚持不懈的辛勤劳作、市场化的力量以及西方积累近 400 年的先进技术。1949 年之后，中国效仿苏联模式，推行高度集中的计划经济，但几十年的实践证明“此路不通”。于是，中国开始破除对计划经济的迷信，树立对市场、对自由经济的信心，特别是“把企业家请回来，树立包括“企业家”在内的一系列市场化概念。这些观念变化传达给社会明显积极的信号。如果没有这些心态上、观念上的变化，改革不可能出现，更不可能进行下去。

“这个过程中，领导力相当重要。有一种说法是，历史大趋势使得那个时点必然会出现这样一位有魄力打破、改变、重建秩序与规则的伟人，这是一种忽略人的主观能动性的说法，想法再好，总要有人来实施。为什么同样是中央政府给的政策，落实到各地的差别那么大？因为各地政府的认知与执行力差异太大。1978 年启动改革开放的时候，意识形态领域依旧存在很大争议，推行改革开放的那批人很多都被打倒过，他们其实是在冒着很大的风险不断地往前走，但究竟这条路该怎么走，没有人确切地知道。老子讲‘知不知，尚矣’。邓小平提出了‘摸着石头过河’，要让普通大众去探索、试验；他还提出，在钓鱼岛及附属岛屿的归属问题上，‘我们这一代人缺少智慧，我们下一代总比我们聪明，将来总会找到一个大家都能接受的方式来解决这个问题’。这就是‘一切交给市场’和‘一切由我来计划’的根本性差异。”张维迎教授认为，在当时的社会氛围中，能够认识到这一点，本身就已经很了不起。邓小平那一代领导人的担当、领导力使得他们有勇气、有智慧把改革向前推进。

40年前改革开放的阻力从安徽小岗村那18位村民按了手印的那份“生死状”就可见一斑。其时的舆论批评连篇累牍，尽管农民很欢迎，但村党支部书记都不愿意干，因为在人民公社时期，干部是不需要种地的，一旦包产到户，书记不干活也没饭吃。这还只是改革的第一步，之后每向前走一步、每上一个台阶，都会遇到阻力——利益的阻力、观念的阻力。而且，改革实操中出现的问题甚至会被用来反对改革。

黄河九曲终东流。邓小平1992年的南方讲话被视作改革停滞期的转折点，自那之后，社会风气为之一振，改革开放重新提速，中国经济也进入新的景气周期。与1978年启动改革开放时不同的是，彼时，15年改革开放带来的改变、国家与民众享受到的福祉令改革开放成为全社会的共识，从中央到地方，甚至一个基层县、一个冰箱厂里都有愿意为改革冒险的人。著名的“92派”即指在1992年，受邓小平南方讲话影响，下海创业的大批政府机关、科研院所的知识分子。这一年，张瑞敏开始建设中国家电业第一个工业园——海尔工业园。1992年12月，陈东升写下第一份人寿保险公司创业企划书，创办了泰康人寿。

继续深化市场改革

创新已经成为全社会的共识。张维迎教授认为，改革开放40年，中国密集吸收了三次工业革命的成果，运用“后发优势”迅速实现了超越。然而，时至今日，这种模式已经很难再继续下去了。“因为我们的经济体量已经成为世界第二，和以前不可同日而语，现在你想要什么，别人未必会给。比如你最早引进了电视机组装生产线，但母板还在人家手里，后来可以自己做母板了，但生产母板的机器依旧在人家手里——虽然我们的GDP已经是世界第二，但这个GDP的含金量其实还有很大的提升空间。”

一直以来，中国都是通过产业政策来推动创新。但创新是一件不确定性极高的事，在产生最终成果之前，很长一段时间都是至暗时刻，根本无法预知哪一种技术会胜出。而政府主导的创新在很多时候无法做到对每种技术进行完全公正客观的判断与投入。“又因为这种产业政策的效果不与官员的责任直接挂钩，因此很难达到制定产业政策的初衷。我觉得还是要把创新这件事交给企业家，企业家没日没夜地在一线待着，企业就是他们的一切，他们怎么可能不做出最正确的选择？中国的创新之路一定是企业家行为。政府应该做的是建设好宏观环境，让企业家对未来更有信心、更有安全感。真正的创新要能惠及大众，政府要鼓励竞争、推动竞争，真正建成市场经济，这是一切创新的基础。计划在创新面前是毫无效力的，新技术会时刻改变竞争的态势、改变优势资源：人类历史上，石油原来不是资源，后来变成资源了；羊毛原来是资源，英国的棉纺工业发展起来之后，羊毛又不是资源了。这种变化，只有在一线的企业家才能敏锐地把握，并且拿出对策。创新是一种企业家行为，所以要创新、要更大的创新，就要让企业家精神更好地发挥出来。”早在20世纪80年代，张维迎教授的《企业家》一书中就分析论证了企业家与发展的关系。

今时今日，美国无疑是世界头号创新大国，这与美国自建国起奉行的移民政策密不可分。从第一代互联网典范、雅虎的创始人杨致远，到谷歌的联合创始人、俄罗斯裔的谢尔盖·布林，移民支撑了美国的高科技行业。移民身上的冒险精神、拼搏精神，以及多种文化碰撞产生的新思维，都是创新所必需的。

就历史沿革来说，中国并不是一个有移民传统的国家，甚至在中国内部，不同省份、地域之间的人口流动依旧受到升学、就业、养老、医疗等一系列因素的制约。吸引人才不仅是钱的问题，对于不确定性极高的创新来说，今天的成就不必然等于下一个成就。无论是杨致远还是谢尔盖·布林，在20多岁创业的时候，即使他们自己也无法预料到未来某一天自己会那么成功——未来有成就的人往往散落在当下的那些普通人当中。因此，继续坚定不移地实施开放，是中国实现创新的必备要素之一。

继续市场化改革，创造一个真正公平自由的经济体制，是杜绝系统性风险、保持长期稳定的必然之选。不可否认的是，当前各种非对称的市场准入限制，甚至是歧视性限制仍然存在，把大量资源从国有企业释放出来，是创造公平的市场环境、最大限度激发每个市场参与者活力的必然选择。法治社会保障了公平、公正、公开的市场化机制的有效运行，这会带给人们一个稳定的预期，让人们有信心进行长期投入，有兴趣挑战那些可能很久都收获不了答案的棘手难题。

过去几十年，中国市场存在着严重的不均衡，赚钱也因而相对容易，风险小、回报快。换言之，那些离地面最近的、熟了的果子都已经被摘完了。历经改革开放40年的发展，市场上几乎不再存在信息不对称的机会，无风险套利越来越难。创新首先是回报很不确定，其次周期很长，从研发到试验，再到最后产品投放市场，动辄10年甚至20年。只有在法治社会的框架下，个人产权才能得到有效保护，人们才会有长期的打算，无恒产无恒心，有恒产才会有恒心。

“另一方面要特别强调开放，中国的很多改革是由开放推动的。如果没有开放而仅仅靠改革，也许半路就夭折了。2000年，中国加入WTO，这对中国当时的改革起了很大的推动作用，因为要加入WTO与国际接轨，我们必须清理各种与WTO不相融的规章制度——国有银行上市要解决银行的坏账、大型国有企业需完成国企脱困任务。但现在的局面发生了变化：我们过去是落后的发展中国家，包括WTO在内的很多双边协定给我们提供了很多的优惠；现在，中国的经济规模已经是全球第二，再想拿到优惠就很难了。这个变化意味着我们必须用‘对等’的心态来处理新阶段的开放。”在张维迎教授看来，中国之所以频频被质疑是否具备“真正的市场经济地位”，很大一部分原因来自规模巨大的国有企业。这些大体量的国有企业主导了很多产业，很难不被认为是政府在后面提供支持。一旦出现国际贸易争端，政府与国有企业的关系就会带来一系列的障碍。更大力度的开放，尤其是保持“对等”的心态，是下一阶段的开放应该做的。

自 1977 年进入大学学习经济学至今，张维迎教授在这个领域已经深耕 41 年。研究那些真正在现实中存在的问题和在理论上没有解决的问题，是他对自己的要求。在波澜壮阔的改革年代，经济学是“显学”，很容易被外部因素带偏，而一个具有独立思想的学者则不会迎合任何人，无论是权威、市场还是读者。张维迎教授援引了老洛克菲勒在写给儿子的信中提到的观点：失去了独立的精神，人的智慧就会下降。“也许你的结论并不为大多数人接受，别人是否喜欢不重要，重要的是你自己是不是真正相信它，并且有勇气坚持下去。”

张黎

第十章 不一样的商业世界

张黎教授的一位朋友早前滑雪时骨折了，在国内治疗完毕后出国，去美国医生那里复查。美国医生看了片子，惊讶极了：这是在哪里做的手术？简直是世界一流水平，世界上没有几个人能做到。张黎教授说："这个朋友的手术是在北京积水潭医院做的。美国人哪见过这种阵势？中国医生一天看 100 个病人、连上几台手术都是稀松平常的事，美国医生可能一个月都看不了 100 个病人。"

在张黎教授看来，中美商业环境的现状就像两个国家的医生一样：最先进的医疗技术往往在美国，但论医生的诊断能力、临床处理能力，美国医生和中国医生就不可同日而语了。同样，庞大的人口数量、千奇百怪的案例、发展不超过 30 年的市场经济、数以千万计的中小企业，为中国商业社会提供了各种可能性。这个过程中，无数知名跨国公司要么在中国折戟沉沙，要么执行一套与全球市场策略迥异的本土化策略。

案例中的商业世界

“三十年河东，三十年河西”常常被用来形容沧海桑田的变化，然而，互联网时代，甚至移动互联网时代，飞速变化的热点和不断被颠覆的业务模式，令很多向来以变化为生的风险投资人都感慨“哪里是三十年河东，三十年河西，我看是三个月河东，三个月河西”。

在瞬息万变的商业世界里，经典还是不是经典？究竟有什么是不变的？

20 世纪 90 年代末到 21 世纪第一个 10 年是中国商业社会全面开放、实现国际化的发端，也是中国本土商学院创建的高潮，这两者之间相辅相成的关系使得国际顶尖商学院成了中国商业阶层心目中的象牙塔塔尖。因此，被国外商学院视作最宝贵资产的经典案例到了中国同样得到中国商学院的极大关注，成为课堂上被研究讨论的对象，成为当时了解西方完全市场经济条件下商业运营的一个窗口。国家发展研究院 BiMBA 商学院在 1998 年成立之初也引进了不少海外商学院的案例，张黎教授坦承：“在当时，美国顶尖商学院的教学方法、课程安排甚至每一个案例对中国人来说都是非常新鲜的。改革开放，尤其是加入 WTO 后，中国了解国外的需求非常强烈，但那时信息不对称，这就造成了国外案例一时‘洛阳纸贵’。中国企业的学习能力是惊人的，我们不仅在一二十年的时间里迅速补课，而且掌握了很多国外企业不具备的能力。”

经典之所以成为经典，莫不是因为它们揭示了那些无论在任何时代都不会改变的事实。这些案例用西方国家百年来走过的历程折射出了商业世界里的变与不变，对中国这样一个尚在市场经济的道路上砥砺向前的后发国家来说，了解经典，也往往意味着尽量少犯错。

常年在一线调研企业，甚至扎进四、五线城市跑市场，张黎教授对于中国市场之“博大精深”有深刻感受。绝大多数情况下，我们均可以将成熟市场经济体视作一个整体市场对待，但中国不仅有风俗习惯迥异的地域和民族差异，而且有被周其仁教授称作“半拉子工程”的计划与市场水乳交融的经济制度，更关键的是，近几百年来，每当中国出现商业社会的苗头，即被顽固但又无形的“重农抑商”文化与传统化解于无形。

张黎教授说：“为什么很多国外案例在中国不适合？很多哈佛大学的案例都相当经典，但套用他们的逻辑分析中国企业很难把问题说清楚。比如，国家发展研究院 BiMBA 商学院的 EMBA 学员刘佳的佳美口腔做得很成功，国外商学院就来写这个案例，但如果缺乏对中国医疗制度的了解、没有研究中国的医改政策，你是无论如何都写不出一个民营医院之所以能这么成功的精髓的。”在张黎教授看来，中国从未像西方社会那样建立一个确定的、连续的、可量化的、可预测的商业环境，由此，身处其中的经营者往往练就了一身“上得庙堂，下得江湖”的本事。没有理想，难有成就；只有理想，生存堪忧。

西方商学院可以研究商业模式等相对微观的纯商业问题，而在中国经商，不仅要了解自己所处的行业，而且要读懂这个国家正在发生什么。当然，这无可厚非，转型期的中国有很多不确定性，从原来的“摸着石头过河”到现今的“摸不着石头还要过河”，企业的感受力与方向感尤为重要。这就使得大部分外来案例在中国水土不服。

BiMBA 商学院院长杨壮教授研究管理学，他表示，在西方商学院，案例教学被当作理论和实践结合的重要组成部分。早期，这些案例拿到中国还可以发挥一定的价值，但随着时间的推移，教学中出现了较大的偏差，这些案例与中国的人文环境和经济环境不合拍。以戴尔公司推出直销模式这一经典案例为例，砍掉渠道的中间环节，把计算机从生产商那里直接送到消费者手中，一方面大大提高了赢利水平，另一方面与客户建立了点对点的关系，掌握了第一手的客户信息，堪称商业模式创新的典范。这一模式在美国获得成功依赖的条件是完善的金融支付体系、成熟的线上购物系统、发达的物流网络，以及讲究诚信的商业社会文化。直到戴尔把直销模式带到中国之后才发现，在中国还需要解决的一个问题是，中国人在购买过程中喜欢问很多问题，并且要摸到真实的商品之后才放心。

在互联网充分发展的背景下，戴尔的这种商业模式已经隐约有了 C2M（顾客对工厂）柔性生产的雏形，也成为当今中国制造业升级转型的重要方向，但在当时的中国，无疑是“此路不通”，在美国如日中天的戴尔在中国遭遇惨败，最后只得在线下开设很多落地门店。然而，一旦进入地面渠道，戴尔赖以成功的优势就荡然无存，在与中国本土个人计算机品牌的鏖战中，戴尔占不到任何便宜。杨壮教授更愿意从另一个角度向商学院的学生解读这个案例：进入一个新市场，必须评估自己原有的优势在这个新市场是否还奏效，如果答案是否定的，需要针对当地的情况采取什么策略以建立新的竞争壁垒？

国外商学院并非没有写过中国本土企业的案例，但在杨壮教授看来，这些案例其实都没有写出那些中国公司成功的真正原因。中国人讲“天时、地利、人和”，分析一家中国企业的成功需要从中国宏观层面的变化入手，而不是企业在哪一年推出了什么拳头产品、开拓了哪个新的区域市场。中国商业社会发展的时间最多不过 30 年，在这么短的时间内，想要形成中国本土商业的一些规律性总结，并且得出工商管理教育的内涵，恐怕还比较难。杨壮教授说：“我个人认为美国的案例教学法也有它的问题，尽管操作层面很重要，但在‘术’之外，案例教学忽视了更系统的理论基础。相对而言，公众普遍认为，学术和讲究实用的工商管理教育追求的是完全不一样的东西，其思维模式几乎水火不容，但 MBA 的培养归根结底还是教育，摆脱不了教育的本质，而教育就是要慢慢累积的。一个人的外在能力是他的内在素质和人生经历共同作用的结果，揠苗助长的速成式教育是不可持续发展的。”

具体而言，以提高服务水平为例。中国的银行业素来遭受颇多诟病，网点少、排队等候时间长，种种弊端不一而足。如何提高服务水平？让客户尽快办完业务离开就是最好的服务，远比任何零敲碎打的“关怀”有价值得多。中国的银行因为承担了很多代缴代扣养老金、医保等第三方服务的业务，所以银行网点的服务效率很低，而向老年人推广电子银行、手机银行等功能，教会老年人使用功能复杂的App（手机软件），是银行必须承担的社会成本。中国的企业家对这种情况自然心知肚明：生意永远不仅仅是生意，更是生态圈。大成就者必然对国家宏观政策、中观环境和微观情况有充分的了解。

再以互联网这个舶来品为例。任何一个互联网上的颠覆模式、创新应用很快就会在中国找到酷似的复制品，信息传递的通畅使得复制完全无时差。就在互联网观察人士纷纷认为中国式创新是伪创新时，中国的电子商务却以本土化的运作手法飞速发展，令全球电子商务巨头或是泪别中国，或是无缘中国电子商务第一阵营。电子商务的发展还始料未及地催熟了另一个行业——物流行业。如果没有电子商务，原先“国”字头一家垄断的物流行业永远想象不到“上午下单，下午送达”的情形，而这个情形在国际巨头看来则是完全不可理解的“奇迹”：一天送达和三天送达的差异有那么大吗？实际上，绝大多数网购真的没有紧要到只争朝夕的地步，但当商战厮杀到白热化阶段时，换言之，商品本身、服务和体验等都难分伯仲的时候，速度成为衡量每家电子商务网站的最显性指标。结果是，物流最终也成为每家网站有资格打持久战的入场券。

愉悦资本创始及执行合伙人刘二海用比萨饼和千层饼比喻中美两国的差异：美国就像比萨饼，饼托、馅料、奶酪、洋葱碎，层层泾渭分明，中国则不然，饼芯、酱料、外皮全都混在一起，各个层次之间彼此融合跨界。“美国的传统产业本身就已经比较发达了，因此，互联网产业和传统产业几乎是各自独立发展的，但中国的传统产业本身还处于发展进程中，比如汽车产业几乎是和互联网同时在中国发展起来的，两者彼此影响，相互作用，你看到的就是与美国完全不同的汽车产业和互联网产业。”

张黎教授认为这就是中国商业社会的现实，企业在专注主业的同时必须具备系统思维的能力。他说：“公司成立之后，过三五年再来看当初的业务规划，实际情况和当初的规划往往有很大的不同——中国的变化太快了，昨天还如日中天的行业龙头，明天可能就无影无踪了，而中国如此复杂、多层次的市场又很好地锤炼了企业本身的应变能力。”

这种变化有时并非只来自市场，公司本身的治理结构也会改变公司的商业行为。一条广告究竟是从消费者角度出发还是从宣传公司本身诉求出发，这个问题已然脱离了营销学范畴。对一家央企来说，中共中央组织部和国务院国有资产监督管理委员会对其考核的指标不仅仅是利润，还有其作为一家央企发挥了怎样的社会价值。

但消费者关心的不是这家企业的使命和愿景，也不是这家企业本身有多强大，消费者需要的只是高性价比的优质商品。张黎教授说：“广告当然是讲产品好在哪里、为什么好才有效果，但央企或者和政策关联度比较高的企业做广告，就会把重点放在企业甚至企业领导人身上，因为需要让上级领导看到。在标准的商业教科书里，这种广告绝对会被拿来做反面典型，批评企业没有以客户为导向，没有说出产品本身的卖点，但在了解了企业的治理结构和企业的核心诉求以后，你就会理解这么做是有道理的。《孙子兵法》讲‘知己知彼，百战不殆’，不了解中国的政治生态、改革进程，怎么可能把企业经营好？”

1989 年，张黎教授从天津工业大学纺织工程专业毕业，回到故乡安徽，在一家国营纺织厂开始了离开校园、走上社会的第一课。这段在国企工作 3 年的经历被张黎教授视作人生最宝贵的一段经历。天天在车间里和工人们一起工作，这些受教育水平并不高的工友却有着最接近人本性的智慧，而基层国企则集中体现了这种体制下运营管理的种种弊端。张黎教授说，每每听到周其仁教授讲国企、讲改革，自己就会回忆起 20 多年前的那家纺织厂。直到现在，只要进入一家企业的厂房、办公室，基本就能判断出这是不是一家国企。张黎教授说：“做企业的人要真正沉下去。到了工厂里，只要下到车间，你就会看到各种背景的人，形形色色，为了在这样一个小环境里创造更适宜的生存环境，每个人都会使出各种招数，甚至为了多算一天的工资，敢把手指伸到机器里自残作为要挟。这些东西是在象牙塔里想都想不到的。”

在 20 世纪 80 年代末的基层国企，一个分配来的大学生一个月工资不到 100 元，如果是从农村考出来的大学生还要从牙缝里挤出来一部分贴补远在故乡的家人，但苦中作乐的日子也得过：没有浴室，大冬天和工友们一起洗冷水澡。几个人焖一锅米饭，凑钱买二两肉、一把青菜下锅炒熟，还要再买些 7 毛钱一斤的散装白酒——70 后之前的人对这种散装的油盐酱醋和白酒都有印象。曾经有段时间用工业酒精勾兑白酒致人死亡的消息频频见诸报端，但那个时候，喝着这种能喝死人的酒，喝了也就喝了。住在棚户区的工人太多，纺织厂旁边甚至有了一个叫“800 户”的地名。下到皖北农村调查，朴实的乡亲会把家里最好的吃食留给客人，杀只鸡、炒几个鸡蛋，家里的小孩就会全部围到饭桌边，眼巴巴地看着桌上的菜。这就是20世纪80年代末、90年代初的中国基层。

上海纺织业代表人物朱匡宇曾经回忆20世纪90年代上海纺织业改制的历史，从其间的艰辛与波折可以想见纺织业的积弊之深。变革已经是大势所趋，张黎教授所在的这家纺织厂原先做棉纺，后来又计划做毛纺。棉纺是以棉花为原料的，毛纺的主料则是羊毛，羊毛运到厂里时都很脏，要洗净、打扯、碳化除草、梳理、制毛条，一直到最后加捻成棉线一样的羊毛线，再纺成纱、织成布，每一道工序都会分别在各个车间完成。

既然做毛纺，当然就必须引进国外先进的设备，这对一家基层棉纺厂来说绝对是大事。引进设备，当然是生产线从头到尾全部配套才能保证工序与工序之间顺利衔接和匹配，最后成品的毛料符合最基本的质量标准。可是，工厂领导为了能多去几个国家，把意大利、日本、德国和英国等多个国家全部跑了一圈，从每个国家分别采购了某道工序的相关设备，工厂还从瑞典进口了一台检测仪，用于检验纱线均匀度，因为只有纱线均匀，织出的布才能均匀平整。这些来自世界各地的设备到了工厂，必须在一条生产线上合作，结果自然可想而知，因为各国设备和相关工艺并不匹配，最后出品的纱线不用上瑞典的检测仪，用肉眼就能看出来不均匀，布匹质量可想而知。花费几百万美元采购的设备，出品连合格都达不到。织出来的布卖不出去怎么办？厂里就给每个工人分配几匹布，让工人自己到街上摆摊，卖掉卖不掉都算厂里发的年终奖。轰轰烈烈的采购如此收场，但因为这是国企，不需要有人为此买单。

张黎教授说："要说做营销卖东西，20 多年前在街上卖布是我最早的商业体验。在这家工厂的经历是我亲身经历的第一个鲜活的案例，但是，也正是在这期间，来自英国的设备生产方派了两名技术人员来中国帮助安装设备。这两位工人工作时的心无旁骛、专业认真、对结果负责的态度是我第一次接触到资本主义商业社会的一个侧面，也意识到继续在这家工厂和这种环境中待着是不会有生路的。作为一个个体，只有努力改变。"

8 年之后，张黎教授从美国回到家乡，棉纺厂已经破产。上千人的一座工厂、价值数千万元的资产设备，就这样消失了。他说："为什么这段日子对我的意义最大？其实回想起来，到现在我也没觉得有多苦，大学刚毕业，每个年轻人都装着一肚子改变世界、成就事业的想法，心高气傲地到了工厂。很快，你就会发现社会和时代是一部巨大的机器，任何人都只是其中很小的一部分，一己之力无法推动哪怕一个齿轮，当然也无法阻挡齿轮的转动。在某个具体的时点，一切都是混沌的，但放在时代大背景下，一条迂回渐进的路线就很清晰。最优路线并不难找，关键是什么样的路线才真正可行。中国数千年来的小农经济导致人们的思维更倾向于个体，因为一个家庭就是一个生产单位，从决定种什么到最后卖出去换成钱回来，完全是农民自己说了算。中国历史没有大工业化形成的那个阶段，因此也就没有建立起对工业文明所代表的纪律、契约、责任的尊重与遵守。即使到现在一半人口已经进了城，我们也依旧是一个农业化国家，城镇化是下一阶段中国经济的重点，也被很多企业家视作巨大的机遇。这样庞大的农业人口一旦面临严格流程化的工业化大生产，他们能否适应，能否快速转变自己的角色和接受严格纪律的约束？”

迅速工业化带来的巨大挑战不仅仅是对劳动者素质的考验，更是对社会形态的冲击。改革开放初期，从中西部偏远地区到沿海地区工厂打工，生活条件的巨大改变和相对较高的工资都令第一代进城务工人员有极大的财务满足感，但在独生子女政策和生活水平改善的双重作用下，新生代劳动者对社会身份、被认同感和心理满足有了更高的要求。2010 年引起轩然大波的富士康员工跳楼事件、90 后走上社会后给管理带来的冲击，从一个侧面说明了这个问题。

这就是中国社会的现实，商业并不仅仅是商业，还有政治、社会、人文等方面。驾驶好企业这列飞奔的列车，车况、技术都很重要，沿途哪里有山、哪里跨河，是绕山而行，还是架桥涉水，是每个企业家都必须考虑的。

抬头看路

回忆铁本案例时，卢锋教授唏嘘不已。2013 年年末，吴敬琏教授在参加财新传媒年会时，同样提及“铁本戴先生”。“前事不忘，后事之师”，当时的惊心动魄已经成为往事，付出的代价却是数十亿元的贷款和一个企业家“世界第一”的钢铁梦。有“企业教父”之称的柳传志曾经说过，做企业不仅要埋头拉车，还要抬头看路。姚洋教授在描述商学院应该达到的目标时也认为，更高的站位、更宏观的眼光能帮助企业家判断世界趋势、国家经济大势和政策走向，即身边的经营环境，这样企业就会明白自身该如何定位。

国家发展研究院在各个研究领域举足轻重的学者无疑是“抬头看路”的指引路标。1994 年中国经济研究中心成立，2008 年升级为国家发展研究院，从研究经济到法制建设、人口与养老、环境保护、能源战略、医疗与公共卫生等，覆盖关乎社会福祉的方方面面。从在书斋里纯做学术到深刻关注中国社会发展演进的点滴，这赋予了国家发展研究院独一无二的智库地位。“为什么开车的时候坐在前座的人不晕车，坐在后座的人容易晕车？因为坐在前座的人看得到前方的路，什么时候拐弯、什么时候减速、什么时候超车，心里有数，就会提前做预案。”张黎教授用一个比喻形象地描述了时代与人的关系。在转型期的社会，很多因素还没有完全清晰、顶层设计尚未到位的时候，“摸着石头过河”是前进的方式。

“授人以渔”向来是教育的最高境界。面对国家发展研究院这些世界顶尖的中国问题专家，得其思考的精髓远比一个结论的价值大得多。林毅夫教授对宏观经济的研究成果和形成的观点，大多数人在自己的公司其实未必直接用得上。周其仁教授关于城镇化的见解与企业日常运营管理也几乎没有关系。既然如此，为什么他们的讲座总是场场爆满、一座难求呢？这些大家透过现象思考问题的逻辑是最精彩的地方。医改已经酝酿多年，但因其牵扯面广、利益巨大而迟迟未有进展。优秀学者的智慧就在于能在“坚持市场在资源配置的过程中发挥决定性作用”这一前提下，厘清各种错综复杂的关系之间的利害关系，有妥协、有让步，最终达成各方都可以接受的现阶段可行性最强的方案。张黎教授直言自己并非经济学科班出身，但也会被林毅夫教授论证的逻辑迷住："因为他们不是教书匠，是思想家，MBA 的学生最该学的是这些学者的思想，这种思想会让学生受益终身，对一个人形成自己的管理理念影响巨大。"

在自己教授营销学的课堂上，在讨论营销要素和营销渠道建设等企业关注的经营细节话题之外，张黎教授总是会不厌其烦地以《有闲阶级论》这本书来举例。这本书的作者凡勃伦是制度经济学创始人，也是一位大家。

在这本书中，凡勃伦沿袭了其一贯的学术风格，更多地从理论角度阐述他观察到的奢侈品。他认为，就奢侈品本质而言，它是有闲阶级对自我身份的强调并与其他还需要劳作谋生的人区隔开的符号。早期原始部落所面临的恶劣生存条件使得每个人只能满足温饱，没有剩余产品。随着部落间出现战争，一个部落战胜另一个部落并抓取俘虏，往往就会由俘虏完成基础性劳动，生产力得以提高并产生剩余产品。因此，获胜部落的一部分人（当然是对胜利起着关键作用的武士们）由此不再需要工作，得以从日常的谋生活动中脱离出来，成为部落里更高的阶层，也就是有闲阶级。为了使自己与俘虏和本部落仍旧从事劳动的人区分开，这些胜利者会给自己身上加一些装饰，而这些装饰在日常的狩猎和农耕等生产活动中无任何作用，甚至会妨碍劳作，其存在的价值就是表明胜利者"有闲阶级"的身份。随着生产力的发展，越来越多的普通人也能在自己身上进行装饰了，最早的胜利者就让贴身侍从也身着夸张的服饰，比如延续至今的贵族马车夫的制服、礼帽以及白手套，因为这些装饰性很强的服饰本身是极其不适合劳动的、不具使用价值的，以此显示主人的这些侍从也是有闲的，即所谓的“代理有闲”，这就更凸显了主人的“超级有闲”。往后，工业化大生产促使以前奢侈的产品大众化，使更多的人能够消费得起这些产品，先前对这些产品消费所彰显的“有闲”不复存在，这就导致一些奢侈品由机器生产变成手工制作：手工制作的产品具有稀缺性、不易得和非标准化等特点，这样品鉴一个高端产品优劣的本事就成为判断某人是否有闲的一个标准，成为彰显“有闲”的利器，因为只有有闲阶级才有时间去研究琢磨，鉴赏出手工作品的瑕疵在哪里。这种“费而无用”的鉴赏力在今天则是品位、身份和阶层的象征。

研究了近 20 年营销的张黎教授认为，关于奢侈品的研究可谓汗牛充栋，但是凡勃伦这样一位经济学者直触问题核心。张黎教授说：“知其然，更要知其所以然。没有理论做基础的任何实践都很难产出源源不断的创造力。你要知道奢侈品出现的深层次原因是什么，换言之，就是人们购买奢侈品的根本诉求是什么，这远比单纯给 MBA 学员讲解如何做奢侈品营销有用得多。因为一切营销的出发点都是产品本身的核心价值，换言之，这个产品带给目标顾客的不可替代的功用。教给大家如何给奢侈品定价、门店怎么样选址、选明星代言的标准，这些当然都重要，但你必须理解奢侈品的核心价值并非高品质带来的使用价值，其核心价值是购买者要与‘普通人’划界限，彰显自己的社会地位，比如有闲。比较来说，国家发展研究院的 MBA 课程更愿意教给大家这样的知识，而不仅仅是技巧。所幸，我们有这样的实力。”

林毅夫教授曾经表示，BiMBA 商学院一定会成为最好的商学院，“因为我们有资本，国内任何一所大学的任何一个院系都很难有像国家发展研究院这样全面覆盖国计民生各个领域的顶尖学者队伍。这是我们的优势”。正是凭借这样的优势，国家发展研究院 BiMBA 商学院得以在课程设置中最大限度地开设真正和中国社会现实、经济生活高度相关的选修课，保留了战略管理、管理学、营销管理、人力资源管理、商务统计、管理经济学、会计学和公司金融等传统商学院最核心的课程，还开设了中国经济发展专题、中国医疗和公共卫生政策改革、中国人口的老龄化和健康产业、中国金融前沿和实践、中国能源政策和环境发展及从一些经典战争案例来决策等选修课。这些课程都是教授们基于对世界和中国热点问题长期跟踪研究的成果思想传承。

但是，这种重视理论高度、厘清道与术的教育理念并不能得到所有人的共鸣。张黎教授曾经收到一封来自 MBA 学员的邮件，这位学员在邮件中坦诚地谈到自己感觉到的 BiMBA 商学院课程设置问题，他认为老师们讲课的内容应该更贴近日常运营，把课程标准化、流程化和模板化，并将这些标准落实到师资的选择上，把学员当作客户对待。深夜，张黎教授给这位学员写了一封长信，但在发出前一刻还是删了：“我希望可以和他当面聊聊。他说的这些我都理解，学生提出任何质疑都是正常的。这位学生曾经是一家培训公司的管理人员，他甚至建议直接把培训公司现成的课程设置和师资选择的几套标准拿到 BiMBA 商学院来用。作为一定意义上的同行，我想和他探讨的是，BiMBA 商学院并不是一个培训机构里的短训班，而是北京大学的一所商学院。教育和培训是两码事，我们做的是教育。”

韩愈的《师说》流传千年，他对“师”的定义也被广为接受：传道、授业、解惑。其中，“道”的传承被放在了最高优先级的位置。和按照固定模板工作的培训师不同，教授们固然没有模板，但会用他们的思想体系、世界观传播理念、影响学生。就此意义而言，张黎教授坚决不妥协。他认为，要还商学院“教育”的本质，因为有毅力来读商学院的学生必然对自己和事业乃至人生有着更高的追求，对学生综合素质的培养将使学生受益终生。任何贴着“实用性”标签的教育，如果没有思想作为后盾，所谓“实用性”的存在与持续发展就会非常困难。

过去和现在的北京大学大师层出不穷，他们在教学上往往有着自己的风格，甚至有不为所谓主流所认可的观点和教育理念，但正是他们所具有的人格魅力、独特的看问题的视角、超前的理念和对常规思维的不妥协，使他们成为大师，其思想和智慧影响了几代人。EMBA 曾经在社会上引起广泛关注，各种传闻不绝于耳，从商学教育到搭建人脉、经营“圈子”，学员抱着各种目的来到 EMBA 课堂，不一而足，这自然无可厚非。那么，教育者是不是就要遵照最大的客户（学员）的需求削足适履？答案当然是否定的。

张黎教授说：“真正的教育家都独立思考、拥有独立的人格，其思想也并非能被所有受众在短期内完全接受和理解。如果受众喜欢什么，老师就讲什么，从学生的角度来看，获得的价值就大打折扣了。”张黎教授认为，那些真正拥有大视野的大家不会被既有的条条框框限制住。他们会跳出常人的思维模式，在更宽广的视野下进行深邃的思考。与这些学者交谈，学员能从对方几个小时的讲述中汲取几个精彩观点细细消化，仅此就足以受益终生。张黎教授说：“身处目前转型期的中国社会，一个企业家需要对宏观环境的敏感和正确判断。就像柳传志曾经说的‘企业家要有跳出画面看画的本事’，如果只关注眼前的一亩三分地，没有对未来的判断、对外在世界的关注与理解，很难想象你的企业能做大。”

美国企业与欧洲尤其是德国企业遵循着迥然不同的商业原则。德国的工程师文化造就了世界上品质最高、最经得起考验的工业产品，这种以实业为根基的商业文化与以美国为代表的现代商学院教育是两种截然不同的思维。欧洲数千年的文化积淀，尤其是德国古典哲学的熠熠生辉，都决定了欧洲成为今天的欧洲。即使全球其他地区都以美国商业为学习范本，欧洲的商业社会依然坚持自己的节奏。

中国有句古语——“酒香不怕巷子深”，但近年来，包装营销策划似乎成了取得商业成功的核心秘诀。尽管本身是营销学出身，但张黎教授认为商业的基础是优质的产品和领先的技术，尤其是在如今比较浮躁的社会环境中，专注产品和服务的核心价值是企业基业长青的根本。

转型无疑是我们这个时代最大的特征。张黎教授说：“根据我个人的理解，转型期外部世界的快速变化改变了企业管理涉及的方方面面，例如产品、技术、人和商业模式，人们面对的往往是全新的命题，自然会感到无助、迷茫。身边的那些成功案例和快速致富的故事更可能让人产生急功近利与浮躁的心态，因而许多人更加追求‘就事论事’、解决一些眼前问题的技巧和找到快速成功的捷径。真正的商学院培养优秀的企业家和管理人员，要从思想、方法论、认识论上给他们富有价值的新东西，即最高层次的‘道’。中国30多年的改革发展道路是‘摸着石头过河’探索出来的，同样，中国企业也没有现成的经验可以照搬，外部环境随时都在变化，解决一个具体问题的方法和手段会因人、因时、因事而变，但处理问题背后的深刻道理和分析思路往往是具有共性的，真正优秀的是商学院教授审视这个商业社会的角度、思考问题的方法，即我们所说的‘道’。”

从模仿到超越的中国创业公司

2018年6月，瑞幸咖啡宣布获得来自4家一线投资机构共计2亿美元的A轮融资，投后估值即达到10亿美元的独角兽级别，而此时距离瑞幸咖啡成立不过半年时间，正是在这半年里，瑞幸咖啡已经在全国13个城市开设了800多家门店。这种全新的互联网模式和摧枯拉朽的发展态势，不仅令消费者看到了星巴克之外的另一种咖啡消费体验，而且让在全球范围内都没有遇到强劲对手的星巴克联合阿里巴巴，开始尝试传统门店之外的业务模式。

毫无疑问，即使各方面条件再优秀，“再造一个星巴克”的愿望也不可能实现。唯一的途径就是超越，而瑞幸咖啡也不是其创始团队第一次这样做了。瑞幸咖啡的非执行董事长陆正耀同时也是神州租车、神州专车两家公司的创始人。

2013 年 4 月 16 日，中国最大的租车公司神州租车与全球租车业巨头赫兹联合宣布，双方正式签署协议并启动全面战略合作，赫兹获得神州租车近 20% 的股权及一个董事会董事席位，神州租车收购、整合赫兹在中国所有的租车业务。

成立于 1918 年的赫兹旗下拥有赫兹、道乐及苏立夫提三大租车品牌，占有美国逾 25% 的市场份额。赫兹在全球 150 多个国家经营着约 10 400 家直营、授权及特许网点，车队规模约 75 万辆。赫兹早已发现了中国市场的巨大潜力，先后于 2002 年和 2009 年两次进入中国市场。第一次进入中国市场后不久即于 2006 年撤出中国，但中国市场的吸引力太强，3 年后，不轻易服输的赫兹在 2009 年再度进入中国市场，但此次的命运与第一次并无二致。

如果说中国租车市场在 2002 年尚不成熟，那么 2013 年的中国租车市场显然已经进入白热化竞争的状态，消费者培育、相关硬件环境初步完善，为什么赫兹最终还是选择了由一位中国合作伙伴来实现自己未竟的“中国梦”呢?

其实，2006 年陆正耀开始涉足租车行业的时候，他心目中的标杆正是赫兹。2007 年前的中国汽车租赁市场存在 3 类典型的汽车租赁企业：传统型国有大型企业、中小民营企业和国外进驻企业传统租车业务。当时的主要租赁方还是企业级用户，租赁方需要提供身份证、户口本和公司营业执照等一系列证件，并要以相关资产作为抵押担保。如果是个人租车还需要提供押金和烦琐的身份证明，包括户口本、房产证、水电缴费证明等文件。现在看起来匪夷所思，但在当时，缺一样也开不走车。如此烦琐的租赁程序使传统租车业务很难在大众消费市场普及。

现在回头来看，不得不说神州租车 2006 年做出进军租车行业的决定恰逢其时。2007 年正是国内租车市场的拐点：二代身份证和银行信用卡的普及，使得租车公司能够在通过电子化程序大大简化租赁程序的同时，还能严格防范客户的道德风险，这就意味着海外通行的免担保、免押金，只需出示“两证一卡”的赫兹租车模式在国内生根的条件已经成熟。在政策层面，很多难跨的门槛被逐一降低甚至清除：2007 年开始，汽车租赁公司不必再使用出租车牌照，“拿到全国各地的出租车牌照”不再构成限制租车公司全国扩张的壁垒。在市场层面，中国汽车行业在“井喷”后出现多年持续降价，汽车降价后对租赁车辆保值的风险影响已经大大降低。加之考到驾驶证但还未买车的人越来越多。

神州租车正是国内最早引进“两证一卡”租车模式的企业之一。2007 年 8 月，历经一年筹备，陆正耀拿出自有的 5 000 万元启动神州租车。同年 12 月 1 日，其标准化全国连锁门店在北京、上海、广州、深圳等 11 个重点城市同步开业；此后的一年内，神州租车又先后在厦门、福州、济南、武汉、苏州、西安等全国其他 30 个重点城市铺开网络。

看起来一帆风顺，其实这背后的波折鲜有人知。神州租车之前，陆正耀还创办了一家汽车俱乐部 UAA（联合汽车俱乐部），但几经探索，由于中国独特的汽车市场环境，UAA 短期内无法把巨大的用户群转化为收入源。琢磨转型的陆正耀把围绕汽车服务价值链上可能的赚钱机会全部钻研了一遍，最终选定了租车，但给 UAA 投资的几家投资公司有不同的意见，大家的顾虑也有道理：从轻资产的俱乐部到重资产的租车，对公司来说就是重生，所需的资金、资源完全不同，风险太大。

最后的一个折中方案是，陆正耀拿出自己的 5 000 万元启动神州租车。一方面，神州租车与 UAA 以两套班子各自独立运作；另一方面，神州租车与 UAA 旗下的 220 万名会员和 3 800 个座席的呼叫中心实行资源共享。神州租车可以对 UAA 会员推送广告，租车用户也可以成为 UAA 会员。

与其他投资人反对 UAA 转型做租车不同，当时还是君联资本董事总经理的刘二海站在了陆正耀这边。二人力排众议做神州租车大有“风萧萧兮易水寒”的味道。刘二海这样解释自己“特立独行”地坚决支持陆正耀转型的原因：陆正耀自 20 世纪 90 年代开始创业至今拥有了非常有战斗力的团队。刘二海说：“这是赫兹做不成而神州租车能做成的根本。中国的商业环境有遵循普遍经济规律的一面，也有无数个专业技巧隐藏在细节里。你不了解中国人的习惯、不了解政策走向带给普通人消费的变化——这些微小的感觉层面的东西是调查公司的数据和 PPT（演示文稿）体现不出来的，那差不多就是死路一条。租车的确是重资产，在欧美这样金融信贷发达的地区，资金问题可以通过多种渠道解决，但租车同时也是个吃钱不烧钱的行业，只要业务跑起来了，就可以有多种途径来解决资金问题。”

2008 年年中，按照陆正耀制定的“先把门店网络铺开，再往里面加车”的发展策略，神州租车铺好了可容纳上万辆车的门店网络，员工也相应增至近千人，但接踵而至的金融危机让这个人人羡慕的门店网络成为吃钱的机器，令神州租车几乎命悬一线。关键时刻，刘二海推动君联资本再度出手，为神州提供了一笔 1 000 万美元的过桥贷款帮助神州租车度过了危机。

即便如此，陆正耀还是不得不削减成本过冬：办公室从国贸搬到了望京，非核心部门大幅裁员，只保留门店、运营、客户和信息等核心部门的人员，员工数量从 900 多人锐减至 400 多人。为了保证核心团队士气不受裁员的影响，陆正耀在公司内部举办读书会，甚至还举办爬楼比赛，爬 28 层楼，第一名只用了 3 分多钟，当时 39 岁的陆正耀也只用了 5 分多钟。2008—2010 年，陆正耀先后见了不下 100 位投资人。金融危机后全球经济走向何处扑朔迷离，几乎所有行业都在谷底徘徊。每到一家基金的办公室，陆正耀就觉得好像把衣服脱光了让大家看：“转来转去，有的说我屁股大，有的说我腰太粗，最后觉得我哪儿都不行……”那两年，也是对陆正耀人生影响最大的两年：到底坚不坚持？坚持多久？出人意料的是，2010 年 6 月，联想控股以“股权 + 债权”的方式向神州租车注资 12 亿元。这时不少投资人反过来找到陆正耀，说：我们能不能跟投一点儿？

也正是因为这次投资，陆正耀放弃了创始人最看重的控股权。事后接受采访时，他说做这个决定只用了 3 秒：“企业做大了都是大家的。神州租车只有通过债权融资才能做成。我们这样一家成长中的民营企业信贷的成本极高，必须在每个阶段选择合适的解决方案。”解决了资金问题，陆正耀一边砸下近亿元，通过分众传媒等渠道进行广告轰炸，一边斥巨资大量购车。短短半年，神州租车不仅知名度暴涨，而且车队规模从 700 辆猛增至 8 000 辆。陆正耀把神州租车变成了租车的代名词，更培养了普通老百姓租车的消费习惯。

2012 年 7 月，神州租车获得全球最大私募股权投资机构华平投资 2 亿美元的投资。

2013 年 4 月，神州租车获得全球最大汽车租赁公司赫兹价值超过 2 亿美元的投资。

2014 年 9 月 19 日，神州租车于香港联合交易所主板成功上市。

截至 2017 年 12 月，神州租车已经拥有超过 10 万辆车，在国内 300 余个主要城市设有 1 100 多个服务网点，从北京、上海、广州、深圳这样的商业中心城市到三亚、昆明、西宁这样的旅游休闲城市，乃至探险者的圣地——西藏，遍布着神州租车亮黄色的商标。

对一家平台型公司来说，规模意味着一切。神州租车面对车企议价能力很强。市场价 12 万元的车型，神州租车 10 万元不到就能买到。对陆正耀来说，便宜近 20% 还不够，探索与整车厂商的合作模式，尝试车企回购、特殊车型库存处理、厂商新车型合作推广等方式都成为企业精细化运营的探索。通过这些努力，神州租车将折旧成本做得越来越低。业界的折旧成本约为 30%，而神州租车的则低至 20%。低成本的直接优势就是掌握市场上的定价权：2010 年，神州租车某款中级车每天的成本近 400 元，日租金 400 多元，如今每天的成本降至 120 元左右，日租金也降至 150 元左右，而同行的日租金在 200 元以上。如此一来，神州租车的市场占有率迅速提高，进而又反过来拉动规模扩张，规模扩张则进一步降低成本，如此形成良性循环式发展。

这种近身肉搏的方式估计只有中国本土公司有能力做。为什么说海外巨头到了中国要么改弦更张，要么折戟沉沙，它们在已经很成熟、很稳定的欧美市场是很难想象中国市场竞争之激烈的。中国市场还有一些“本地化”的现象也是海外巨头想都想不到的。尽管来自赫兹的商业模式已经被证明其成功性，但如果没有中国企业家的本地化革新乃至创造，租车对中国老百姓来说依旧是遥不可及的事。

举例来说，纽约一个位于机场的租车点停放 3 000 辆车就足以辐射大半个纽约，但在中国就只能根据城市的具体情况，将 3 000 辆车分散于城市里的 10 多个门店，每个门店辐射一小片区域。这样一来，各个门店之间取车还车的调度纵横交错如蜘蛛网般密集而复杂，大幅增加了 IT 数据系统的运算量。更难的是，神州租车一个 400 辆车的门店往往只有不到 80 个停车位。这就要求 IT 数据系统通过精准的预测和价格调整保证 320 辆以上的车在租。陆正耀请来的美国专家搞不定，计算机专业出身的陆正耀索性亲自上阵，召集团队埋头研发。最终，神州租车自主研发的 IT 数据系统完全跟上了规模扩张的速度。如今超过 10 万辆车，前端客户花几秒钟就能找到自己想要的车型。

国际巨头在全世界任何其他地方都没有遇到过中国市场特有的

"限购限号"。早在几年前，国内权威部门就预测，未来 10 年中国将会有 70% 的人（即 10 亿人）有驾照。当时，陆正耀就预感到，驾照数量从现在的 2.6 亿增至 10 年后的 10 亿，限购是一个必然趋势。陆正耀说："国际上，租车产业是非常成熟的。每家租车公司表面上看都一样，但是在不同的商业环境中，规则的设置还是有很大的不同。对于中国客户的消费习惯、社会环境、法律环境和客户对车型的偏好等都是一边做一边琢磨，把车买来租给你，这是挺简单的一件事，但照搬国外那一套肯定不行。"

做神州租车是陆正耀第二次参考国际模式创业。2005 年，抱着成立中国版 AAA（美国汽车协会）的想法，陆正耀创办了汽车俱乐部 UAA。和赫兹的故事一样，中国的特殊性使得 UAA 最终没有取得商业上的成功。与北美市场不同，国内汽车厂商以城市内 5 公里半径和城市间 100 公里半径的密度建立了授权 4S 店[a]。车主在半径 100 多公里的范围内总能找到自己车辆品牌的 4S 店，并获得救援服务。已经观察到中美汽车市场不同状况的陆正耀同样没有照搬 AAA 模式，而是采取了一种变通的方式：在前端大量发展会员，在后端将 4S 店、维修店等服务网点整合起来。会员通过 UAA 订购相关服务，UAA 获取佣金收入。君联资本、美国汽车服务公司 CCAS 和美国最大的风险基金凯鹏华盈向 UAA 总共投资 2 200 万美元。

UAA 的确深受有车族的欢迎，短短一年多就发展了 200 多万名会员，但是，坐拥 200 多万名会员的陆正耀发现根本无法向后端收

---

a 4S 店是一种集销售（Sale）、零配件（Sparepart）、售后服务（Service）、信息反馈（Survey）四位一体的汽车销售企业。——编者注

取佣金。因为UAA面对的4S店和维修店鱼龙混杂，佣金要么被转嫁给客户，要么店家用劣质服务以次充好。而且，4S店和维修店的客户关系相对稳定，其对于UAA这个平台并没有产生依赖。迟迟找不到盈利点的陆正耀面临的挑战是，必须把200多万名会员落地并实现盈利。由此，有了UAA的转型，也就是后来的神州租车。

实际上，“转型”几乎是陆正耀人生的关键词。1994年，陆正耀义无反顾地砸掉政府公务员的“铁饭碗”。在当时，有魄力停薪留职下海就已经很了不起了，中国改革史上赫赫有名的“92派”就诞生在这一阶段。想做自己喜欢的事的陆正耀相信，凭着自己的努力，走到哪里都能有口饭吃。接下来的5年，陆正耀一头扎进通信圈，鼎盛时期，业务甚至做进了外交部大使馆。陆正耀说：“做代理，厂家是压在我身上的第一座大山，经销商是第二座，客户是第三座。你做小了，厂家根本看不上你；你做大了，厂家就会限制你。到市场竞争白热化的时候，各种竞争压力压得人喘不过气来。一个项目做下来，根本不见赚钱，甚至还亏损。”

规划转型的时候，陆正耀进行了深入的思考。他把生意分成这几类：大业务大生意，比如房地产；大业务小生意，比如通信，项目可以很大，但无法形成规模；小业务大生意，比如租车，不喝酒我照样把生意做了，服务好消费者就是核心竞争力。

张黎教授认为，从自己砸碎“铁饭碗”到三次创业“九死一生”，最终成就于充分公平的市场竞争，陆正耀的20年无疑是中国20年发展的一个缩影。张黎教授说：“以前存在一些侥幸的机会，有几个好关系就能做成生意。社会文明的趋势是市场越来越高效、商业越来越成熟。决策和管理都会纳入正常流程，机会型商业模式加速消失。什么样的企业能基业长青？拥有技术、了解市场、商业模式清晰的企业。同时，宏观经济对微观企业的影响会越来越显著，在这个层面上，企业家的视野决定他们的事业能做多大。”

第十一章 城镇化：『到城市工作』与『在城市生活』

周其仁

“想强制把人摁在农村，我看是做不到的；希望他们仅仅在县城待着，我看也做不到。”谈及城乡中国的话题，周其仁教授开宗明义，表达了自己的观点。即使“逃离北上广”这样的话题曾经一度刷屏，成为想要缓解压力、改变生活方式的一部分人的选择，但在互联网之外的真实世界，仍然有大量的需要进城的农村人口没能进城。

周其仁教授的《城乡中国》一书中记录了一个小故事。若干年前，当时上任不久的世界银行行长沃尔威福茨先生访华，他在甘肃省兰州市永登县秦川镇东川村与村民马社巴展开了一段对话。沃尔威福茨行长问：“你想让你的孩子将来做什么？”马大爷答：“我希望他们能上大学。”行长又问：“然后做什么工作呢？”答：“去城里，在公司里挺好的。”行长再问：“让他们做农活不好吗？”马大爷想了想说：“（做农活）好是好，但不如在城里工作好。”

周其仁教授评价说，甘肃农民马大爷讲的就是“城市的能耐”，这正是城市化的趋势在全球任何一个角落都不可抗拒的关键因素。

1800 年，全球仅有 2% 的人口居住在城市，到 1950 年，这个比例攀升到 29%，到 2000 年，世界上大约有一半的人口迁入城市。2017 年末，中国大陆总人口达到 13.9 亿，其中 58.52% 人口常住城镇。周其仁教授说："城镇化的中心指标很简单，即总人口中有多少人是城镇人口。和发达国家的相比，中国 58% 的城镇化率水平还有很大的差距，目前美国的城镇化率已经达到了 83%——发达国家通常会在这个指标上达到 70%~80%，甚至接近 90% 的水平。"

然而，大批人口集中"进城"，城市里"人仰马翻"带来的问题同样亟待解决：各种拥堵、混乱以及包括教育、医疗在内的各种公共资源供给不足。这些问题该如何解决？周其仁教授开出的"药方"是：把大都市、中型城市的承载力，通过人才培养、观念突破、政策调整提升上来，增加容量，吸纳农村人口。

中国政府关于城镇化的文件接连出台，曾提出："必须以改善需求结构、优化产业结构、促进区域协调发展、推进城镇化为重点，着力解决制约经济持续健康发展的重大结构性问题……加快完善城乡发展一体化体制机制，着力在城乡规划、基础设施、公共服务等方面推进一体化，促进城乡要素平等交换和公共资源均衡配置，形成以工促农、以城带乡、工农互惠、城乡一体的新型工农、城乡关系。"

"新型城镇化"新在何处

甘肃马大爷的故事并非只是个案，再来看一项覆盖 10 万人的调查显示的结果。自 2006 年起，每年 12 月央视财经频道制片人姜诗明都会借助中国邮政遍布全国最偏远城乡、似人体毛细血管般发达的网络进行样本数量为 10 万人的“中国经济生活大调查”。2010 年的问卷中，有一个问题是“您愿意选择在哪里定居”，当时更多的人选择直辖市（31.31%）和省会城市（18.50%）。

但 2014 年的数据显示出不同的趋势，更多的受访者首选居住地是地级市（28.64%），其次是县级市（24.81%），省会城市排名第三（21.76%），排名第四的是镇（12.89%），排在最后的是北京、上海、广州、深圳（10.19%）。相比 2010 年，北京、上海、广州、深圳人口的幸福指数在下降，但这些大城市的魅力依然不减，深入分析就会发现，收入和文化程度越高的人越倾向于选择在大城市定居。本科及研究生以上学历的群体（37.92%）将北京、上海、广州、深圳这样的大城市当作第一选择，家庭年收入在 20 万元以上的受访者也更乐于生活在北京、上海、广州、深圳（26.26%）。

姜诗明说：“我理解，人们选择在哪里生活与那里能够带给他们的幸福感直接相关。幸福感是一个很复杂的词，不仅包括职业发展、生存机会，而且包括公平均等的制度环境，当然，也有更快的生活节奏和巨大的生存压力。因此，在选择居住地时，人们往往倾向于选择北京、上海、广州、深圳，但是在回答幸福感的问题时，北京、上海、广州、深圳从来都是垫底的。”姜诗明认为，这种理性选择与诗意栖居的割裂恰恰是转型期中国社会的现实，飞速发展的经济和快速变化的社会像一个巨大的齿轮，把越来越多的人或主动或被动地卷入城镇化这个洪流中。

在不太久远的过去，“8亿农民”是一个经常被提起的词，当时中国的总人口只有10亿。从10亿到现在的13.9亿，增加的不仅是人口，还有同步提高的城镇化率。改革开放40年给中国带来的一个变化是包括人在内的各种生产要素得以自由流动。所谓“流水不腐，户枢不蠹”，活力的源泉就是流动。周其仁教授说：“经济有活力，当然也和流动有关。未来，中国很大程度上要从流动转向集聚。这个转向会对生产力布局、经济格局、不同地区、不同产业造成巨大影响。中国今天的空间分布是相对分散的，但即便如此，集聚的倾向已经发生。流动的过程中人们会聚集到某些地方，而且集聚的集中程度超出想象。东京这些超大型城市曾经做过限制城市规模的努力，但后来都放弃了，反倒是开始尝试以其他方式缓解人口超高密度聚集带来的问题。”

那么，在具有自由选择的权利之后，人们为什么还是选择向城市流动？马大爷为什么还是希望自己的孩子到城里的公司上班呢？

在周其仁教授看来，首先，城市意味着更高的收入。与自给自足的农村不同，城市里“干什么都要钱”。为什么城市里“干什么都要钱”？因为在高度分工的城市里，一个人不可能仅依靠一己之力获得生存的必需条件，这就为提供专业服务的人创造了挣钱的机会，这种“付钱”与“挣钱”之间的交易构成了市场的基础。人口聚集到一起的城市意味着收入增加。需求集聚刺激分工，分工则是生产力提高非常重要的源泉之一。

其次，聚集对基础设施提出了更高的要求。公共卫生、环卫系统、密集的交通网络全是因为城市而产生的。如此巨大的投资只有在高密度的城市里才可能实现，尽管地铁便捷且高效，但无法想象在全部国土上修建每公里造价高达七八亿元的地铁。基础设施投资可以提高城市生活文明水平，进而降低信息成本。信息本身具备无限分享的特性，这一点与具象的物质很不一样。对现阶段的中国而言，依靠纯粹物质投入的传统经济增长模式已经难以为继，现代经济的基础是信息与知识。知识和信息并非凭空而来，而是在人与人彼此的交互和激荡中产生的，这也是硅谷、纽约、伦敦等新经济中心、金融中心出现的原因。

周其仁教授指出："分工提高生产率，但同时也是很危险的事。一旦经济结构变动就会直接威胁到相关产业，关乎其生死存亡。分工层次越高，只要需求或者技术发生变化，很多工种就会消失。但大城市提供的信息丰富性和便捷性保证人们能够比较容易地跳到技术革命高速发展的下一艘船上，这样就形成了一个良性循环——集聚导致需求集中、分工扩大、知识增加、信息成本降低，产生更高的经济集聚，经济集聚又刺激人口集聚。中国目前的情况是，各个地区的不平衡现象严重、差异巨大，只要获得迁徙自由，人们自然愿意聚集到收入较高的地方，（人口的）聚集刺激这个地方的经济增长，吸引更大规模的聚集。这是动态理解下的城镇化，中国的聚集才刚刚开始。"

与中国并不高的 58% 城镇化率不相匹配的是高达 47% 的工业化率——全球 50.9% 的城镇化率对应的工业化率只有 26%。周其仁教授称之为"工业化超前，城镇化滞后"。究其根本，"世界工厂"名副其实。47% 的工业化率已经是全球最高水平，这就意味着中国未来的经济增长已经很难再从工业领域寻找机会。

中国目前的城镇化率为58%，按户籍人口计算则为42.35%左右，远低于发达国家近80%的平均水平，58%~80%的城镇化率增长空间被各方视作启动内需、应对全球新常态的对策之一。周其仁教授认为，中国的城镇化将会比一般国家的城镇化持续更长时间，因为目前中国的城镇化还只是初级城镇化，即“农村人进城”，下一阶段将是行政主导色彩减弱的再城镇化的过程。以58%为起点，未来可预见的20年将是中国城镇化率不断提高的时期，相当数量的农村富余劳动力及人口将转移到城市，这会带来投资的大幅增长和消费的快速增加，也会给城市发展提供多层次的人力资源。

但城镇化不是简单的人口比例增加和城市面积扩张，更重要的是实现产业结构、就业方式、居住环境、社会保障等一系列由“乡”到“城”的重要转变，具体到个人就是每个进城务工人员从“工作在城市”转变为“生活在城市”。城镇化绝非简单的“洗脚进城”，理想的状态是，进城务工人员成为发展城镇化的主力军，这些人在城市务工的过程中见识了外面的世界，掌握了各种专业技能、信息和资源，就能力而言足以在城市中生存，但融入城市又是一个也许几代人都难以跨越的壁垒。“人的城镇化”是一个比盖楼房、通自来水更艰巨的挑战。发展新型城镇化的重点是解决数亿农民工的归属问题，使他们可以在公共服务和社会保障等方面享受同等待遇。这样，留守老人、留守儿童这些影响社会公平的现象也会随着城市整体接纳能力的提升而消失。

党的十九大报告从促进区域协调发展的战略层面提出：“以城市

群为主体构建大中小城市和小城镇协调发展的城镇格局，加快农业转移人口市民化。”推动城镇格局协调发展，就要聚焦城市群中大中小城市和小城镇间发展不平衡问题，补短板、强弱项，从中拓宽发展空间，增强发展后劲，实现全面协调可持续发展。

经济学家张培刚先生是周其仁教授敬重的学者，被认为是中国发展经济学的奠基人。有别于20世纪40年代流行的“乡村建设派”和“以农立国”的观点，他在当时就认定中国农村（还有所有发展中经济体的农村）不可避免地要沿着工业化、城镇化的路线发生巨变。70多年后看现在的中国，虽然经济体量位居全球第二，但农业国工业化、城镇化的任务远没有完成。其中，国内市场的制度组织成本远高于外销市场。周其仁教授说：“由此可见，从农业国到工业国的进程中，离开了降低制度和组织成本这条主线，恐怕其他方方面面的课题不容易有根本的解决之道。张培刚先生的学术思想（以节约纯商业费用协助经济发展、推进农业国工业化）在今天还有重大的现实意义，依然还是转变发展方式的一个关键。”

但所谓新型城镇化是否可以顺利实现，或曰增长的潜力究竟可以挖掘出多少，是一个更深入的话题。周其仁教授明言，过去几十年城乡之间壁垒森严所形成的紧张关系不仅是一系列城乡物质条件差异造成的，还源自这些现象的背后存在尚不容易阐释的逻辑。周其仁教授说：“工业化搞不起来，城镇给不了农民更多的机会和容纳空间，这一点容易理解。如果国家工业化如火如荼，城市不对农民开放，这一点实在不好懂。而且，人往高处走的动力学易懂，所以工业化、城镇化伴随大量移民，人不断从低收入的农村地区移向机会较多与收入较高的城市，这一点也好懂。从这个逻辑出发，城乡的收入差距大才刺激了强劲的进城移民运动，等到更多的农村移民融入城市，城乡之间的人均收入差距就可以逐渐缩小。可是迄今为止，中国的城乡差距激发的似乎只是'进城打工'，他们在年轻力壮时到城里赚钱，年纪大了还是回乡。这岂不是说，城乡收入之差缩小一段时间之后要重新拉大？还有所谓的'土地城镇化超过了人口城镇化'，岂不是确认中国城镇化的加速意味着人口空间分布的密度下降？"

究竟是哪里没有妥帖？

城镇化进程中政府的角色

毫无疑问，城镇化是中国未来发展的巨大机会。那么，在城镇化进程中，政府将扮演什么样的角色？城镇化过程中的很多决定因素，乃至社会发展的进程，其实并不以人的意志为转移。20 世纪 50 年代伊始，中国举全国之力开始重工业部门的建设，这些重工业为中国打下了"底子"，尤其是在那些关乎国家安全与国计民生的领域，同时也要容许经济本身的自发过程。

盖错一个工厂，纠正起来还比较容易；造错一个城市，纠错的代价就太大了。从城市形成的角度看，往往是人群通过经济活动自然聚集起来，从而形成的城市有更持久的生命力。以"大炼钢铁"为例，钢铁当然是工业化最重要的生产原料，但在当时的中国，并不具备大规模生产钢铁的自然条件和外部环境。当时还是小学生的周其仁教授至今还有清晰的记忆，各地搞小高炉，拆门窗、门框。特殊时期的特殊做法固然有其理由，但绝对不可能长期为继，钢铁作为一个产成品和其下游行业的原材料，无法脱离整个国家的工业化水平和实际需求，勉为其难推进的结果就是事与愿违。

周其仁教授说："后发国家探索发展的路径往往会因循发达国家的路径，但很容易就会只从物理外观的结果出发，没有考虑形成这些结果的历史原因和客观因素。1958年的'大跃进'运动是值得反思的，几亿人不分昼夜地努力劳动，回报却很少。中国的工业化进程采取了全民动员的方式，基本建立了一个完备的工业体系和国防体系，但也付出了一些代价。显然，市场是计划不来的，要接着改革，后来又来了一个'再工业化'，也就是开放民营准入，使得中国的工业、制造业占据了世界工厂的地位。这说明，物化指标重要，但体制机制更重要。现在市场上真正活跃的、有竞争力的产品，有哪个是定点定出来的？海尔、美的、联想，恐怕都不是。当年遵义、上海、西安三地都搞低压电器，最后三地的产量加起来还没有温州一地的产量大。一个厂子建错了可以改，但一座城建错了，代价就太大了。"

物理因素之外，周其仁教授还认为，城镇化的一个非常抽象的维度是社会权利方面的变化。城镇化其实是普通人对经济收入较高的机会做出的反应，为什么人口流动总趋势是往城市呢？因为城市意味着更高的收入，对中国人为的城乡二元结构来说，城镇化意味着冲破原有的社会成员权利方面的障碍，自由选择移动方向并且移动的权利。与土地、保障这些物理因素相比，周其仁教授对这个抽象的维度给予了更大的关注。

中国最早的城镇化源自20世纪80年代允许农民进城的政策，但当时困难重重，最基本的吃饭问题都解决不了：各省有各省的粮票、全国粮票换算成人民币要比各省粮票贵很多，住旅馆要出具户口所在地开出的介绍信，租房子要接受居委会大妈和派出所民警的盘查。没有粮食，就背着口粮到城里务工。有了政策层面的放行，才有了80年代第一批因为地不够种到镇里务工的农民开启的轰轰烈烈、惠及几亿农村人口并彻底改变中国社会形态的进城运动。

80年代即投入农村改革研究的周其仁教授认为，当时的“自由”现在看来发育得极其不健全。人可以流动，但是与人口流动配套的整个体系都是缺失的，即使在近40年后，衣食住行这些与基本生存相关的物理制约因素都已经被解决，甚至养老、医疗这些公共服务也拉开了城乡统筹的序幕，但进城的农民依然不可能成为其居住和工作的这座城市的居民，户籍、土地、社会保障这些是支离破碎和地域化的。

1978年中国的城镇化率还不到19%。改革开放40年，从19%到现在的58%，进步之快说明改革大幅扩展了社会普通成员对经济机会做出反应的活动空间。周其仁教授却说：“58%只是世界平均水平，与发达国家80%的城镇化率相比还有很大的空间。原来以为80%的城镇化率就到顶了，但交通改善、技术进步带来的变化可能超乎人们的想象，未来可能还有更高的城镇化水平，这也意味着作为后来者的中国还有很大的机会。后来国家容易采取计划经济的思维，这方面的教训就是‘大跃进’运动中‘知其然而不知其所以然’

的问题。城镇化进程中如何避免重蹈覆辙？这就不仅需要从物理外观看城镇化，更要从社会层面的权利界定来理解城镇化。”

与 40 年来中国经济保持年均 9.8% 的增长速度连续超高速赶超一样，中国的城镇化进程也会以加速度的状态跑步前进。已经基本完成城镇化的发达国家是在一个较长的周期、比较平缓地逐步提高了城镇化水平，而中国这样的赶超国家在赶超的过程中一旦出错，后果就相当严重。周其仁教授认为，发展的过程中应该允许探索、允许大胆实践。其中，政府将起到以下作用：一是汇总信息，帮助大家借鉴先行者的经验；二是把规划做好；三是市场和民间实在不能做的，政府应该负责，一旦市场有条件做了，要及时放手。

2014 年被称为深化改革元年。央视财经频道的《经济生活大调查》栏目指出，公众最关注“社会保障制度改革”，其次就是“户籍制度改革”。这其中值得注意的是，18~25 岁的年轻人更关注“农村土地制度改革”（40.9%）和“户籍制度改革”（38.4%）。户籍制度包含着公共财政支持的公共服务。周其仁教授说：“都是中华人民共和国的公民，就理应享有平等的教育、医疗和养老等保障。但是，对于这个保障，第一是水平很低，第二是不能流动。人口一流动，外出打工，在外地的医疗费只能新年带回家乡报销；孩子跟着父母到城里，就读于打工子弟的小学、中学，可还得回原籍参加高考。这些要素不改，城市的物理外观越现代化，城乡鸿沟就越大，这绝对不是我们要的城镇化。”

正是因为这些事关顶层制度设计的问题，政府的法律、法令、政策、管制要紧随城市的发展而改变。

尽管有多个角度解读鄂尔多斯现象，但房地产造城泡沫无疑是政策造城的鲜明注脚。偏居内蒙古一隅的鄂尔多斯新城有世界最大的雕塑群、世界最大的广场和亚洲最高的音乐喷泉。这些新发展起来的城镇都高档气派，看起来很符合规划原理，但大街上很空旷、“清洁工比行人还多”。人气是规划不来的，一个镇长很容易就能决定在街道上建一些长椅供行人休息，但你很难知道这条街有没有人来、哪个椅子人们爱坐。为什么很多城市建了气派的音乐厅但就是没有高水平的乐队去演出？行政引导固然能在一定程度上发挥作用，但作为人的聚居地，城市的发展和人口规模、收入水平有关，同时也和这个城市历史沿革形成的特殊背景有关。硅谷能够吸引全世界最具创造力的大脑，产生最具开创性的商业模式，靠的绝对不是各个大公司的园区；伦敦金融城和华尔街能够沉淀大量的资金，成为全球金融中心，靠的也不是摩天大楼，真正决定一个城市独特魅力的终归是城市本身的人文气质和环境。

周其仁教授认为，城镇化还是要发挥市场的力量。政府“看得见的手”总有其力所不及的地方，不适合政府做的就应该允许市场力量进入，无论是20世纪80年代的农村改革还是20世纪90年代的城市改革，都是从一个乡村、一个地方的小厂开始的。民间力量可以自下而上地发挥作用。周其仁教授说：“再有钱的政府也背不起规划错误带来的巨大包袱。所以在稳健推进健康城镇化的大方针下，要对现有制度进行相应的变革。首先要充分发挥市场在城镇化中的作用，减少对土地的管制，让价格机制在更大的区间、更大的范围、更多的品种中发挥作用。要构建完善的土地市场和金融市场，让价格机制充分发挥作用。其次要减少政府主导，动员社会机制。此外，城市的规划一定要实现公众的参与，让城市居民参与城市的规划与发展建设。”

作为坚定的市场主义奉行者，周其仁教授强调，城镇化进程中还需要增加民办元素和市场元素，允许民营力量更积极地加入城市建设。

以中国的工业化为例，20 世纪 50 年代末、以“大跃进”运动为代表的初次“工业化”以失败告终，中国经济全面衰退，出现三年困难时期。改革开放之后，充分放开市场，人力、资金、一部分资源等重要生产要素得以自由流动，中国也实现了工业发展普惠于民的经济发展目标——这个过程直到现在还在进行。能否让正在展开的城镇化健康一些？

改革开放后遍地开花的工业园区或许提供了一个能够借鉴的模式。与官员拍脑门决策不同，大型工业园区的建设和形成往往依托于某几个支柱型产业，其中尤以信息技术、汽车等可以带动大规模周边产业的行业为主。以汽车城为例，围绕汽车周边的上下游厂商，以及为汽车产业整体提供必需的生活保障的服务型产业都会由此聚集起来，不仅极大地提高了汽车业的生产效率，更创造出了大量服务行业的就业机会。就市场本身而言，有机的自生机制完全可以实现自我发展和升级换代，即使过程中出现问题，市场本身也会自动纠偏。

周其仁教授说：“该政府管的必须要政府管，比如治安、刑事案件，而很多社会性的、经济性的公共事务就可以由市场自身来解决。

北京的中关村就是一个很值得研究的案例，现在的中关村已经不再是北京市北四环和西四环交界的那几平方公里的概念，它在北京其他地区也得到了很好的‘复制’。有代表性的产业也从中关村赖以起家的信息技术扩展到了生物化学、医药这些有前景的朝阳产业。为什么中关村可以发展得这么好？因为它虽然依旧保留了政府的管委会，但没有按照高度行政化的体系来管理。深入调研，你就会发现，其实地方上很多镇已经有几十万人口了，但在建制上还是镇。为什么？就是因为一旦设市，相应的‘四套班子’必须马上配齐——行政负荷太重了。对于功能相对简单的小城市，管委会完全可以实现治理职能。”

那么究竟符合什么样的标准我们才能称之为一座城呢？至少在目前，我们还没有一套基于人口、经济、地貌、空间的客观评判标准。周其仁教授调研了东南沿海很多经济比较发达的地区：以外向型经济为主的广东为例，很多镇的户籍人口只有区区两万，但外来常住人口有百万之巨，尽管没有行政建制上的“市”，也没有高楼大厦般的地标性建筑，这些百万人口的“镇”却真正以一个小型城市的方式运行着。

土地和农民

自 1949 年 10 月 1 日，中华人民共和国中央人民政府开始发布《第一号文件》，此后的几十年间，《第一号文件》成为农村改革和农业发展的代名词。农业、农村和农民问题是中国发展的重中之重，没有农村发展和农民生活改善，改革开放必定是不完整的。

中共十八届三中全会《中共中央关于全面深化改革若干重大问题的决定》提出："建立城乡统一的建设用地市场。在符合规划和用途管制前提下，允许农村集体经营性建设用地出让、租赁、入股，实行与国有土地同等入市、同权同价。缩小征地范围，规范征地程序，完善对被征地农民合理、规范、多元保障机制。扩大国有土地有偿使用范围，减少非公益性用地划拨。建立兼顾国家、集体、个人的土地增值收益分配机制，合理提高个人收益。完善土地租赁、转让、抵押二级市场。"

新型城镇化绕不开的就是土地。中国土地要素市场的现状是，土地要素市场在城乡之间发展不平衡、不统一，特别是集体建设用地基本被排斥在土地市场之外。40 年前的"包产到户"带来了土地所有权与承包经营权分离的创举，面对城镇化的大潮，即将入市的农村土地成为人们争抢的"香饽饽"。

周其仁教授分析："土地的问题总是和改革的问题纠缠在一起的，不改革就不可能有健康的城镇化。要把改革放到城镇化的核心，这样才能走出健康的城镇化道路。实践出真知，就像 20 世纪 80 年代初的'摸着石头过河一样'，从实践中能提炼出可纳入政策立法的元素，进而改变体制，用完备的法制维护市场参与方的权利，提高城镇化进程中资源配置的效率和分配的公平公正。目前的城镇化中，土地成为各种不公的一个重要来源。想解决这个问题，就要从基本产权入手，按照统筹城乡发展的要求，改革农村集体建设用地使用制度，推动农村经营性集体建设用地在符合规划的前提下进入市场，与国有建设用地享有平等权益。”

那么城镇化是否会演变成新一轮的圈地潮？先来看一看土地价格的变化：1987年中国第一单土地拍卖始于紧靠深圳水库的住宅用地，总面积8 588平方米，成交价为525万元。31年后的今天，对已经跻身房价第一梯队的深圳来说，这个价格是想都不敢想的。就全国主要城市平均价格看，2000—2010年，住宅用地的地价涨了53%。

周其仁教授进一步解释这组数字背后的逻辑：“就是说，全中国凡靠近城市的所有农业活动，包括种菜、种瓜、种粮、种树，机会成本平均来说一律急升，即土地配置给农业的机会成本上升，因为这些土地要继续用于农业生产，就必须放弃‘种房子’的高收益。这些年土地问题越闹越大，以经济分析看，‘祸首’不是别人，正是城市用地的相对价格夸张地上涨。成本约束发生了变化，人的行为和想法要不要跟着变呢？住宅用地的市价急升，严控住宅用地的供给，结果越调控，房价越高，拉动地价也升高。每年有那么多人口向城市移动，需求增长，增加供给是理所当然的做法。城市不适当扩大是不行的，问题不在于反对圈地，而是要尽可能少地圈错地。”

“圈错地”是什么样呢？周其仁教授曾在贵州的一个县城做调研，当地政府的规划是要把城区面积扩大10倍，但问题是本地劳动力差不多都已经外出打工了，留在本地的全是“一老一小”。那么，小县城迁出人口的迁入地——大城市又怎么样呢？

以城市管理能力相对较强的上海为例。2005年，上海市报国务院的城市规划人口是到2020年为1 600万，但实际上，2013年年底，上海的人口就超过了 2 300 万。人口是城市规划的基础，通常先规划好人口，再按大城市每人占地 100 平方米的标准配城市土地。在北京、上海、广州、深圳这些一线超大城市，城市地价暴涨，临近城市周边的农用地上出现大量“小产权”房地产项目，周其仁教授将这一现象形象地比喻为“鼓出了一个超级大包”。

周其仁教授指出：“近年来围绕土地问题为什么曝出了这么多热点新闻？关键要看土地政策是否与市场需求匹配，是否建立起了公平的制度。我不是笼统地反对圈地，我反对的是圈错地。即便地被圈对了，城市也真搞起来了，其中的利益分配遵循了一个怎样的机制？各方是不是都拥有公平的权利，享有了公正的利益？”周其仁教授的观点是：第一，不能圈错地，这块地本来种庄稼还有产出，变成“钢筋水泥盒子”以后寸草不生，任何产出都没有，如果没有人来住，空在那里就是最大的失败；第二，地圈对了，人来了，产业来了，收入增加了，增值土地的那部分利益则要合理分配，世世代代住在这片土地上的人得到了多少，开发商得到了多少，政府得到了多少，消费者又得到了多少？要有一个大体合理的分配。

土地之外，更关键的一个问题是，“上了楼”的农民干什么，即便是因土地增值获得了相对丰厚的回报，这些人未来的日子该怎么过？曾经担任国家发改委副主任的杜鹰算了一笔账：如果一个劳动力只负担 10 亩地，和一个劳动力利用机械负担 100 亩地相比，均摊成本自然会下降。但问题是一个人负担 100 亩地，替代了另外 9 个人的就业机会，这 9 个人该怎么办？杜鹰认为，在农村土地流转的同时，这些原本依附于土地生存的劳动力也要纳入统筹或者流转出去，要为他们提供就业的门路。

央视财经频道制片人姜诗明在制作《经济生活大调查》栏目时同样发现了值得注意的现象，他说："中国的用工荒自金融危机最严重的阶段延续至今，大大超出了人们原先的预期，同时，蓝领工人的工资超过白领工人的现象也不是个案。这说明不是进城务工农民找不到工作，而是他们选择主动失业。工资上涨了，但老百姓觉得不合算，在城里打工是能多挣些钱，但要抛家舍业，照顾不了老人和孩子，春节回家还买不到一张火车票。农民宁可在家乡找个挣得少点儿的工作，照样有饭吃，自己还有地，种菜自己吃的日子也不错，一家人在一起幸福感提升了许多。'城镇化'是写在文件上的政策，但对农民来说，他们会选择最合适的生活方式。不管是在农村还是城镇，存在地点和存在形式不重要，重要的是进城农民是不是真的过得更好。"

随着城镇化的推进越来越深入，一些媒体提出"农民进城之后如何生活"的问题，回流现象则部分暴露了这个问题。和户口、住所相比，人的城镇化将是一个挑战更大的漫长过程。一方面是改革开放 40 年以来，数亿农民进城已经在逐步消弭城乡差异，另一方面是养老保险和医疗保险等基本公民保障也开始了城乡统筹的进程，但这些还不够。诚如周其仁教授所言，"城里什么都需要钱"，从消费水平相对较低甚至很多产品和服务基本免费的农村生活状态到倒垃圾都要花钱的城市生活，如果对生活方式彻底变化的因素考虑不周，进城农民短期内可能很难适应。

与主动进城务工的农民不同，由于土地被征用而被动进城的农民往往缺乏在城市中工作的技能，或者由于年龄等问题无法实现稳定就业，这不仅是如何保障农民基本生活的问题，更关乎家庭稳定和社会安定。统筹解决就业安置固然是一个理想的途径，但解决起来困难重重。专家指出，由于诸多问题的存在，一些农民在身份转变过程中陷入了尴尬境地，说他们是市民，其受保障水平却比城市的低，说他们是农民，他们却没有土地。从户口方面看，农转非很简单，非再转农却几乎没有可能。

世代依附于土地的农民实现真正的城镇化才是最核心的问题。在《城乡中国》这本书里，周其仁教授说，经济自由乃城市之根基。中国历史上的大部分城市是行政化的城市，都是讲级别的。这种以行政为基础出现的城市是军事的需要、行政的需要，建立行政管理点，然后出现了官员区及人口的集中，随后再慢慢发展出市场，发展出经济生活，发展出民生。但在全球范围看，还有另一类城市的情况是农村出来的自由民聚在一起，这与欧洲史上的自由民有关。西方是长子继承权，其他没有继承权的孩子就成为自由民，这些并不掌握土地的自由民聚到一起，工业、商业、服务业就是这么发展起来的。就中国今天的城市化来看，更重要的是经济活动、市场化进程推进的城市化，这是经济自由的结果。

中国城镇化的历史数据也证明，实行高度计划体制的时候，城市化率是下降的：从 1958 年、1959 年的 19% 降到了 1978 年的 17%，降了将近两个百分点。在此过程中，包括周其仁教授在内的一代青年人从城市来到农村，是为“知青下乡”。刚刚十几岁的少年从家乡上海坐了四天三夜火车到了黑龙江，一待就是七年半，在深山老林里狩猎，在恢复高考之后来到北京读了大学。

改革开放之后，原先被牢牢固着在土地上的农民开始获得了自由，从到城市候鸟般地打工，到开始在城市里生活。即使没有获得户籍意义上的“城里人”的身份，但他们的生活劳作已经越来越接近“城里人”，城镇化率就这样上来了。改革开放 40 年，中国城镇化率翻了一番有余。在已有的基础上推进下一阶段的城市化，需要更大的经济自由，包括金融、户籍，以及与此相关联的就学、就医、参保等。“这个权利都要给公民。中国的自然资源状况是山地多，平地很少，中国经济更需要相对集聚，因为集聚起来才能有足够的耕地，经济活动才能更有效。多少年来，中国的城镇化滞后，归根结底就是经济自由滞后。当城镇化已经上到一个台阶的时候，怎么样才能进一步提升？途径就是扩大经济自由。当然，具体的推进方式方法怎么样安排才能更有序，这是改革要研究的问题。”

城镇化，一个自然的过程，不可阻挡。

后记

2014 年,《必要的改革》第一版出版时，正值北京大学国家发展研究院成立 20 周年；4 年之后的 2018 年，是纪念改革开放 40 周年的时刻,《必要的改革》法文版面市，第二版也终于完稿。一路走来，没有各位师长的指导、鼓励与包容，是无法完成这些工作的。

林毅夫教授对开创性的南南学院娓娓道来，让我领略到大家解读世界、剖析问题的智慧。姚洋教授重温 2010 年 1 月在美国纽约股票交易所举行的首次“中美经济对话”，令我对当下的中美关系有了更真实的认知。当 2018 年各级地方政府纷纷推出政策吸引人才安家落户、引发全国“抢人大战”时，和赵耀辉教授确认 2015 年度的“中国健康与养老追踪调查”最新数据，我看到了一位在田野一线的实证学者的严谨和对每个生命的尊重。在公共卫生的系统性安全被不断挑战的当下，刘国恩教授再次呼吁医改之迫在眉睫。对纷繁芜杂的现象感到迷茫时，我收到卢锋老师的赠书《宏调的逻辑》，听他剖析中国宏观调控史，指出大国内政决定外交，茅塞顿开。黄益平教授大学毕业之后的第一个工作任务就是去河南做放开粮食“统购统销”调研试点，30 多年后，有幸聆听他亲述目前的金融改革，更令人感慨改革道路之迂回曲折。从中国制造发展起来，历经模式创新，到已经开始的硬创新时代，杨壮教授以他山之石分析了中国的创新之路。张维迎教授用自己家乡陕西的变化，描述了一个经济学家眼中的改革开放40年及其背后的驱动力，令我这个小老乡心有戚戚。改革开放40年，企业家群体的崛起令人瞩目，陈春花教授抽丝剥茧，分析了那些卓越企业的成功之道，也解答了我心中的很多问题，正所谓“传道、授业、解惑”。即使市场热点瞬息万变，张黎教授还是建议企业家做“真正的生意”。城镇化被视作中国改革下半程的着力点，在这个牵动数亿人的历史进程中，周其仁教授认为，人的力量是一座城市长久繁荣的根本，我们生活的这座城也正是因为那些勤劳的双手才生机勃勃、有了温度。

正是如是点滴穿石、润物无声的研究，成为与之相关的政策法规背后最扎实、最客观的理论基础与现实依据。今年是改革开放40周年，40年弹指一挥间，从国家到每个个体的变化可谓天翻地覆。如姚洋老师所言，“做些有益的事情”是支持这些学者固守初心、砥砺前行的根本。有幸在这样一个时点再次与中国改革开放的亲历者和见证者对话、学习，是一个学生莫大的幸运。

从第一版到第二版，从中文版到法文版，要感谢的人太多。

在教学与研究之外，姚洋教授对于国家与发展更系统、更长远的思考，使我对这本书有了最初的想法，并最终付诸实践。此次《必要的改革》再版，姚洋教授又专门做序，“国家发展研究院以国家和社会为己任，积极参与中国的历史进程，推动中国的进步。”正因如此，国家发展研究院从最初的中国经济研究中心发展成为现在的国家发展研究院，开展多个学科的独立研究，并且成为中国高校中对国家政策影响最大的学术机构。陆静斐老师是强大的后盾，保证了每一个环节顺利完成。王贤青老师的协调安排，令我信心大增。

中信出版集团编辑从选题、结构到最后的把关、编审，体现出的严谨、认真及宏观视野，是每一个作者在深夜笔耕时最可靠的安全阀。

在我的良师——愉悦资本创始及执行合伙人刘二海先生的引领下，我得以加入愉悦资本，不断鞭策自己，与这个时代最具创造力的人同行，感受到来自一线最鲜活的变革与进步。感谢愉悦和二海，桃李不言，下自成蹊。

感谢带我入门的杨浪、舒立、大明和王安等诸位老师，没有他们，我也许不会有机会开始磨炼自己写的能力。在提笔撰写这本书时，何刚师兄在《哈佛商业评论》的办公室里为我梳理中国经济学发展的情形还历历在目。

感谢恒瑞、阳阳、轶凡、红丽和嘟嘟给我的全方位支持，令我后顾无忧。

见微知著，改革开放40周年，鸿篇巨制不胜枚举。谨以本书向包括你我在内的勤劳、拼搏的中国人致敬。

愿每一个生命都绽放，每一份付出都无悔。